U0451592

杨知文 著

ECUPL
1952-2022

指导性案例编撰的法理与方法研究

商务印书馆
The Commercial Press

ECUPL 1952-2022

编委会

主 任

郭为禄　叶　青　何勤华

副主任

张明军　王　迁

委　员

（以姓氏笔画为序）

马长山　朱应平　刘　伟　刘宪权　孙万怀
杜　涛　杜志淳　李　峰　李秀清　杨忠孝
肖国兴　何益忠　冷　静　沈福俊　张　栋
陆宇峰　陈金钊　陈晶莹　范玉吉　林燕萍
金可可　屈文生　胡玉鸿　贺小勇　徐家林
高　汉　高奇琦　高富平　唐　波

本书受上海市高水平地方高校建设项目资助；
系国家社会科学基金青年项目
"法律适用视角下的指导性案例编撰方法研究"
（项目批准号：16CFX005）结项成果

总 序

以心血和智慧服务法治中国建设

　　华东政法大学成立70周年了！70年来,我国社会主义法治建设取得了一系列伟大成就;70年来,华政缘法而行,尚法而为,秉承着"笃行致知,明德崇法"的校训精神,与共和国法治同频共振,与改革开放辉煌同行,用心血和智慧服务共和国法治建设。

　　执政兴国,离不开法治支撑;社会发展,离不开法治护航。习近平总书记强调,没有正确的法治理论引领,就不可能有正确的法治实践。高校作为法治人才培养的第一阵地,要充分利用学科齐全、人才密集的优势,加强法治及其相关领域基础性问题的研究,对复杂现实进行深入分析、作出科学总结,提炼规律性认识,为完善中国特色社会主义法治体系、建设社会主义法治国家提供理论支撑。

　　厚积薄发70载,华政坚定承担起培养法治人才、创新学术价值、服务经济社会发展的重要职责,为构建具有中国特色的法学学科体系、学术体系、话语体系,推进国家治理体系和治理能力现代化提供学理支撑、智力支持和人才保障。砥砺前行新时代,华政坚定扎根中国大地,发挥学科专业独特优势,向世界讲好"中国之治"背后的法治故事,推进中国特色法治文明与世界优秀法治文明成果交流互鉴。

　　"宛如初升的太阳,闪耀着绮丽的光芒"——1952年11月15日,华东政法学院成立之日,魏文伯院长深情赋诗——"在这美好的园地上,让我们做一个善良的园工,勤劳地耕作培养,用美满的收获来酬答人民的期望"。1956年6月,以"创造性地提出我们的政治和法律科学上的成就"为创刊词,第一本法学专业理论性刊物——《华东政法学报》创刊,并以独到的思想观点和扎实的理论功力,成为当时中国法学研究领域最重要的刊物之一。1957年2月,《学报》更名为《法学》,坚持"解放思想、不断进步"的治学宗旨,紧贴时代发展脉搏,跟踪社会发展前沿,及时回应热点难点问题,不断提升法学研究在我国政治体制改革中的贡献度,发表了一大批高水平的作品,对我国立法、执法和司法实践形成了重要理论支持,在学术界乃至全社会产生了巨大影响。

1978年12月,党的十一届三中全会确定了社会主义法制建设基本方针,法学教育、法学研究重新启航。1979年3月,华东政法学院复校。华政人勇立改革开放的潮头,积极投身到社会主义法制建设的伟大实践中。围绕"八二宪法"制定修订、土地出租问题等积极建言献策;为确立社会主义市场经济体制、加入世界贸易组织等提供重要理论支撑;第一位走入中南海讲课的法学家,第一位世界贸易组织争端解决机构专家组中国成员,联合国预防犯罪和控制犯罪委员会委员等,都闪耀着华政人的身影。

进入新世纪,在老一辈华政学人奠定的深厚基础上,新一代华政人砥砺深耕,传承中华优秀传统法律文化,积极借鉴国外法治有益成果,为中国特色社会主义法治建设贡献智慧。16卷本《法律文明史》陆续问世,推动了中华优秀传统法律文化在新时代的创造性转化和创新性发展,在中国人民代表大会制度、互联网法治理论、社会治理法治化、自贸区法治建设,以及公共管理、新闻传播等领域持续发力,华政的学术影响力、社会影响力持续提升。

党的十八大以来,学校坚持以习近平新时代中国特色社会主义思想为指导,全面贯彻党的教育方针,落实立德树人的根本任务,推进习近平法治思想的学习、研究、宣传、阐释,抓住上海市高水平地方高校建设契机,强化"法科一流、多科融合"办学格局,提升对国家和上海发展战略的服务能级和贡献水平。在理论法学和实践法学等方面形成了一批"立足中国经验,构建中国理论,形成中国学派"的原创性、引领性成果,为全面推进依法治国、建设社会主义法治国家贡献华政智慧。

建校70周年,是华政在"十四五"时期全面推进一流政法大学建设、对接国家重大战略、助力经济社会高质量发展的历史新起点。今年,学校将以"勇担时代使命,繁荣法治文化"为主题举办"学术校庆"系列活动,出版"校庆丛书"即是其重要组成部分。学校将携手商务印书馆、法律出版社、上海人民出版社、北京大学出版社等,出版70余部著作。这些著作包括法学、政治学、经济学、新闻学、管理学、文学等多学科的高质量科研成果,有的深入发掘中国传统法治文化、当代法学基础理论,有的创新开拓国家安全法学、人工智能法学、教育法治等前沿交叉领域,有的全面关注"人类命运共同体",有的重点聚焦青少年、老年人、城市外来人口等特殊群体。

这些著作记录了几代华政人的心路历程,既是对华政70年来的学术成就、华政"创新、务实、开放"的学术文化的总结和展示;也是对更多后学以更高政治站位、更强政治自觉、更大实务作为,服务国家发展大局的激励;更是对华政这所大学应有的胸怀、气度、眼界和格局的展现。我们串珠成链,把一颗颗学术成果,汇编成一部华政70年的学术鸿篇巨作,讲述华政自己的"一千零一夜学术故事",更富特色地打造社会主义法治文化引领、传承、发展的思想智库、育人平台和传播高地,更高水准地持续服务国家治理体系和治理能力现代化进程,更加鲜明地展现一流政法大学在服务国际一流大都市发展、服务长三角一体化、服务法治中国建设过程中的新作为、新担当、新气象,向学校70年筚路蓝缕的风雨征程献礼,向所有关心支持华政发展的师生、校友和社会贤达致敬！

　　七秩薪传，续谱新篇。70年来，华政人矢志不渝地捍卫法治精神，无怨无悔地厚植家国情怀，在共和国法治历史长卷中留下了浓墨重彩。值此校庆之际，诚祝华政在建设一流政法大学的进程中，在建设法治中国、实现中华民族伟大复兴中国梦的征途中，乘风而上，再谱新章！

郭为禄　叶　青

2022年5月4日

目 录

导 论 ………………………………………………………… 1

第一章 中国法院指导性案例的"著成" ………………… 14
    第一节 指导性案例为何需要"著成"？………………… 15
    第二节 指导性案例的编撰及其内容分析 ……………… 28
    第三节 指导性案例编撰中的文本剪辑和要旨著述 …… 43

第二章 "同案同判"的证立与案例指导的制度构建 …… 62
    第一节 "同案同判"的意义与一般根据 ………………… 63
    第二节 作为公共判断的司法裁判与"同案同判" ……… 71
    第三节 "同案同判"的制度建构与案例指导制度 ……… 84

第三章 法律方法与指导性案例的编撰方法 …………… 96
    第一节 法律逻辑与指导性案例的编撰方法 …………… 97
    第二节 指导性案例编撰对具体法律方法的运用 ……… 119

第四章 法律解释方法在指导性案例编撰中的运用 …… 127
    第一节 法律解释方法与指导性案例的编撰 …………… 128
    第二节 法律解释方法在指导性案例编撰中的运用构造 …… 136
    第三节 指导性案例编撰对法律解释具体方法的运用 …… 152

第五章　指导性案例中的案件事实陈述及其编撰 …………… 162
第一节　案件事实的不同形态和作为陈述的案件事实 ……… 163
第二节　基于案件事实陈述的指导性案例运用 ……………… 179
第三节　指导性案例制作中的案件事实编撰 ………………… 189

第六章　指导性案例的裁判要点及其编撰方法 ………………… 198
第一节　裁判要点：从法律适用到司法规范 ………………… 199
第二节　指导性案例裁判要点的类型 ………………………… 215
第三节　指导性案例裁判要点的形成与编撰 ………………… 222

第七章　非指导性案例的"指导性"与案例指导制度的发展 …… 237
第一节　对非指导性案例"指导性"的界定与承认 ………… 238
第二节　非指导性案例"指导性"的实现及其方法 ………… 249
第三节　非指导性案例运用与案例指导制度的发展 ………… 264

第八章　附论：把社会主义核心价值观融入指导性案例编撰 …… 276

参考文献 ……………………………………………………………… 299

后　记 ………………………………………………………………… 316

导　论

　　司法活动以实现公正裁判为根本的目标或价值诉求,而保证法律适用的统一性无疑是司法公正的重要要求和体现。在司法裁判过程中,法官要将抽象的制定法规范适用于特定的个案场景,必然要围绕着法律规范与案件事实之间的互动关系进行相应的作业,以期为案件的处理及纠纷的解决寻求到恰当的结论。然而,由于种种原因,在具体的司法实践中,案件裁判时常会面临法律适用不一致的困境,"类似情况类似处理"的正义标准也往往成为一种可望而不可即的司法理想。就我国司法长期以来的状况来看,由于司法环境紧迫、司法能力参差不齐等原因对裁判品质所产生的不利影响,司法统一和司法公正一直面临着诸多挑战,人们对"同案不同判"的司法现象也有着不少痛切的感受。[①] 在这种背景下,随着我国法治建设的不断增进和法律制度改革的持续推行,自本世纪初期开始,以维护法律适用的统一性为主题的司法体制创新逐渐进入人们的视野。

　　中国当代的司法体制改革是一项宏大而又具体的系统性工程,经过多年的探索和发展,已推出的种种措施对我国的司法理论和裁判实践产生了重要影响。2005年10月,最高人民法院在制定的《人民法院第二个五年改革纲要(2004—2008)》中首次提出了"建立和完善案例

---

① 参见张志铭:《中国法院案例指导制度价值功能之认知》,载《学习与探索》2012年第3期,第66页。

指导制度",并指出要"重视指导性案例在统一法律适用标准、指导下级法院审判工作、丰富和发展法学理论等方面的作用"[①],由此拉开了通过案例指导的方式来进行统一法律适用的制度建构之序幕。2010年11月,最高人民法院出台了《关于案例指导工作的规定》,对案例指导制度的基本方面做出了专门规定,内容涉及案例指导的目的、指导性案例的条件、指导性案例的遴选和参照要求等,案例指导制度的面貌基本形成。2011年12月20日,最高人民法院正式发布了第一批共四个指导性案例,从此展开了法院系统案例指导制度建设的具体实践。

案例指导制度的创建与运行铸就了中国特色的司法案例运用制度,具有明确的问题指向和现实针对性。总体来说,案例指导制度直面了我国司法现实中由于裁判不一致所造成的司法不公等现象,它以指导性案例的选编、发布和参照适用为载体或依托,力图借助生效裁判案例的标准作用来实现法律适用的统一性,同时能够总结和推广司法经验,促进裁判效率,体现了多方面的制度设计新颖性。从理论上看,案例指导的制度构建与实践操作涉及一系列的议题,例如案例指导制度的价值功能和目标定位,案例指导的特性、作用机理和规范效力,指导性案例的遴选程序和编撰方式,以及指导性案例的适用技术,等等。目前人们对这些议题众说纷纭,无论理论界和实务界都还存在着较多的认识分歧,需要我们从学理上给予更加深入的思考和研究。可以说,与司法改革和案例指导的继续发展相伴,相关的制度建设实践也必然蕴含着相应的理论期待与需求,对此,就案例指导制度运转中的有关问题进行原理层面的持续关注和探讨,应该是当下我国法律理论值得期待的一种趋向。

[①] 《人民法院第二个五年改革纲要(2004—2008)》(法发〔2005〕18号)。

实行案例指导是中国当代法律运行体制改革和司法演化发展进程中的里程碑事件,指导性案例在司法裁判中的"参照"援用也已经为我国法律适用统一的维护及司法公正的实现产生了积极影响。今日中国的法学理论界和法律实务界愈益认识到案例指导制度及指导性案例的重要价值,越来越多的法律人开始在自己的法律工作中使用指导性案例。① 新近颁发的《法治中国建设规划(2020—2025年)》也继续提出了要"紧紧抓住影响司法公正、制约司法能力的深层次问题,坚持符合国情和遵循司法规律相结合",建设公正高效权威的中国特色社会主义司法制度,其中"加强和完善指导性案例制度,确保法律适用统一"又被作为重要的任务得以明确。② 为保障法律的统一正确实施,在落实类案检索制度的背景下,包括指导性案例在内的案例发布活动已被纳入法院领域进一步规范统一法律适用工作的重要内容。③ 展望来看,随着指导性案例在发布数量上的不断增加,注重指导性案例质量的不断提升将成为促进案例指导制度自我完善和发展的重要切入点。

关注案例指导制度完全可以把指导性案例作为聚焦。指导性案例是案例指导制度运行的实质因素和物质基础。按照《关于案例指导工作的规定》,指导性案例是指裁判已经发生法律效力,经由最高人民法院选编、确定并统一发布的符合一定条件的案例,它们对全国法院的后续审判具有指导作用,④ 即各级法院审判类似案件时"应当参照"。从实践上看,自案例指导制度正式运转以来,不定期地选编并发布指导性

---

① 参见张骐、孙海波等:《司法案例的使用方法研究》,北京大学出版社2020年版,第1页。
② 参见《中共中央印发〈法治中国建设规划(2020—2025年)〉》,载《光明日报》2021年1月11日,第2版。
③ 参见《最高人民法院关于印发〈最高人民法院统一法律适用工作实施办法〉的通知》(法〔2021〕289号)。
④ 参见《最高人民法院关于案例指导工作的规定》(法发〔2010〕51号)。

案例已成为最高人民法院的一项专门重要活动。随着指导性案例数量的增多和质量的提升,案例指导制度在多年间也不断获得新的发展。应该看到的是,"指导性案例的形成,其实是案例指导制度的核心问题"①。毫无疑问,就现实而言,案例指导制度的有效运营与完善发展需要以具有持续性和系统性的指导性案例编撰活动为基础或依靠。从最高人民法院颁行的重要文件看,指导性案例的选编也是建构案例指导制度最具有主题性的内容,体现为指导性案例选编的主体、条件、机构及分工、审查、编纂和发布等。② 所以,从一定意义上说,如何把生效裁判案例编撰为具有特殊价值的指导性案例仍然是关涉案例指导制度当下开展和未来前景的关键问题。

作为对法院裁判具有"应当参照"效力的案例,指导性案例的出现和存在发展了中国司法一直以来立足制定法而为法律所适用的观念与样式。在我国成文法体系和审判制度的背景下,指导性案例以法律的适用为旨归,以解释和补充法律的具体含义为目标,为制定法规范在特定案件场合的实施形成具有示范性的司法裁判标准或尺度。就此来说,由于指导性案例都是经过有意加工制作而成的法律适用模板,根据作为"母本"的裁判文书编撰出具有良好品质的相应指导性案例,是案例指导制度建设工作中必须着力对待的重要事宜。法院指导性案例的编撰既与指导性案例的性质和效力形式密切相关,也在现实上影响着指导性案例的援引和适用方式,又从长远上关涉案例指导制度功能的发挥,案例指导目标的成就在很大程度上要取决于指导性案例自身良

---

① 胡云腾、于同志:《案例指导制度若干重大疑难争议问题研究》,载《法学研究》2008年第6期,第24页。

② 例如在《最高人民法院关于案例指导工作的规定》前九条中,除了第七条是对指导性案例"应当参照"事宜的规定之外,其余各条均可被看作对指导性案例的选编事宜的规定。

好品质的保证。因此,指导性案例的编撰理应要求有方法和技术上的强调与讲究,而从法律适用的视角探讨并分析指导性案例编撰的原理和方法,也就成为值得研究的重要课题。

从既有指导性案例的实例上看,指导性案例的编撰活动也表现出值得思考的方法论特征。指导性案例的编撰是指导性案例形成的关键环节,案例指导制度运作需要重视指导性案例的编撰过程,而指导性案例编撰的合理化则仰赖于对一定技术与方法的有效运用。从法律方法层面改进和优化指导性案例的编撰,是寻求案例指导制度完善措施值得依赖的操作进路和切入方式。法律方法可以给我们带来基本的解释标准和路径限制,带来司法思维和推理论证方式的统一和规范,从法律方法的研究、管理与运用着手,正是改进司法解释制度、发展案例指导制度的明路。① 借助法律方法来审视指导性案例的编撰活动,可以为建构切合法律适用的案例指导制度引入来自司法技术视域的考量,构划出案例指导制度完善和发展的法律方法之维。在此方面,可以认为,符合法律适用原理与司法裁判特点的指导性案例编撰方法正是案例指导制度实现其功能的重要支撑。

就整体情况看,目前理论界和实务界对指导性案例自身编撰的原理及其中的法律方法运用等议题的讨论还相对不足,没有达到应有的重视程度,在这种语境下,特意聚焦于该领域的一些问题并给予一般性和具体性的思考,显然具有理论与实践方面的双重意义。当然,与制度的实际操作或具体场景的各项实施工作不同,理论研究的意义相较于能够产生直接作用的实践活动更多地表现为对间接价值的主观评价。

在理论方面,侧重从司法裁判的原理层面关注法院指导性案例编

---

① 参见陈灿平:《从司法方法性管理视角发展案例指导制度》,载《人民法院报》2006年11月9日,第5版。

撰的法理与方法问题,并倾向从宏观和微观上把法律适用的方法论运用到指导性案例的内容制作活动及其过程,可以深化对案例指导制度建构的法理基础的讨论,回应对不同审判体制背景下司法判例制度建设和运行的理论思考,还可以促进我国法学理论从关注一般抽象问题不断向重视法律方法论及其具体应用的转变,开阔对法律现象及其问题的规范性研究。

从法理学上看,如果说构建案例指导制度的关键在于借助规则设定或活动惯习使司法裁判案例的作用具有合理有效的规范形态,其涉及以司法判例的作用为聚焦点对司法判例制度的意义、含义和运作机理的理论阐说,[1]那么,重视这样的法理探索,可以促进理论上有关案例指导及其制度建构问题更多共识的形成,拓宽对我国法院指导性案例编撰(编纂)与制作工作进行学理思考的空间,为丰富和发展我国的司法裁判理论特别是司法判例理论提供补充性的学术资源。不仅如此,法律方法论还塑造了法理学的应用品格,促进了法学理论研究的持续转向,尤其是以法律适用场合的法律方法为对象的法律理论更关注司法裁判的过程,"试图通过更为细致的讨论,为法官适用法律寻找到保证统一性、安定性和公正性的方法论技术和哲学解释的根据"[2]。所以,把有关法律适用的法律方法运用到指导性案例的编撰活动,并以之获得可以回答指导性案例怎样编撰的相应理论成果,也可以进一步拓展和深化法律方法论研究的领域。

在实践方面,着力从法理学和法律方法论上思忖审判领域指导性案例编撰的理论基础及规范性技术问题,可以为我国法院系统指导性

---

[1] 参见张志铭:《司法判例制度构建的法理基础》,载《清华法学》2013 年第 6 期,第 91 页。

[2] 舒国滢:《从方法论看抽象法学理论的发展》,载《浙江社会科学》2004 年第 5 期,第 41 页。

案例的选编(特别是案例的内容撰述)工作提供操作上的指导,也可以为指导性案例在司法裁判中的援引和适用活动提供来自原理层面的指引,为推进我国的法律统一适用与法律有效实施寻求支撑依据,还可以为司法公正价值的维护和实现储备据以进行政策制定或推出改革举措的参考性建议。

作为"保证公正司法、提高司法公信力"的一种重要措施或体现,"加强和规范司法解释和案例指导,统一法律适用标准"是我国全面推进依法治国进程中的一项具体要求,①案例指导本身也是贯彻和落实"严格司法"政策的一个制度设置。② 包括法律推理、法律论证、法律解释等在内的各种法律适用方法,无疑是实现指导性案例内容良善、提升和改进指导性案例编撰质量所不可或缺的组织要素与技术动因。所以,专门研究并厘清指导性案例编撰的学理及方法,就能够对从指导性案例的遴选、编写、发布到指导性案例的发现、参照等整个案例指导过程发挥导向作用,为案例指导制度的完善和发展供给可能的理论根据。即便是对作为案例指导之基础性依据的"同案同判"原则进行学理阐释,考量其特有的操作方法,也能够使指导性案例编撰的具体实践产生具有启发性的意义。毕竟,"同案同判"的法理不仅在最为直白的意义上回答了"为什么"要有案例指导制度的问题,而且还在直接的意义上回答了"如何做"——如何制作和运用司法案例的问题,③给案例指导制度提供了价值追求和操作技术上的指引。值得强调的是,在我国当下司法体制改革不断推进"审判公开""法官说明判决理由""论证判决

---

① 参见《中共中央关于全面推进依法治国若干重大问题的决定》(2014年10月23日中国共产党第十八届中央委员会第四次全体会议通过)。
② 参见周强:《推进严格司法》,载《人民法院报》2014年11月14日,第6版。
③ 参见张志铭:《司法判例制度构建的法理基础》,载《清华法学》2013年第6期,第98页。

依据与开示裁量基准""加强和规范裁判文书释法说理""加强类案与关联案件检索"等一系列有利于司法公正的措施背景下,从事这项研究也可以为推动这些改革方案的具体落实及有效实现贡献力量,为加快建设公正、高效、权威的社会主义司法制度提供理论支持。

本书基于法律适用的视角,探索符合司法裁判要求的法院指导性案例编撰方法,寻求关于指导性案例编撰理念与技术的认识成果:不仅从法理上讨论有关指导性案例的编辑、撰写、著述和叙事等方面的实施方法,阐述具有代表性的法律方法在指导性案例编撰活动中的运用,而且以对我国指导性案例的实证分析为观照和依托,致力于构建切合法律适用的法院指导性案例编撰方法理论。主要的研究内容框架如下:

(1)指导性案例自身的基本法理和法律适用的基础性原理。指导性案例的编撰及其方法与指导性案例自身的性质、价值目标、作用机理、效力定位、适用方式等问题密不可分,也与司法裁判的属性、任务、运作机制以及法律适用的基础性原理等紧密关联。因此,从法理学、司法理论和法律方法论层面上厘定指导性案例自身的基本问题和法律适用的基础性原理,是必须解决的一些前提性问题。

(2)司法案例编撰及其方法运用的实践考察与经验借鉴。从结构功能主义立场看,司法案例制度(或称判例制度)在当今世界不同法律传统的司法实践中普遍存在,我国的指导性案例以塑造法院"同案同判"的司法调整机制为追求,在组织构造和内容制作方面可以而且应当以不同制度传统下的司法案例编撰实践为借鉴。当然,我国当代审判制度发展进程中的案例选编实践也具有值得考察的方法论意义。

(3)指导性案例编撰中的宏观思维及其方法应用。就宏观层面而言,指导性案例的编撰活动既牵涉对生效裁判案例的编辑处理(文本处理),又需要进行专门的司法指导要点创制(内容著述),这也是我国指导性案例编撰工作所承接的主要任务,其理应要求有思维和方法论上的合理追求或支撑,故需要从总体思路上阐述指导性案例编撰的思维与方法原理。

(4)指导性案例编撰对具体法律方法的运用。就具体层面而言,案例指导制度的有效运行对司法案例本身的内容构成有着合理和良好品质的期待,这要求指导性案例的编撰在内容撰述方面应该恰当运用法律推理、法律解释、法律论证等法律适用的具体方法。所以,细致地探讨指导性案例编撰对各种具体法律方法的运用问题是本书的重要组成部分。

(5)我国指导性案例编撰的实证分析与制度完善。关注我国既有的指导性案例选编和制作实践,对已发布的指导性案例的编撰过程及其法律方法运用情况进行实例分析,并构建基于一定理性尺度和现实基础的指导性案例编撰方法,寻求相应的规范性要求或制度措施,也是本书无法舍弃的理论和现实情怀。

本书的具体内容共分为八章。其中,第一章到第三章是从总体上对指导性案例编撰的法理和方法进行论述,不仅提出并阐释了中国法院指导性案例的"著成"特性,还以对"同案同判"证立理据的寻求为基础说明了案例指导的制度建构原理,并在宏观层面勾画了指导性案例编撰对法律方法的运用脉络及其根据。第四章到第六章是对指导性案例编撰方法具体问题的专门论述,包括指导性案例编撰对法律解释方法的运用、指导性案例中案件事实陈述的编撰和指导性案例裁判要点的编撰。第七章是以论述非指导性案例的"指导性"为参考坐标,反思内含指导性案例编撰等方面的案例指导制度的发展问题。作为附论,第八章论述了如何把社会主义核心价值观融入指导性案例的编撰。

分别来看,第一章,中国法院指导性案例的"著成"。要点如下:我国的法院指导性案例具有专门"著成"的特性,其意在对制定法规范进行解释和适用,可定位为以案例解释法律的形式。应该肯定中国法院的指导性案例编撰属于通过司法来生成和发展法律规则的一种活动。指导性案例编撰应以切合法律适用为旨归,在多方面的构成内容上实现合理的著述与编排。指导性案例的编撰应当以有利于实现案例的效力为旨归,在宏观层面上既要立足于既有的生效判决文书寻求对案例文本的剪辑,同时又要对案件司法理由与裁判要点进行著述。

第二章,"同案同判"的证立与案例指导的制度建构。要点如下:"同案同判"要求立基于个案审理与评判,致力于维护法律适用的统一性和司法公正。在复杂案件场合对法官自由裁量权予以限制和规范是"同案同判"的主要意义。可普遍化规则为"同案同判"命题确立了基础,其在普遍实践论辩中的固有地位使之成为支持"同案同判"的一般根据。司法的公共判断属性决定了法官应以"同案同判"为必不可少的裁判原则,它既是司法伦理责任的组成部分,也是司法之所以是司法的结构要素和运行依据,对司法活动过程及法官的审判行为起到构成性作用。我国的案例指导制度是对"同案同判"所进行的具体制度设置。作为对"同案同判"准则的一种制度建构,案例指导的完善和发展应该围绕"同案同判"的机理或运行规律寻求更多的制度性措施。

第三章,法律方法与指导性案例的编撰方法。要点如下:指导性案例编撰应以法律逻辑的原理为其运用法律方法的有效性保障。法律逻辑致力于为法律结论的有效获得提供相应的思维规则,以怎样引导人们恰当地处理法律规范与案件事实之间的推理关系为基本内容,同时也解决各类实践因素在法律推理结构中的恰当安置问题。指导性案例的编撰需要依靠法律方法要素的合理支撑,应当以能够展现司法裁判的推理构造为依托,以有利于形成"同案同判"的司法运行机制为追求。指导性案例编撰对具体法律方法的运用是形成与法律适用相切合的指导性案例的必要选择,这需要借助和运用法律逻辑与法律修辞方法的耦合、基于法律论证的重述与论辩技术以及司法裁判中的法律解释具体方法等,在操作实践上助推指导性案例的内容撰述更加合理化。

第四章,法律解释方法在指导性案例编撰中的运用。要点如下:法律解释方法在司法裁判中承担着多重意义的功能,是指导性案例编撰必须依赖的关键技术要素。基于法律文本展开的解释和基于案件事实展开的解释是指导性案例编撰运用法律解释方法的两种层次,而就需要释明的关键问题来说,其在微观上主要表现为法律事实的判定、正当理由的开示与裁判要点的表达。避免制定法规范在适用中的再度解释是指导性案例编撰运用法律解释方法的愿景,也是案例指导制度具有规范性和权威性的重要缘由。指导性案例编撰工作需要以切合司法裁判过程和案例指导目标为指向,圆满地思考并改进法律解释及其具体方法的运用事宜。另外,文义解释、论理解释和社会学解释等具体解释方法对指导性案例编撰有着各自独特的思维指向及运用价值。

第五章,指导性案例中的案件事实陈述及其编撰。要点如下:案件事实在司法过程中呈现出不同的形态,但无论是司法管辖的原初纠纷事实还是司法认定的证据事实和要件事实,都是一种作为陈述的案件事实。案件事实陈述是指导性案例运用及对后续裁判具有约束力的现实基础,是法官判断待决案件与指导性案例是否属于"同案"的逻辑起点和分析基准。类比推理是解决案件之间事实相同或类似证明问题的逻辑方法,而案件事实陈述为指导性案例的运用推理提供了实质根据,它不仅为同样案件的司法认定供应实质理由,而且为同样案件的可普遍化判断和评价储备了事实因素。指导性案例的内容制作应当重视对案件事实的编撰,要以回归司法裁判过程为要义和取向,从法律适用的角度形成并建构出具有充实性内容的案件事实陈述。

第六章,指导性案例的裁判要点及其编撰方法。要点如下:裁判要点既是法官进行法律解释所形成的个案裁判规范,也体现了最高法院的释法目标追求,是最高法院借助具体案例而整合出的表达司法规范的新形式。裁判要点具有多方面的审判管理作用,指导性案例及其裁判要点也是最高法院进行审判管理的载体。依据法律解释的效果,可以从类型上划分出直接展示法律规范意思的裁判要点、具体释明法律规范含义的裁判要点和补充续造法律规范内容的裁判要点,而法律解释中的文本阐释与事实剪裁正是形成裁判要点的两种基本路径。裁判要点的编撰需要围绕案件中的法律争议展开,应尽可能地包容裁判理由的完整结构,不能忽视法官形成案件事实的规则,并有针对性地展现对法律解释具体方法的运用。

第七章,非指导性案例的"指导性"与案例指导制度的发展。要点如下:作为非指导性案例的一般生效判决也对司法裁判构成具有指导性的因素。事实影响力效果、被惯习性仿照适用和说服性行动理由可用于刻画这种"指导性",其体现了既定判决在司法实践中获得运用的机理,具有价值正当性和相应的制度基础。"同案同判"要求也是一般判决指导作用的实现机制,它作为司法过程的构成性准则是支持非指导性案例之"指导性"的强主张。类比推理是运用非指导性案例的法律方法,应以满足事实构成上的"一致性"、法律论辩上的"相关性"与实践理由上的"共通性"为逻辑条件。案例指导制度是对司法判决作用及运用方式的制度化和规范化,也理应重视非指导性案例产生"指导性"的普遍原理,在认知和实践方面发展出更具合理性的规划。

第八章,把社会主义核心价值观融入指导性案例编撰。要点如下:

把社会主义核心价值观融入指导性案例编撰既是推进社会主义核心价值观融入法治建设的具体举措,也是在司法解释和裁判文书释法说理中全面贯彻社会主义核心价值观的体现。推进社会主义核心价值观在指导性案例编撰中的融入需要遵循一定的准则,即坚守现代法治的立场、正确处理法律与道德的关系、遵从司法的特性和规律、符合司法判例运作和案例指导的机理。通过指导性案例展现切合社会主义核心价值观的司法规准,是把社会主义核心价值观融入指导性案例编撰的基本要求和实际方式。从具体场合上看,社会主义核心价值观在指导性案例编撰中的融入可以辅助解释制定法规则、诠释法律原则和法律的一般条款、弥补法律规则的空缺、补强司法的价值判断及其说理。

第一章
中国法院指导性案例的"著成"

建立案例指导制度确实是中国当代司法体制改革中一项引人注目的作为。作为以制定法为主要法源和治理传统的国家,建立和运行以案例指导为要义的司法裁判制度可谓包含了许多重大的理念和实践变革。按照该举措担纲者最高人民法院较早发布的文件,要"重视指导性案例在统一法律适用标准、指导下级法院审判工作、丰富和发展法学理论等方面的作用"①。应该说,案例指导制度在中国当下的确立和运行只是一个初步,它的不断成熟和发展离不开理论的探索和实践的检验,这个过程值得我们继续投入较大的热情与关切。以这种背景为基本语境,本章专门提出并论述中国法院指导性案例的"著成"特性,②首先考察指导性案例的"著成"缘由、理念和实践,并从法理上思考与此相关的指导性案例性质与作用机理问题;其次,以现有指导性案例的体例为线索对指导性案例的"著成"内容进行解析,以说明建构切合法律适用的案例指导制度,然后就指导性案例编撰活动所依赖的宏观层面的思维及方法等进行分析性阐释。

---

① 《人民法院第二个五年改革纲要(2004—2008)》(法发〔2005〕18号)第13条。
② "著成"概念取自我国台湾学者杨仁寿先生的用法,他认为:"所谓'判例'云者,应指包括事实在内之整个案例而言,绝非仅止于从判决理由中摘录要旨数句,更易数字,即予'著成'。"杨仁寿:《法学方法论》(第二版),中国政法大学出版社2013年版,第282页。

第一节　指导性案例为何需要"著成"?

中国法院的指导性案例是指为统一法律适用,由最高人民法院按照一定程序在全国各级法院生效判决中选取编发,并对今后裁判具有"应当参照"效力的案例。从实质意义上区分,我国的案例指导制度与普通法法系的判例制度显然有着本质性的区别,这业已成为人们的一种共论。且不说我国案例指导制度完全不同于普通法法系中的以"遵行先例"原则和法官特定技术为支撑的判例制度,它们在内含的法律文化传统及相关的观念和实践方面(例如英美法系判例制度强调经验主义法律思维、"法官造法"、司法在法秩序构建中的中心地位等,我国案例指导制度则相反)也相去甚远。①

一、判例理论与制度实践中的案例编撰

在坚持以上基本认识的前提下,如果从判决先例的产生、形成方式和存在样式来看,中国当代的法院指导性案例与大陆法系代表性国家的判例具有共同的特点,它们与普通法法系国家的判例之区别在于,司法案例之所以能成为具有特别意义的先例还仰赖于相关司法机构的专门编撰工作。如果说普通法法系的判例法可以依靠其自有的制度传统

---

① 参见张志铭:《中国法院案例指导制度价值功能之认知》,载《学习与探索》2012年第3期,第68页。

自主生成,那么大陆法系国家的判例如若成为具有法律适用意义的先例,则或多或少地需要由具有一定权力的相关主体予以编辑和发布,从这个角度看,后者的判例具有专门的"著成"特性。有关这个问题,一项有关法院和法官在"例制"中的角色和作用的比较研究也认为,在普通法国家,法院一般仅仅是考虑案件所应适用的法律规则或者在本案中如何创制规则,至于所裁判的案件如何成为后案法官所关注的判例,法院和法官一般不会过多地考虑,至于判例对后案的效力也取决于案件本身的"魅力"。而大陆法系国家的判例则是由具有一定级别的司法机构进行汇编和发布,而判例汇编体现了司法机关对先前判决是否适宜成为判例的意见和选择。①

以案例指导制度已实行的情况来说,无论是从指导性案例的确认规则、发布通知的内容还是每个(官方文件称"号")指导性案例的叙事结构上看,中国法院的指导性案例都是专门"著成"的。最高人民法院认为本院和地方各级人民法院已经发生法律效力的裁判,或者地方各级人民法院以及其他主体通过一定程序建议、推荐的已经发生法律效力的裁判,对全国法院审判、执行工作具有指导作用的,经最高人民法院审判委员会讨论后,确定并统一发布为指导性案例,最高人民法院设立案例指导工作办公室,负责指导性案例的遴选、审查和报审工作。②按照这种规则确认和公布的指导性案例当然已经不是原来的案例本身,原本针对当事人生效的个案裁判已上升为对全国法院具有指导意义的案例。所以,一个案件的裁判生效以后仅仅对当事人具有"判决的效力",并不能具有"案例的效力"③,只有当该案例被层层遴选,报经

---

① 参见吴越:《中国"例制"构建中的法院角色和法官作用》,载《法学论坛》2012年第5期,第20页。

② 参见《最高人民法院关于案例指导工作的规定》(法发〔2010〕51号)第3—5条。

③ 本章第三节将对此问题进行专门论述。

最高人民法院编辑并经审判委员会讨论决定作为制度性案例予以发布后,才能被称为指导性案例。最高人民法院用通知形式分批发布指导性案例,在第一批指导性案例发布通知中就专门总结了4个案例旨在解决或明确的法律问题,叙述了"案例的指导精神"。①

虽然我们可以从多重视域理解中国案例指导制度的功能与价值,但是,从最为直接而显著的意义上说,我国发布指导性案例所追求的价值目标其实就是"同案同判"。② 为实现这种统一法律适用的功能目标,提炼裁判要点、明示裁判理由可以说就是中国指导性案例的指导路径。在这种指导路径的牵引下,按照能够实现一定功能与价值的结构并以一定的标准对案例进行"著成"也就十分必要了。"为便于查阅和引用,指导性案例的制作格式必须规范、统一。除对每个案例进行统一编号,附有裁判文书外,还应对每个案例进行提炼,形成反映一定裁判规则的'裁判摘要'或'裁判要旨'。"③在第一批指导性案例发布之前,最高人民法院负责人在强调指导性案例的"典型性"特征时也指出,指导性案例编写形式可分为四个部分:(1)首部,包括指导性案例的编号、名称、类型等;(2)指导要点,主要是针对指导性案例指导价值、作用的归纳;(3)案情介绍,主要是对案件事实、证据的归纳;(4)裁判结果与理由,主要归纳指导性案例的裁判结果和充分的说理。④ 由此而言,指导性案例的每个部分几乎都是一种经过"归纳"或"编纂"的内容。据此也可看出,被确认公布的指导性案例与已生效的原始裁判相

---

① 参见《最高人民法院关于发布第一批指导性案例的通知》(法发〔2011〕354号)。
② 参见张志铭:《中国法院案例指导制度价值功能之认知》,载《学习与探索》2012年第3期,第66页。
③ 毛立新:《论我国案例指导制度的建立》,载《北京人民警察学院学报》2009年第5期,第6页。
④ 参见蒋安杰:《最高人民法院研究室主任胡云腾——人民法院案例指导制度的构建》,载《法制资讯》2011年第1期,第81页。

比已经迥然有别,通过"著成"并发布的指导性案例也就具有了别样的意义和权威性。

从域外判例制度运作经验看,大陆法系国家或地区的判例一般遵从应经"著成"始得产生权威性作用的编辑程序,甚至可以认为,在大陆法系区域"没有判例编纂就没有判例法"①。例如德国《民事诉讼法》规定了法院的判决必须包括判决所依据的法律条款、案件事实与判决理由,这种判决是法官针对案件事实适用成文法律的结果,但"当判决在期刊或判例汇编上印出时,则有一种特有的倾向,即将它截短甚至删削"②。当然判例的权威性也最终要由最权威的审判组织集体决定而产生,在具有根本性意义的法律问题上,联邦法院可以召集大审委会以确保统一的裁判和法律续造。③ 在我国台湾地区,法院判决要成为具有权威性意义的判例,依据其"法院组织法"的规定,"最高法院"民事庭会议、刑事庭会议或民、刑事会议决定编辑判例,而且对于"最高法院"的裁判,若其中的法律见解有必要编为判例时,才启动相关程序。④ 在程序上,台湾地区"最高法院"首先需要经过一个有规则要求的判例提出步骤,然后经过初审和复审两阶段严格审核,通过之后报司法主管机构备案,并由最高法院公告;经公布后的判例具有专门编撰后的内容和样式,判例中附有具体和适当的说明,用以解释判例中运用的法律原则、规则以及司法精神等,判例所附要旨主要是解释法律条文和填补法

---

① 张炜达、李瑰华:《我国案例指导制度的发展和完善——基于判例概念的启示》,载《河北法学》2011年第6期,第137页。
② [德]茨威格特、克茨:《比较法总论》(上),潘汉典、米健等译,中国法制出版社2017年版,第473页。
③ 参见吴越:《中国"例制"构建中的法院角色和法官作用》,载《法学论坛》2012年第5期,第21页。
④ 参见徐昕:《迈向司法统一的案例指导制度》,载《学习与探索》2009年第5期,第161页。

律漏洞。①

从历史视野考察,中国近代的判例制度肇始于民国初期的大理院。针对国家法制初创期间,诸多问题面临制定法调整空缺的情况,时为最高审判机关的大理院因时制宜形成了判例汇编制度,并主张在实际的裁判中适用判例。关于民国初期的判例制度,根据学者的考察,"法有不备,或于时不适,则借解释,以救济之……其无可据者,则审度内情,参以学理,著为先例"②。民国成立以后的十多年间,大理院编辑刊载了多期大理院判决录或判例要旨,判例在审判中的法源地位得以确立,甚至"民法未颁布以前,除一二部分外,支配人民生活的,几乎全赖判例"③。诚然,民国时期判例制度是在继受大陆法系法制传统之后由大理院根据当时的审判实际形成的,与英美法系国家的判例制度相差太多,在判例形成制度上也基本体现了大陆法系判例制度的特点。"从判决到判例这一个过程,有其特别的程序,被最高审判机关'著为先例',也就是必须得到最高审判机关的认可,方可对于其后的诉讼案件有约束力——'法院就诉讼案件所为之判决,著为先例,遇有相似之案件发生,下级法院遵其例而为判决,称此先例曰判例'。"④

就当代来说,在案例指导制度推行之前,中国各级法院中曾经采取过几种类似判例或指导性案例制度"雏形"的做法。自20世纪80年代中期起,最高人民法院在其公报中以判决书选登的方式不断公布典型

---

① 参见徐昕:《迈向司法统一的案例指导制度》,载《学习与探索》2009年第5期,第161—162页。
② 转引自杨仁寿:《法学方法论》(第二版),中国政法大学出版社2013年版,第278页。
③ 居正:《司法党化问题》,转引自刘昕杰、杨晓蓉:《民国学者对民初大理院判例制度的研究》,载《东方法学》2011年第5期,第84页。
④ 夏勤:《论判例》,转引自刘昕杰、杨晓蓉:《民国学者对民初大理院判例制度的研究》,载《东方法学》2011年第5期,第85页。

性案例,这些案例往往成为全国各级法院审理同类案件的借鉴。[①] 可以说,以这种形式公布的案例没有特别的选拔与编辑程序,主要就是全文选登最高人民法院的判决书或摘编地方各级人民法院的判决书。公报案例虽然对各级法院的审判会产生一定影响,但是就性质和内容而言,这些案例大多只具有个案自身的意义,没有普适指导价值,案例也都是正面地复述法条,很少进行法律解释,更少见法律漏洞的填补。自2004年开始,案例在结构上增加了"裁判摘要",解释性案例和填补性案例才逐渐增多。[②] 地方人民法院也有仿效最高人民法院选编公布"参阅案例"等的做法,更有尝试建立地方判例制度的实践,例如郑州市中原区法院在2002年率先推行的"先例判决"制度和天津市高级法院实施的"判例指导"制度,其中后者比较注重被选编"判例"的内容编辑,"判例"不仅有正式文号,而且内容包括案情、审判要旨和评析三部分。[③]

二、法院指导性案例的性质定位

指导性案例如何著成,并以哪些内容为要素,进而以何种结构样式编排,在一定意义上取决于指导性案例的性质如何定位。指导性案例的性质意味着指导性案例的功能和价值目标追求,在一定意义上规定

[①] 其实从20世纪50年代开始,最高人民法院就一直以文件的形式编纂发布多种审判案例以供各级法院比照援引。有关此方面情况的详细介绍,可参见胡云腾、于同志:《案例指导制度若干重大疑难争议问题研究》,《法学研究》2008年第6期,第3—4页。

[②] 参见李仕春:《案例指导制度的另一条思路——司法能动主义在中国的有限适用》,载《法学》2009年第6期,第62页。

[③] 参见吴英姿:《谨防案例指导制度可能的"瓶颈"》,载《法学》2011年第9期,第45—46页。

着指导性案例的著述内容和形式。有关指导性案例的性质定位问题，最高人民法院目前的正式文件并没有给出一个明确说法，各界对此主要有三种意见：第一种意见认为，指导性案例是司法解释，如有的认为指导性案例本身是对法律条文所进行的主动、直观的解释，是司法实践中非常有效的一种司法解释方式；①第二种意见认为，最高人民法院所说的指导性案例就是一种具有判例性质的案例，案例指导制度就是中国的判例制度，只不过是其具有中国的独特性而已，②有的甚至认为，指导性案例不是司法解释，其与"法官造法"并无二致，更准确地说是法院造法；③第三种意见则徘徊在指导性案例的特殊性和司法解释的关系问题上，虽然肯定指导性案例是释法不是造法，其与司法解释有着密切的关系，但又不直接承认指导性案例是司法解释。④

厘定指导性案例的性质，可以从案例指导制度存在的场域和中国现实的国家权力和制度设置方面进行考察。法院案例指导制度作为由最高人民法院为主体创设的制度，应该说其具有比较明确的问题意识和现实针对性。案例指导制度的出发点是"总结审判经验，统一法律适用，提高审判质量，维护司法公正"⑤，可以说，它直面了我国现阶段

---

① 参见干朝端：《建立以判例为主要形式的司法解释体制》，载《法学评论》2001年第3期，第137—142页。

② 参见陈兴良：《我国案例指导制度功能之考察》，载《法商研究》2012年第2期，第13页。

③ 参见赵娟：《案例指导制度的合法性评析——以〈最高人民法院关于案例指导工作的规定〉为对象》，载《江苏社会科学》2011年第6期，第144页。

④ 参见胡云腾、于同志：《案例指导制度若干重大疑难争议问题研究》，载《法学研究》2008年第6期，第5—17页。《最高人民法院关于案例指导工作的规定》颁布后，作为最高院研究室主任的胡云腾教授又表示，人民法院的指导性案例从其性质上看是解释法律的一种形式，指导性案例具有明确、具体和弥补法律条文原则、模糊乃至疏漏方面的作用，因此指导性案例是"法官释法"而不是"法官造法"。参见蒋安杰：《最高人民法院研究室主任胡云腾——人民法院案例指导制度的构建》，载《法制资讯》2011年第1期，第79页。

⑤ 《最高人民法院关于案例指导工作的规定》（法发〔2010〕51号）。

由于司法环境紧迫、司法能力参差不齐等复杂原因对裁判品质的不利影响,以及对"同案同判"的司法公正原理的诉求、对"同案不同判"的司法乱象等的痛切感受。① 所以,案例指导制度是法院司法制度的组成部分,其所处的场域就在于司法裁判场合,亦即法院的法律适用领域。更为慎重而重要的一点是,根据我国宪法和法院组织法对人民法院的功能定位,人民法院是国家的审判机关,因此,案例指导制度应该严格地限定在法律适用的范围之内,不能越界。② 如此来说,案例指导制度应展现人民法院对裁判职能的发挥,作为此制度核心的指导性案例的性质也应从法律适用的角度进行阐释,而且这种阐释的定位应符合作为我国最高审判机关的最高人民法院的职权范围和性质。倘若脱离了这方面的认识,指导性案例的性质就很难说得清楚,而且其制度设置与运行的合法性也会面临质疑。

我们知道,最高人民法院作为中国最高审判权的行使机关,根据宪法和法院组织法的规定,其权力范围可以归结为最高审判权、对各级法院的监督权和司法解释权三个方面。就每个方面的权力所表现出来的职能而言,最高人民法院行使最高审判权——审理裁决法律规定的应当由最高人民法院管辖的案件;行使监督权——对各级人民法院的审判工作进行监督(监督权的行使主要通过上诉或审判监督等程序实现);行使司法解释权——对属于法院审判过程中具体应用法律、法令的问题进行解释。据此来看,为统一法律适用,最高人民法院发布指导性案例并要求各级法院在审判类似案例时参照,如果这能够作为其行使自身合法权力的体现的话,那么,指导性案例的正当权力根据只能是

---

① 参见张志铭:《中国法院案例指导制度价值功能之认知》,载《学习与探索》2012 年第 3 期,第 66 页。
② 参见刘作翔:《案例指导制度的定位及相关问题》,载《苏州大学学报》(哲学社会科学版)2011 年第 4 期,第 55 页。

最高人民法院的司法解释权。据此,再依据案例指导制度已运行的状况以及已发布的每号指导性案例的特点判断,指导性案例是最高人民法院以案例解释法律的形式,属于司法解释的范畴,是司法解释的一种新形态。

把指导性案例定性为最高人民法院以案例解释法律的形式,意味着指导性案例是在没有脱离具体个案裁判的场景中适用成文法律的结果。这既符合司法活动以具体的案件为对象的司法权本质,也区别于普通法法系国家的判例法,同时切合成文法国家判例的特点,其"以对制定法的解释适用为指向,是制定法规范在具体个案裁判场景中的具体化"[1]。诚然,必须承认的是,规范性文件视域中的最高人民法院司法解释形式并不包括指导性案例,对此,案例指导作为最高人民法院在司法改革进程中推出的举措,本身就是一种制度创新,而且其聚焦于解决中国司法现实中的适法不统一和司法不公等问题,只要不违背宪法或法院组织法确定的权力限定和司法基本规律,这种做法就是恰当的。所以,关于司法解释的相关规定中暂时没有指导性案例,并不影响其成为最高人民法院通过行使既有的司法解释权而发展出的司法解释新形式。[2]

当然,指导性案例与既有的司法解释形式有着很大的差别,后者作为抽象性的法律解释是我国正式的法律渊源,具有"准立法"性质的效力,而指导性案例是以案例为基础解释法律的形式,可以成为我国的非正式法律渊源。所谓非正式法律渊源,就是"不具有明文规定的法律

---

[1] 张志铭:《中国法院案例指导制度价值功能之认知》,载《学习与探索》2012年第3期,第68页。

[2] 张志铭教授曾在一次讨论时指出,如果条件成熟,指导性案例可成为最高人民法院司法解释的更好形态。相关研究也可参见张志铭:《司法判例制度构建的法理基础》,载《清华法学》2013年第6期,第104—106页。

效力、但却具有法律意义并可能构成审理案件之依据的准则来源"①。如果从这个方面考察,可以说,指导性案例具有作为非正式法律渊源的合法性。②

三、指导性案例的效力与作用机理

与指导性案例性质相关的一个问题是指导性案例的效力到底如何。目前各界在这个问题上的回答存在较大争议,虽然最高人民法院《关于案例指导工作的规定》中要求"各级人民法院审判类似案例时应当参照",但是"应当参照"是怎样一种效力尚无定论。主要的说法有两种:一种观点认为,指导性案例不具有正式的法律效力,其仅对法官的裁判有参考作用("参考"又有多种理解);另一种观点认为,既然指导性案例由最高审判组织讨论通过,其和司法解释就具有同样的效力。③ 分析来看,有关的观点一般是从制度依据或(和)论理依据来探寻指导性案例的效力问题的。从制度层面看,中国目前的指导性案例还不是正式的法律渊源,不具有正式的法律效力,但从论理层面看,指导性案例具有援引与适用方面"事实上的规范约束力",而且这种约束力具有其自身的原理基础。

众所周知,"同案同判"的形式正义是法治语境下司法所应致力追

---

① 舒国滢主编:《法理学导论》,北京大学出版社2006年版,第78页。
② 参见张骐:《试论指导性案例的"指导性"》,载《法制与社会发展》2007年第6期,第42—44页。
③ 持第一种观点的研究,如张骐:《论指导性案例的"指导性"》,载《法制与社会发展》2007年第6期,第45页。持第二种观点的研究,如蔡琳:《案例指导制度之"指导"三论》,载《南京大学学报》(哲学·人文科学·社会科学)2012年第4期,第87—90页;胡云腾、于同志:《案例指导制度若干重大疑难争议问题研究》,载《法学研究》2008年第6期,第9—11页。

求的基本价值。在现代司法的制度框架内,法官们必须要做的就是施行"法律的正义",而正义概念是一般的和形式的,形式正义要求我们对同样的情形同样对待,对不同的情形则区别对待,并给予每个人他所应得的。① 托马斯·里德(Thomas Reid)认为,形式正义是人们必须遵守的一项理性原则,人类在处理公共事务和社会事务时,应当遵循这种理性的而不是专断的原则。② 司法裁判以公正或正义为依归,形式正义是包括司法裁判在内的法律活动的基本原则,由这一原则出发,作为裁判者的法官在处理一个待判的案件时,理应把恪守形式正义作为承担正义尤其是实现"法律正义"的一个最基本的要求,"同案同判"是法官进行裁判的一个基础性原理。

因此,可以说,"同案同判"是"同等情况同等对待"的形式正义原则在司法领域的运作机理和实现形式。从正义范畴的类型结构看,按照平等对待的不同要求,亚里士多德认为,正义有时需要求得比例的相称,即在考虑人的某些差别的意义上"同样情况同样对待、不同情况不同对待",而有时要以人的等价性为依据,对任何人都一样看待,即在不考虑人的某些差别的意义上"同样情况同样对待、不同情况不同对待"。③ 前一类情形即所谓的"分配正义",后一类情形即所谓的"矫正正义",司法所追求的正义大致属于后一类。由此而言,"同案同判""不同案不同判"是对公正裁判的一般要求,也是我们建立案例指导制

---

① 参见[英]尼尔·麦考密克:《法律推理与法律理论》,姜峰译,法律出版社2005年版,第60—70页。
② 转引自[英]尼尔·麦考密克:《法律推理与法律理论》,姜峰译,法律出版社2005年版,第72页。
③ 参见谷春德、史彤彪主编:《西方法律思想史》(第三版),中国人民大学出版社2009年版,第38—39页。

度的直接目的所在。①

以形式正义原则为正当性支撑的"同案同判"让我们应该承认这样一种事实,即基于司法裁判对形式正义原则的遵守,司法的判决及其证明在实际操作上不得不受限于形式良好的价值诉求,甚至这种形式主义要求有时在司法裁判的合法性与合理性维度上具有决定性的意义。所以,无论是否有实在法制度上的肯定性要求,在实现形式正义的层面上讲司法裁判事实上都要受到一定的约束。这正如麦考密克所称,形式正义的要求至少构成了遵循相关先例的一个前提性理由,法官在处理手头的纠纷时理应慎重对待自己所负的责任,最起码的责任就是遵照与当下案件的要点相同或相近的先例进行裁判,至少形式正义要求法官裁断当下案件的理由与实质上与之相同的其他案件不能有太大的出入。② 以此来看,甚至可以说,判例就其作用而言本身就有自然发生的原理,其中基于"同案同判"的伦理要求和行动逻辑以及主体理性选择的道理等,裁判者会自觉自愿地倾心于那些好的判例。③

从建立案例指导制度的原初目的考量,最高人民法院为"统一法律适用"确认发布指导性案例,并要求"各级人民法院审判类似案例时应当参照",其逻辑起点应该就在于实现"同案同判"的形式正义,这与各国判例制度的抽象共性甚为一致。各国判例制度普遍将"同案同判"的形式构建与法院体系和审级制度等相衔接,"正是重叠了两个形

---

① 参见张志铭:《对"同案同判"的法理分析》,载《法制日报》2012年3月7日,第11版。
② 参见[英]尼尔·麦考密克:《法律推理与法律理论》,姜峰译,法律出版社2005年版,第71页。
③ 参见张志铭:《我国法院案例指导制度的全新定位》,载《光明日报》2011年6月29日,第14版。

式主义标准,采取形式主义进路,以追求形式正义为逻辑起点,同时尽可能间接实现个案的实质正义"①。因此,即使指导性案例目前不具有和正式法律渊源一样的规范性效力,这种由最高审判机关专门发布的指导性案例从事实上也必定对后案裁判具有约束力,形式正义原则及"同案同判"的运作要求业已构成了指导性案例具有事实约束力的内在缘由与作用机理。

中国的法院案例指导制度已经成为正式的实践,指导性案例不仅因其由最高审判组织所确认而获得一定的制度性权威,而且在统一法律适用目标的整合下,基于形式正义的机理必然使得基于同样事实的案件理应得到同样的制度内处置。指导性案例作为以案例解释法律的形式正是立足于典型性个案,并着眼于案件之间的关联性、连续性和一致性(可普遍化性),其基本内涵就是指导性案例发挥指导性作用,如果待决案件的案件事实与指导性案例的案件事实具备"同案"的意义,那么就应该遵循指导性案例的裁判尺度和裁判标准,采取与指导性案例相同的判决。所以,指导性案例"应当参照",而"当法官在审理类似案件时,应当参照指导性案例而未参照的,必须有能够令人信服的理由;否则,既不参照指导性案例又不说明理由,导致裁判与指导性案例大相径庭、显失司法公正的,就可能是一个不公正的判决,当事人有权利提出上诉、申诉"②。这说明指导性案例实际上也已拥有了一定程度的法律效力。

---

① 宋晓:《判例生成与中国案例指导制度》,载《法学研究》2011年第4期,第60页。
② 蒋安杰:《最高人民法院研究室主任胡云腾——人民法院案例指导制度的构建》,载《法制资讯》2011年第1期,第81页。由此而论,指导性案例的效力其实已经可以被称为"准制度拘束力"。参见雷磊:《法律论证中的权威与正确性——兼论我国指导性案例的效力》,载《法律科学》(西北政法大学学报)2014年第2期,第39页。

第二节　指导性案例的编撰及其内容分析

认识指导性案例的性质定位与作用机理,并聚焦于其旨在实现"统一法律适用"的目标和功能,对于案例指导制度的实践至关重要。就指导性案例的编撰和内容制作来说,由于指导性案例是以案例解释法律的形式,是最高人民法院发布的具有指导性意义的"适用法律的成例,是在认定事实、解释法律和作出法律决定方面的典型事例"①,所以,指导性案例应当以切合法律适用为旨归而实现合理的内容著述与编排。

一、指导性案例的编撰与司法规则的发展

指导性案例的"著成"过程现实地表现为一定主体所从事的指导性案例编撰活动。如果基于对我国以制定法为传统和规则渊源的现实制度考量来看,通过编撰指导性案例并以之为基础运行案例指导制度的做法,显然是一种巨大的改革和创新。指导性案例的编撰直接以统一法律适用为目标,它们由最高法院按照一定条件和程序在全国各级法院的已生效判决中选取编发,特别是要求各级法院在之后的裁判中对指导性案例"应当参照",这不仅发展了我国一直以来的以制定法规

---

① 张志铭:《我国法院案例指导制度的全新定位》,载《光明日报》2011 年 6 月 29 日,第 14 版。

范为基础的法律适用方式,而且较之于域内外已有的判例制度和实践,其在价值功能、作用机制和裁判效力等方面也具有鲜明的特色。① 尽管目前关于案例指导制度的性质仍然存在一定的争议,但从其已然具有的功能和作用来看,同世界上大多数国家的司法判例制度一样,指导性案例的编撰与发布在对法律进行阐明解释,并发展可据适用的司法规则方面的作用已毋庸置疑。对此,可以确信的是,"随着指导性案例的颁布,一种司法规则形成的机制得以产生,并将对我国法制规则体系的发展完善带来重大而深刻的影响"②。

当然,还要强调的是,通过指导性案例的编撰所带来的司法规则创制是从结构功能和价值作用的意义上来说的,这并不意味着就把我国的指导性案例编撰等同于普通法法系语境中的"法官造法"或司法立法活动。就我国既有的制度传统和体制架构而言,指导性案例主要是在明确、细化和弥补法律条文方面发挥作用,其仍然是一种解释法律的形式,"指导性案例最基本的价值功能应该定位于适用法律,而非创制法律"③,"指导性案例是法官释法而不是法官造法,是总结法律经验法则而不是创制法律经验法则"④。尽管如此,值得注意的是,在把指导性案例的价值功能定位于适用法律的同时,也应该承认这种案例在解释和适用法律意义上的规则生成之意义。⑤ 如果被作为先例并能够在

---

① 参见张志铭:《中国法院案例指导制度价值功能之认知》,载《学习与探索》2012年第3期,第65—66页。
② 陈兴良:《从规则体系视角考察中国案例指导制度》,载《检察日报》2012年4月19日,第3版。
③ 张志铭:《司法判例制度构建的法理基础》,载《清华法学》2013年第6期,第104页。
④ 蒋安杰:《最高人民法院研究室主任胡云腾——人民法院案例指导制度的构建》,载《法制资讯》2011年第1期,第79页。
⑤ 参见张志铭:《中国法院案例指导制度价值功能之认知》,载《学习与探索》2012年第3期,第68页。

后续的案件裁判中发挥提供一定意义上的法源之作用就可以被归为判例,那么我国的法院指导性案例显然也可以被纳入其中,它们的共同特点在于能够形成对案件裁判具有一定约束力的司法规则。也正是从这种意义上可以说,源自法院司法的个案判决的案例都有可能成为所谓的判例。所以,从理论上解析,司法判例的初始含义就是既定判决,"既定判决作为类型化裁判活动的结果必然成为与后续裁判相联系的相关性判决,而这种相关性又自然会生成为既定判决对后续裁判的影响力"①。司法判例也就是"蕴含了法律规则的法院判决","承认判例法的国家当然有司法判例制度,不承认判例法的国家也可以有司法判例制度"。②

以英国为例,在以判例法为主要法律渊源的制度中,法官对案件的处断"必须"遵循司法先例,"遵循先例"的原则要求下级法院在遇到与上级法院的先前判决相同或类似的案件时,无论是否赞成该判决,都必须予以遵守并适用。③ 正是在这个层面上人们认为,所谓判例法就是指通过司法判例所创立和发展起来的法律。④ 在判例法和制定法都业已成为英国法的渊源之背景下,作为与由议会通过立法程序所创造的成文法(statute law)相互对应的名称,普通法也直接被理解为整个由司法判决所确立的法律规则系统,这些规则源自法官在对其接手的案件进行裁判时所作的阐述。⑤ 再如,在立法造法传统强大的法国,尽管法

---

① 张志铭:《司法判例制度构建的法理基础》,载《清华法学》2013年第6期,第94页。
② 何然:《司法判例制度论要》,载《中外法学》2014年第1期,第237页。
③ 参见高鸿钧:《英国法的主要特征(上)——与大陆法相比较》,载《比较法研究》2012年第3期,第8页。
④ 参见高鸿钧:《英国法的主要特征(上)——与大陆法相比较》,载《比较法研究》2012年第3期,第6页。
⑤ 此处观点来自C. Hacke博士讲授的《法律制度与法律方法》课程讲义,是我在德国柏林洪堡大学访学期间选修该课时记录。

典化已经高度发达,在业已承认法官自由裁量权的背景下,也逐渐允许法官根据新的社会情况通过对立法条文解释的形式来适用法典,"从而承认了判例作为制定法补充的功能",特别是在私法的大部分领域内,"规则是地道的法官创造物",在裁判实践中,"法官的职能不是也不可能是机械地适用那些众所周知的和已经确定的规则"。①

以上事例表明,普通法法系的判例是司法造法的典型,生成并创制具有规范性的裁判规则自不待言,即便是在以成文法体系为主的大陆法系国家,由司法裁判带来的判例也承担着发展法律,并为案件裁判提供具有一定效力的裁判规则的任务。在后者这一点上,我们甚至可以树立以下一种理念,即一般在成文法国家,判例的主要作用就是抽取出一定的司法规则或是一般性的裁判理由。② 就内在特质而言,司法判决是对法律解释及其论证方法的集中展示,由判例提供的司法规则或一般性裁判理由,其实就是法院在对案件审理裁断中就一定事实情况所作出的对法律的阐述解释和论证,而且由于这种对法律的具体解释和阐明是在具有案件事实的语境中完成并得出结论的,显然可被称为是对制定法规范最好的解释。因此,无论是何种判例,只要能够作为先例对后续的法律适用和案件裁判产生作用力,作为发展司法规则和约束或指导后续司法的功能就必然得到实现。据此也可以认为,司法裁判对判例的适用在实质上就是在运用作为先例的判决所确立和提供的对制定法规范的解释,而这种解释恰是较好的一种关于制定法的解释。③

---

① 参见何然:《司法判例制度论要》,载《中外法学》2014年第1期,第246页。
② 参见蔡琳:《案例指导制度之"指导"三论》,载《南京大学学报》(哲学·人文科学·社会科学)2012年第4期,第90页。
③ See Neil MacCormick, Robert S. Summers (eds.), *Interpreting Precedents: A Comparative Study*, New York: Routledge, 2016, pp. 483-485.

就中国当代司法制度的发展历程来看,通过编撰判例的方式形成或确认用于裁判的规则并指导司法实践也多少具有一定的传统。作为中国当代司法实践发端之一的陕甘宁边区的司法就曾以编撰判例的方式来确定案件审判的规则。根据有关研究的介绍,在边区法律文献及实践中,"判例"主要指处置妥当的典型案例,那时的判例编制主要由具有权威性的机构边区高等法院和具有权威性的人员进行,编制出的判例以典型案例为主要内容,并具有多重的功能,其中以判例对法律疏漏的弥补和指导司法实践为主要定位,具有普遍的适用性。① 自 20 世纪 80 年代以来,最高人民法院公报中以判决书选登方式刊发的典型性案例也有时"被认为是最高法院公开发布指导性案例的早期尝试"②。根据当时《公报》中的声明,被刊登的案例"是最高人民法院指导地方各级人民法院审判工作的重要工具","可供各级人民法院借鉴",当然,由于这些案例并不属于司法解释,也不能被引用,它们对各级法院的司法裁判影响非常有限。③

由此来看,生成和发展具有一定效力或作用的司法规则是判例的实体性特征,如果我们在此使用广义上的规则创制概念,那么我国法院的指导性案例自然也不例外。从这一方面看,我们至少应该肯定中国法院的指导性案例编撰属于通过司法来生成和发展法律规范的一种活动。就当下的案例指导制度而言,通过指导性案例编撰实现司法规则的发展并进而指导法律的统一适用逐渐成为人们的一种认识。从已经发布的指导性案例的结构体例上看,每个指导性案例均具有裁判要点、

---

① 参见汪世荣、刘全娥:《陕甘宁边区高等法院编制判例的实践与经验》,载《法律科学》(西北政法学院学报)2007 年第 4 期,第 167 页。
② 吴英姿:《谨防案例指导制度可能的"瓶颈"》,载《法学》2011 年第 9 期,第 45 页。
③ 参见干朝端:《建立以判例为主要形式的司法解释体制》,载《法学评论》2001 年第 3 期,第 140 页。

基本案情、裁判结果及其裁判理由,而作为指导性案例主旨的裁判要点更是以规则阐述的形式得以表达。作为指导性案例之核心和精华的裁判要点,就是"指导案例要点的概要表述,是人民法院在裁判具体案件过程中,通过解释和适用法律,对法律适用规则、裁判方法、司法理念等方面问题,作出的创新性判断及其解决方案"①。进一步分析来说,裁判要点的结构也明显地展现了作为一种类似抽象性法律解释形态所具备的要素,具有发展具体司法规则的明显特性。裁判要点"作为对相关法律条文的解释适用,都具有作为一般行为规则的形态和含义,其中所包含的规则适用条件、具体行为模式和相关法律后果等规范逻辑要素,很容易被识别"②。

二、指导性案例的现有体例与基本内容

根据已发布的指导性案例,每个指导性案例都包含了名称、关键词、裁判要点、相关法条、基本案情、裁判结果和裁判理由七个部分的内容,它们展现了指导性案例特有的制作格式和撰写体例。这种对原生效裁判文书的重新整理和组织定然体现了指导性案例编撰者的意图,表现出值得关注的方法论思路。为了进一步从组织构造层面显现指导性案例的"著成"特性,本章接下来对目前既有指导性案例的结构体例及其相应的主要内容予以分析,以便为阐明指导性案例制作与法律适用之间的呼应关系铺垫基础。

---

① 胡云腾、吴光侠:《指导性案例的体例与编写》,载《人民法院报》2012年4月11日,第8版。
② 张志铭:《中国法院案例指导制度价值功能之认知》,载《学习与探索》2012年第3期,第68页。

1. 基本案情

从法律适用的角度看,案件裁判是法官适用法律对诉诸法院的纠纷所进行的处理活动,裁判的结果就是针对一定的案情形成处理决定。分析案情是法官工作的最初步骤,了解案情也是人们理解法官适用法律和评判裁判结果的前提。指导性案例是经过一定程序按照一定标准遴选、确认并发布的法院适用法律处理案件的"成品",基本案情的书写是作为整体的指导性案例的基础内容。基本案情的描述一般包括原告的"诉称"、被告的"辩称"和法院的"经审理查明",此处不再赘述。

2. 案件事实

在一定意义上说,案件事实的认定是司法裁判运作的初始点和出发点,"法律适用的首要步骤就是认定法律事实,法律事实是进行裁判活动的起点"①。在面对一个待判的案件时,法官一般首先从案件事实出发来评价事实与法律,考察事实与法律的相互适应性;在形成判决结论时,法官也一般从案件事实出发来说明事实与法律,确证被认定的案件事实与法律规范构成要件的意义同一性。② 从成文法国家判例制度的实践看,被确立为判例的案例中应当有有关案件事实的陈述。杨仁寿就认为:"实则,判例与事实不可分,英美法系国家固系如此,大陆法系国家应亦无不同,观诸欧日等国判例汇编,殆多将整个具体案例之事实摘入,当可思过半。故所谓'判例'云者,应指包括事实在内之整个案例而言……亦因'最高法院'著成判例有此偏差,致法官援用之际,'抽象正义'或'具体正义'每难取舍;评议时更屡兴'看里'(包括事

---

① 杨建军:《法律事实的解释》,山东人民出版社2007年版,第15页。
② 参见杨知文:《司法判决证立的基本方法初探》,载陈金钊、谢晖主编:《法律方法》(第七卷),山东人民出版社2008年版,第327页。

实)或'看外'(将判例视为抽象的一般规定)之争。"①

从司法裁判的技术层面审视,法官要把法律适用于案件,拉伦茨曾指出,"这只有在已发生的案件事实被陈述了之后,才有可能",基于此项目的,"事件必须被陈述出来,予以整理"。② 以此端详,我国的指导性案例作为以案例解释法律并以之指导法律适用的一种形式,指导性案例的著作应该也要有关于作为陈述的案件事实的内容,毕竟作为案例指导制度的"案例"在运作意义上更以"事实衡量"为起点发挥其指导作用,这也正是指导性案例能够作为"参照"依据被援用且不同于其他类型的法律渊源的一个鲜明特点。

指导性案例中的案件事实有赖于指导性案例制作者的甄别和判断,应以"未经加工的案件事实"为起点,排除其中对法院的法律适用和裁判结论形成不生影响的情势,把原始的案件事实编辑为仅包含那些对法律判断有价值的实际事件的构成要素的成果。例如以最高人民法院公布的指导性案例1号"上海中原物业顾问有限公司诉陶德华居间合同纠纷案"来说,相较于整个案件的所有具体事实情况,"二手房买卖活动""买方与中介公司所签订合同中的禁止'跳单'条款""同一房源卖方经过多个中介公司发布信息""买方未利用原中介公司提供的信息、机会等条件,而是利用其他公众可以获知的正当途径获得同一房源信息""买方及其家人分别通过不同的中介公司了解到同一房源信息"以及"买方通过其他中介公司居间与卖方签订了房屋买卖合同"等事实可被确定为指导性案例中作为陈述的案件事实的基本要素。据此来看,指导案例1号在著成的"裁判要点"中较好地确认并陈述了案

---

① 杨仁寿:《法学方法论》(第二版),中国政法大学出版社2013年版,第282页。
② 参见[德]卡尔·拉伦茨:《法学方法论》,陈爱娥译,商务印书馆2003年版,第160页。

件事实,这使得其在指导意义方面应该具备了可供比照的事实基准。当然,对比来说,指导案例1号的事实确认与陈述被编排在"裁判要点"中并占据主要内容多少有些问题(有关裁判要点见下文论述),其他指导性案例偏重规则解释的陈述而在案件事实陈述上着笔甚少。甚至有研究认为,对于事实的判断自然不能说具有规范性的效力,指导性案例1号的裁判要点不能被认为是确立了一种裁判规范,甚至于还不能说确立了一个是否满足构成要件的判断标准。①

3. 裁判要点

虽然指导性案例具有怎样的效力仍然是人们争议比较大的问题,但是可以肯定的是,无论是作为非正式的法律渊源还是将来发展为和其他几种司法解释形式一样的正式法律渊源,指导性案例通过案例解释法律的方式多少都具有规则生成的意义。正如凯尔森(Hans Kelsen)所论,一个判例的实质功能是创制意味着法律的一般规则的原则,如果一个司法判决只是在适用既有的实体法而没有创造出新的法律规则,那么就不具有判例的特性。② 指导性案例作为一种具有既定效力的判例,其生成规则的意义主要表现在指导性案例的"裁判要点"中。

裁判要点,或称"裁判要旨""裁判摘要"等,一般被认为是指导性案例的重点或核心,它是法官对案例中所涉及的重要法律问题给出的

---

① 参见蔡琳:《案例指导制度之"指导"三论》,载《南京大学学报》(哲学·人文科学·社会科学)2012年第4期,第91页。
② See Hans Kelsen, "Will the Judgment in the Nuremberg Trial Constitute a Precedent in International Law?", *The International Law Quarterly*, Vol. 1, No. 2, Summer 1947, p. 154.

关于如何适用法律的判断。①"裁判要旨是通常被置于案例之前、以简洁的文字表现出的人们对指导性案例中所蕴含的裁判规则的概括、归纳和总结。"②应该说,裁判要点是指导性案例具有一定的规范性效力的最直接的内容,它反映了该案例在适用法律上的核心要义,是指导性案例制作主体提炼出的通过本案解释法律的主要意旨,是根据本案裁判抽取到的、能够被普遍化的一定裁判规则或称一般性的判决理由。

就中国司法而言,之所以要把指导性案例的裁判要点提炼和编辑为具有指导性意义的准则,是因为案例指导制度的设置目的和指导性案例的价值就在于要具体化、清晰化有关情形中的司法准则问题,并以此实现统一法律适用的目标。这种意图实效如何有待检验,但从目前制度设计对提炼抽象规则的偏好来看,"提炼裁判要旨的目的很明显,就是想指出具有普适性的抽象规则,一劳永逸地对类似案件发挥规范作用"③。最高法院显然不合适脱离具体案件直接发布针对特定案件事实情况裁判的一般性规则,为统一法律适用,以遴选案例提炼裁判要点的形式解释法律就成为一种较好的路径。从指导性案例遴选条件可知,指导性案例是已具有既判力的案例,且是属于"社会广泛关注的""法律规定比较原则的""具有典型性的""疑难复杂或者新类型的"以及"其他具有指导作用的"案例。④ 这些类型的案件"可能肇因于某种制度缺失或违背一般的道德体认",或者"法律规定上存在瑕疵而造成

---

① 参见周道鸾:《中国案例指导制度若干问题研究》,载《中国法律:中英文版》2010年第1期,第34页。
② 张骐:《指导性案例中具有指导性部分的确定与适用》,载《法学》2008年第10期,第90页。
③ 吴英姿:《谨防案例指导制度可能的"瓶颈"》,载《法学》2011年第9期,第49页。
④ 参见《最高人民法院关于案例指导工作的规定》(法发〔2010〕51号)第2条。

裁判者在适用法律上的困难",或者"法律应作规定而未作规定",或者因其"存在的法律关系、权利义务与某一类法律规范的理解有相当高程度的契合"而具有典型性。① 所以,通过发布指导性案例确认和具体化法律适用中的规范性准则就在情理之中,而裁判要点正是指导性案例得以"著成"的"主眼"所在。

从目前一些以成文法为主要法律渊源的国家来看,提炼撰写判例中的"裁判要点"或"判决要旨"等往往面临着诸多问题,这使得人们追溯判例内容并发现裁判要旨的调整区域或效力范围时常产生困难。根据茨威格特等人的有关研究,"这类判决要旨对法院判决的根本法律思想的内容提供了极为简洁抽象的说明,但它们却省略了基本的事实,或只予以提示,而从不提供判决所根据的理由"②。中国指导性案例的制作理应在裁判要点的撰写方面注意避免类似的问题。有研究指出可以把合法性、合理性和实效性原则作为对裁判要旨的内容上的要求。张骐教授对此认为,从形式上说应当从三个方面做好裁判要旨的撰写:其一,裁判要旨要用专业化、规范化的语言进行表述;其二,裁判要旨要概括指导性案例的法律要点,尽可能包含案件中争议的法律和事实问题以及解决争议的规则与原则;其三,裁判要旨应当具有抽象性。③ 从内容上说,指导性案例的撰写应以阐释相关法律的适用在观照本案例时所被凝练出的具体含义为主,它要体现出本案例所展现的事实与法律争点在有效法秩序下所应当获得的适宜答案的准则。

以最高人民法院目前已经发布的多批指导性案例来说,每号指导

---

① 参见蔡琳:《案例指导制度之"指导"三论》,载《南京大学学报》(哲学·人文科学·社会科学)2012年第4期,第86—87页。
② [德]茨威格特、克茨:《比较法总论》(上),潘汉典、米健等译,中国法制出版社2017年版,第474页。
③ 参见张骐:《指导性案例中具有指导性部分的确定与适用》,载《法学》2008年第10期,第91—92页。

性案例的裁判要点都在旨在解决的法律适用问题上形成了相对具体和明确的裁判规则,而这些规则与相关法条临近编排,正体现了以案例释法的特点。以 2013 年发布的指导案例 16 号为例,如果把该指导性案例旨在解决的问题、裁判要点及相关法条放在一起分析,指导性案例释法的性质、其裁判要点所承载的规范性内容及其规则生成的意义就更为显现(参见下表)。由此而言,指导性案例对后案裁判的规范性指引作用也就在情理之中。

表 1　最高人民法院指导案例 16 号

案例名称	旨在解决的问题	裁判要点	相关法条
中海发展股份有限公司货轮公司申请设立海事赔偿责任限制基金案	明确海事赔偿责任限制基金案件审查程序和从事港口之间运输的船舶界定问题。	1. 对于申请设立海事赔偿责任限制基金的,法院仅就申请人主体资格、事故所涉及的债权性质和申请设立基金的数额进行程序性审查。有关申请人实体上应否享有海事赔偿责任限制,以及事故所涉债权除限制性债权外是否同时存在其他非限制性债权等问题,不影响法院依法作出准予设立海事赔偿责任限制基金的裁定。 2.《中华人民共和国海商法》第二百一十条第二款规定的"从事中华人民共和国港口之间的运输的船舶",应理解为发生海事事故航次正在从事中华人民共和国港口之间运输的船舶。	1.《中华人民共和国海事诉讼特别程序法》第一百零六条第二款。 2.《中华人民共和国海商法》第二百一十条第二款。

4. 相关法条

相关法条是指导性案例中对案件事实(或案件事实的部分要素)

进行认定并据以形成法律处理结论的制定法条文,也是指导性案例所适用和解释的主要对象。换个角度说,相关法条也体现了某个指导性案例正是在该法条适用方面的典型性或说示范性的成例,即在认定事实、解释法律与作出法律决定方面(抑或裁决执行领域)的具有既判力的代表性案例。一般来看,相关法条都是与特定案件事实所体现的法律问题联系最密切的成文法条款,指导性案例(特别是裁判要点部分)正是对该成文法条款在援引与适用方面所作的最准确的阐释,内容具有正确性。[①] 不仅如此,将相关法条编列于指导性案例之中,涉及数个法条时同时分列于其内,检阅甚为方便。基于这样的认识和定位,在今后指导性案例的制作中,"相关法条"可以增加相关司法解释具体条文的内容。

5. 裁判结果与裁判理由

裁判结果是指导性案例本身的具体处理结论,裁判理由则是该案处理结论的支持理由及其论证结构,它们是法官思维过程和论理的具体化,体现了个案本身的既定效力。从现有的指导性案例的样式看,裁判结果与裁判理由不仅是整个指导性案例的裁判要点提炼的素材,而且较细节地展现了案件中事实认定与法律解释的具体情况,昭示了所被适用的法律条文在具体个案事实情境下的蕴意。裁判结果及其理由是人们理解裁判要点乃至整个指导性案例的"有意义的形式"[②],指导

[①] 王利明教授论述了指导性案例内容的正确性,这一正确性既包括认定事实的准确性,也包括适用法律的准确性。参见王利明:《我国案例指导制度若干问题研究》,载《法学》2012年第1期,第75页。

[②] "有意义的形式"取自意大利哲学家贝蒂(Emilio Betti)的观点,他认为,人们展示自己和理解他人总是要通过各种外在的"表达式",如口头言谈、书面文件、符号或形体语言等,尽管它们多种多样,但都有一个共同点,即有意义,所以统称为"有意义的形式"。参见张志铭:《法律解释操作分析》,中国政法大学出版社1998年版,第28—29页。

性案例的制作者通过这种具有个案效力的"有意义的形式"归纳出该案例具有普遍意义的要旨,而后案的裁判者则可以以这种"有意义的形式"为中介理解该指导性案例制作者所陈述的裁判要点的内在精神。

如果说指导性案例具有释明裁判中的法律意旨的价值,而"真正的法律解释问题与其说是从法律条文自身,毋宁说是从应去或拟去处理的案件所引起的"①,那么,指导性案例作为通过案例来阐明法律的形式,本身的裁判结果及其理由与该案例指导意义的确定在指导性案例的"著成"中就具有了一种相互观照的趣味。质言之,一方面需要理清案例本身的裁判结果与理由,以便正当地形成适用法律条文的要点或一般的解释规定,另一方面妥当的法律适用要点或一般解释规定又需要借助案件本身的裁判结果与理由来被理解。由此来说,裁判结果及其理由不仅具有个案的判决效力,其作为指导性案例的组成内容亦具有独特的价值,这也可被看作指导性案例作为以案例解释法律的形式相较于其他司法解释形式的优点所在。

三、建构切合法律适用的法院案例指导制度

综合以上分析,可以认为,为有效发挥判例对司法裁判的作用,成文法国家的判例一般需要"著成"始能获得权威性的意义,判例需经由具有较高权威的审判组织的选拔、编辑和纂述,使其具有切合法律适用的构成要素和体例样式,以产生在一定方面统制法官裁判的功能。中国的案例指导制度着眼于统一法律适用的目标,指导性案例的遴选、确

---

① 黄茂荣:《法学方法与现代民法》(第五版),法律出版社2007年版,第303页。

认以至每个指导性案例的内容和叙事结构遵循着一定的"著成"规则。从案例指导制度存在的场域和中国现实的国家权力设置等方面考察,指导性案例以对制定法的解释适用为指向,其性质可被认定为最高人民法院以案例解释法律的形式,而形式正义的"同案同判"要求构成了指导性案例具有事实约束力的作用原理。所以,指导性案例应当以切合法律适用为旨归而进行合理的内容著述与编排。

中国法院的指导性案例可谓一个新事物,案例指导制度作为司法体制改革的一项举措也具有重要的意义。指导性案例以案例解释法律,对解决制定法规范在适用中的原则的抽象、粗疏和模糊等问题具有正面的价值,对提升中国司法裁判的品质和回应当下社会对司法公正原理的诉求也具有值得肯定的功能。一种认知已经获得了人们的共论,即"指导性案例的形成,其实是案例指导制度的核心问题"[①]。指导性案例的指导效用的发挥、案例指导制度功能的实现在很大程度上就取决于指导性案例本身的品质和合理性。在我国现有的法律制度和司法体制下,注重指导性案例的"著成"与援用,建构切合法律适用的案例指导制度,是使指导性案例真正发挥指导公正裁判、统一法律适用作用的必然进路。据此,一种切合法律适用的案例指导制度必然有助于中国司法改革向更宽更深的方向推进,有助于中国司法制度进一步实现自我完善和发展。

[①] 胡云腾、于同志:《案例指导制度若干重大疑难争议问题研究》,载《法学研究》2008年第6期,第24页。

第三节　指导性案例编撰中的
　　　　文本剪辑和要旨著述

中国法院案例指导制度从创设到正式运行,无疑都将指导性案例的选编作为其中具有重要标识的环节,而案例指导功能的实现也要以具体的指导性案例为实际载体。在案例指导制度下,指导性案例既是司法裁判的结果或产物,又要以切合法律适用为导向给司法裁判确立理解和实施法律的统一标准。为了制作具有参照效力的指导性案例,指导性案例的编撰需要把有利于发挥指导性案例的指导效用作为基本目标。应该看到的是,就宏观层面的思维及方法而言,指导性案例的编撰既要立足于现有的生效裁判文书,但又不是简单地把遴选出的生效判决文本直接转载和发布。从相关的司法理论和法律方法论原理来看,为了把生效裁判文书编撰为对同类案件的法律适用具有参照价值的指导性案例,需要以有效落实司法案例的效力为旨归,具体的案例编撰过程在方法和技术上要依赖于合理的文本剪辑和要旨著述,这也正是目前法院指导性案例编撰活动的显著特征。

一、司法案例的效力与指导性案例的编撰

虽然指导性案例就是最高法院按照一定程序在全国各级法院生效判决中选取编发的案例,但是较之于一般的法院生效判决,它们具有专

门的权威性意义和参照适用的效力。分析而言,由于指导性案例本身也是生效判决,而指导性案例又具有自身的不同于一般生效判决的指导效力,通过遴选编撰的指导性案例不仅具备了升级的身份,而且因此形成了有关法律的新的效力形态。在此意义上看,一般生效判决和指导性案例具有不同的价值、功能和作用,特别是就二者所能产生的约束力而言,实有判决的效力与案例的效力之分。

一般来说,判决是法院通过审判程序对案件实体问题所作的最终的权威性判定,[①]判决一经生效便产生法律意义的效果,具有法律上的效力。效力是法律的基本属性,是法律的约束力的统称,判决的效力是法律效力的一种形态和具体体现。判决的效力是判决对案件当事人的法律约束力,它对当事人之间的权利义务的确定具有权威效用,这种权威效用表现为其固有的要求当事人必须遵从的国家强制力。通常认为,判决效力的内容具体表现为三个方面:(1)拘束力,即强制当事人服从判决的意旨,按照判决确定的权利义务关系实现权利,履行义务;(2)既定力,即"一事不再理",它排除当事人就同一诉讼再次请求裁判的可能性,也要求法院对判决确定的事项不得再受理,且非经法定程序不得改变;(3)执行力,即判决内容得以实现的效力,包括当事人能够申请国家强制力予以实现的效力。[②]

判决的效力有确定的适用范围,按照判决效力的相对性原则,案件当事人是接受裁判的对象,生效判决只对提出请求及相对的当事人有约束力,而不涉及当事人以外的人。[③] 拉伦茨指出,法院系就个案为裁

---

① 参见江伟主编:《民事诉讼法》,高等教育出版社2004年版,第318页。
② 参见吴英姿:《判决效力相对性及其对外效力》,载《学海》2000年第4期,第123页。
③ 参见肖建华:《论判决效力主观范围的扩张》,载《比较法研究》2002年第1期,第46页。

判,"法院所表示的法律见解,不论是解释、法律内的或超越法律的法的续造,它只对被裁判的案件发生直接效力"①。从理论上讲,虽然个案判决的效力在一些情况下(如诉讼担当)能够扩张及于案件当事人之外的第三人,但是严格来说,判决对社会并没有普遍的约束力,"它只在为当事人实现权利、履行义务提供规准",判决的效力也只限于"对当事人的效力"一层含义。② 毕竟判决效力作为法律效力的具体体现却又不直接等同于法律的效力,法律是国家制定或认可的适用于一切社会成员的规范,而法院判决作为操作和适用法律的结果则具有个别性,"司法判决是法院所创造的对一定的人执行一定制裁的个别规范,它是抽象的一般规范的必要的个别化和具体化"③。

当然,生效判决不仅对案件当事人产生法律上约束的效力,而且判决的确定和执行使得被裁判的案件成为司法上的案例,对社会必然具有事实上的影响作用和调整功能。个中缘由,简单地说,是判决作为对诉诸司法的纠纷的一种公共、权威的回答,其结果和根据必定设定了在某种诉争问题上的一般模式,因为法院"对待当下案件的方式,也会成为将来对待同样案件的理由"④。然而,这也并不意味着判决具有法律的一般效力。由生效判决及所裁断案件形成的案例只有被作为处理新案件的根据和理由,并且这种处断方式具有法律认可的效力和权威意义时,判决及其案件的约束力才被延展,而此时也并非判决本身的效力了,毋宁说是由判决所带来的以整体案件的某些要素为衡量的约束力。

---

① [德]卡尔·拉伦茨:《法学方法论》,陈爱娥译,商务印书馆2003年版,第300页。
② 参见吴英姿:《判决效力相对性及其对外效力》,载《学海》2000年第4期,第125页。
③ [奥]凯尔森:《法与国家的一般理论》,沈宗灵译,中国大百科全书出版社1995年版,第152—153页。
④ [英]尼尔·麦考密克:《法律推理与法律理论》,姜峰译,法律出版社2005年版,第147页。

如果说判决是法院对案件处理的结果,案例是法官裁判的"成例",那么此种基于生效判决和案件所产生的对法律调整和适用所具有的一般权威作用和约束力,可称之为案例的效力。

关于案例的效力,我们知道,在英美法系,遵循先例原则是司法裁判的基础性原则,其要求法官在审判案件时应遵照上级法院甚至本法院以前所作的类似案件的判决,简言之,先前案例具有约束力。① 在此意义上,判决是生成和提供有效法律的法源,而由这种机制所形成的法律规则及其体系就是判例法。英美法传统的司法模式较好地展现了案例的效力问题,判决的权威作用不仅及于案件的当事人,判例本身也对司法行为产生约束力:法官有义务以类似的判例并通过与之相应的技术方法处理同类的案件,任何法院都不应该忽视本院特别是上级法院就同一事项所作出的权威性判决。② 所以,在英美法制度下,"判例具有双重的法律拘束效力",对某一具体案件所作的判决,一是产生对于当事人判决的既判力,二是根据该判决所确立的法律原则将产生法律效力,以后的法官在判决其他案件时有以此为准绳的义务。③ 与英美法系不同,大陆法系对普通法制度中那样以遵循先例为原理的案例效力一般不予承认。基于制定法的法制传统和司法思维模式,大陆法系法院原则上不承认既定判决具有自动的、当然的、超越判决自身的一般效力,除了法院须受自己判决拘束(判决的既定力)之外,"那里绝不存在任何强制法官必须受上级法院判决拘束的法律规则"④。

---

① 参见沈宗灵:《比较法研究》,北京大学出版社2004年版,第215页。
② See Carleton K. Allen, *Law in the Making* (7th ed.), Oxford: Clarendon Press, 1964, p.236.
③ 参见杨丽英:《英国判例法主义的形成、发展及评价》,载《比较法研究》1991年第4期,第50页。
④ [德]茨威格特、克茨:《比较法总论》(上),潘汉典、米健等译,中国法制出版社2017年版,第470页。

诚然，判例制度也不是外在于大陆法系的，大陆法系司法事实上也采行判例制度。① 然而，相较于英美法系的判例几乎天然地具有效力而言，大陆法系的案例一般需要经过一定权力机构的统一认可始能获得具有约束力的地位，而这种认可工作主要表现为一定的专门编纂（包含编撰活动在内的）程序。"一个判决先例要成为指导其后司法实践甚至被引述的依据，应当经过某种确认的程序"，当该案判决不宜继续作为判例时，"也要经过相应的废止程序"。② 大陆法系诸国"判例的创制也如同制定法立法程序一样，需要获得国家权力的统一认可，由最高法院（包括最高行政法院）来创制并予以公布，只有公开发表的判决才是具有法律效力的判例"③。

就中国法院的案例指导制度而言，作为从既有生效判决中经过专门程序选取编发而成的具有一定效力的案例，指导性案例较大鲜明地体现了大陆法系传统国家的判例制度特征，即"从案例到指导性案例经历了一个行政性的筛选和确认程序"④。所以，与英美判例法制度中的案例效力取决于判例自身的价值和"魅力"相比，中国法院指导性案例的效力主要取决于作为最高司法机关的最高法院的编纂活动，且指导性案例的效力最终是也由最高法院的审判委员会集体决定的。⑤ 同时，最高法院专门遴选和编撰并发布指导性案例的活动本身就是一种具有法律意义的活动，这种活动的意义及其正当性来源于最高法院固

---

① 参见宋晓：《判例生成与中国案例指导制度》，载《法学研究》2011年第4期，第58页。

② 参见蒋惠岭：《建立案例指导制度的几个具体问题》，载《法律适用》2004年第5期，第9页。

③ 张炜达、李瑰华：《我国案例指导制度的发展和完善——基于判例概念的启示》，载《河北法学》2011年第6期，第137页。

④ 郎贵梅：《中国案例指导制度的若干基本理论问题研究》，载《上海交通大学学报》（哲学社会科学版）2009年第2期，第28页。

⑤ 参见《最高人民法院关于案例指导工作的规定》（法发〔2010〕51号）第6条。

有的职责和权能。

判决的效力与案例的效力之区分表明,就产生约束力的形态而言,司法裁判具有双重的效力构造,其中判决的效力指向案件处理的具体当事人,体现了法律的确定性指引、强制等规范作用,案例的效力则指向纠纷解决的普遍情形,即对同类案件处理的拘束力,体现了法律调整的概括性特征。从法律方法论上看,可以说,判决的效力是基于个案事实和法律规范的裁判结论的效力,是对个案当事人的约束力,实现的是法律的特殊调整,而案例的效力是基于一定法律原则所要求的既定判例的效力,具有法律后顾性目标追求的一般意义。

如果说普通法制度下的所有既定判决自身就能够形成一种规范性判例,那么中国法院这种通过制度安排使部分生效判决具有规范性效力的做法,实质就是要在固有的传统领域内"赋予既定判决对后续裁判的作用或影响力以一种确定的形态",其所要解决的问题或达成的目标,是将这些既定判决"自发生成的、事实意义上的影响力予以制度化,转变为一种规范的形态,使作为既定判决的司法判例由一种影响性判例转化为规范性判例"①。这也正是中国法院实施案例指导制度的全部意义所在。

通过这种分析就可以看出,中国案例指导制度在具体指导性案例的目标上就是要赋予其案例的效力,通过每个指导性案例之效力的发挥实现在该类案件法律适用上的统一。不仅如此,由于指导性案例是对法院裁判案例的集结和提升,是对发生法律效力且符合特定条件的案例的确认,指导性案例的指导意义也在于通过案例实现对法律适用问题的释明和阐发,指导性案例最基本的作用机制就是以对制定法的

---

① 张志铭:《司法判例制度构建的法理基础》,载《清华法学》2013年第6期,第94页。

解释适用为指向,通过案例进行司法解释,使其成为司法裁判必不可少的构成要素。"在制定法业已公布的情况下,只有借助于相似情景下的反复适用,规则的效力才能不断得到强化",这就有必要借助法定的、规范的诉讼程序,通过案例指导制度,进行法律解释,以完成补充规则的目标。① 所以,"指导性案例若欲有别于以往的'参照'意义,将之归入司法解释的一种形式,是赋予其'规范拘束力'的唯一通道"②。

因此,在案例指导制度下对指导性案例进行编撰就是为了制作出具有参照效力的指导性案例,其理应以有益于实现案例的效力为目标或旨归。指导性案例聚焦于解决司法现实中的适法不统一和司法不公等重要问题,而这种指导效用的发挥乃至案例指导制度功能的实现在很大程度上就取决于指导性案例本身的品质和合理性,而案例效力的实现也显然仰赖于通过一定编撰方法及技术手段对指导性案例的制作。从宏观上看,一方面,为借助案例完成对法律问题的表达,理清对所依附的制定法条文的阐明,指导性案例的编撰需要主动地开展对案件文本的剪辑;另一方面,为内置对案例情景中法律适用意旨的交代,澄清具体条件下适宜裁判的规范和理由,指导性案例的编撰必定鲜明地施行对裁判要旨的著述。就前者而言,为发挥具体个案判决的一般权威价值,对原判决文本根据一定的精神进行剪裁和采编,这是制作指导性案例通常应有之基础环节;就后者而言,在具体案件的语境中阐发法律的意旨需要依靠专门的提取和著作,这是制作指导性案例必备的特定工序和技术性要素。

---

① 参见汪世荣:《补强效力与补充规则:中国案例制度的目标定位》,载《华东政法学院学报》2007年第2期,第110—111页。
② 杨力:《中国案例指导运作研究》,载《法律科学》(西北政法大学学报)2008年第6期,第50页。

二、指导性案例编撰中的案例文本剪辑

与言谈的话语所具有的当下性意义相比,文本是运用文字符号等"由书写所固定下来的话语"①,对于案例文本而言同样如此,案例的权威和效力意义就体现和展示在具体的文本中。案例文本的剪辑是对原有生效判决所进行的整理和加工,文本的剪辑直接针对被遴选出的生效裁判文书,在指导性案例编撰的具体过程中,对案例文本的剪辑一般而且至少要通过两种步骤及方法的运用,即案件事实的剪裁和判决结果的采编。

1. 案件事实的剪裁

案件事实是任何司法判决都必备的构成要素,任何判决都是针对一定案件事实而适用法律的产物,没有案件事实也就无所谓判决。案件事实是进行裁判活动的起点,是发现、评价和适用法律的出发点,究其原因,从司法方法的技术层面审视,法官要把法律适用于案件,"这只有在已发生的案件事实被陈述了之后,才有可能",在判决事实部分出现的"案件事实"是一种作为陈述的案件事实,基于此项目的,"事件必须被陈述出来,予以整理"。② 基于相同缘由,以案件生效判决为基础而形成的判例,对案件事实的要求也是极为重要而且必需的。正如杨仁寿所指出的,"实则,判例与事实不可分",这一点无论是在英美法系还是大陆法系都并无不同,"故所谓'判例'云者,应指包

---

① [法]保罗·利科尔:《解释学与人文科学》,陶远华、袁耀东等译,河北人民出版社1987年版,第41页。
② 参见[德]卡尔·拉伦茨:《法学方法论》,陈爱娥译,商务印书馆2003年版,第160页。

括事实在内之整个案例而言,绝非仅止于从判决理由中摘录要旨数句,更易数字,即予'著成'"。① 所以,把包含案件事实的生效判决编撰并确认为具有权威意义的判例,对案件事实的处理就不可避免地内含于其中。

作为以案例解释法律的形式,中国法院指导性案例必然也要体现对原判案件事实的珍视。指导性案例以法律适用为指向,致力于实现"同案同判",而此目标的实现着眼于个案裁判之间的融贯性和关联性,某个待决案件与一个指导性案例是不是属于"同案"就基于在案件事实方面的比较和厘定,即案件性质上的定性分析与案件情节上的定量分析都应以对案件事实的衡量为重要依据,案例文本中的事实无疑也提供了判断是否应当"同判"的必要语境。由此可见,案件事实的编撰对指导性案例而言实有不可或缺的价值,否则,"故援用'判例'时,苟将'事实'置之不顾,又何能援用?"②事实上,无论是英美法系的判例编纂还是大陆法系既有的判例汇编活动,一直有强调发布完整的判例全文的主张,而实践上许多(特别是大陆法系)国家也出于对判例"标准化"的寻求以及对方便查询和易于适用等经济律的考虑,在判例编纂时对案件事实方面的处理都有去除繁杂情节的做法,使案例中的事实陈述表现为经过一定剪裁的"短篇"。

在鲜明的成文法制度下的判例编纂活动中,相对于判例制作者欲使案例效力有所拘束的事实情况,原裁判文书中的事实仍旧是"未经加工的案件事实",为考虑案例所实现的对法律规范的解释或补充意义,必定要依照这种目的对原案件事实进行某种程度的剪裁,将其中包含的对最终的法律解释和案例效力不具有影响的个别情形、情势排除

---

① 参见杨仁寿:《法学方法论》(第二版),中国政法大学出版社2013年版,第282页。
② 杨仁寿:《法学方法论》(第二版),中国政法大学出版社2013年版,第283页。

于具有核心价值的案件事实之外。至于如何在技术上实现这种剪裁,拉伦茨关于法条适用中案件事实的形成方法颇具有借鉴意义。他认为,在无限多姿多彩的事件中,为了形成作为陈述的案件事实,总是要先作选择,选择之时,判断者已经考量到个别事实在法律上的重要性,"毋宁必须一方面考量已知的事实,另一方面考虑个别事实在法律上的重要性,以此二者为基础,才能形成案件事实"[①]。在指导性案例的编撰过程中,对原生效判决文书中的案件事实,案例制作者总是也要经历选择,选择与法律对特定问题的评价有重要指向的基本事实、核心事实和重要事实,既要考量这些事实对法律调整和援引适用的重要性,又要考量法律借助这些事实所追求的解释结果的可附着性。

　　同时,案件事实的剪裁主要应当以案由为线索,更要以争讼的事实为核心,以此确定案件事实的剪裁界限和领域。案由和争讼的事实是与一个案例直接有关的案件事实,卢埃林(Karl N. Llewellyn)在谈论判例法的方法时指出,研究判例的事实需要注意两类问题:"首先,什么是具有重要意义的事实(类别)以及它们对于法院的重要意义何在?其次,当案情不那么一致时,什么样的事实或程序配置导致了法院措施的不同?"[②]这种观点在一定层面上可借以说明判例编撰中对案件事实的剪裁所应有的视域,而衡量和区分一定案件事实情势在法律适用和争议解决中所具有的法律意义,也应当是指导性案例编撰在确定案件事实剪裁范围时的一个基本方法。所以,在认识和方法上应当明确,指导性案例中的案件事实并不是与案例指导毫无关联的纯粹性事实,而必然应以案件事实的法律适用意义为线索,来确定与法律解释及其适

---

　　① [德]卡尔·拉伦茨:《法学方法论》,陈爱娥译,商务印书馆2003年版,第160页。
　　② 张骐:《指导性案例中具有指导性部分的确定与适用》,载《法学》2008年第10期,第97页。

用直接或间接相关的案件事实。

2. 判决结论的采编

判决结论是已生效裁判文书中关于个案本身的具体处理结果,体现了法院对个案争议通过适用法律进行处理的态度。判决结论宣告了在某种案件事实问题上法律的具体含义,是个案判决效力所要实现的直接内容。在中国案例指导制度背景下,绝大多数案件的判决结论随着判决的生效、履行或执行得以实现便成为隐没于浩瀚判决丛林中的具文,而经过遴选"有幸"成为指导性案例的案件判决结论随着新身份的确定又具有了可供后案裁判"参照"的意义。就此来看,指导性案例的编撰对原判决结论的采编处理也是理所当然的。

从案例效力的功能定位来看,案例判决的结论命题的意义在于,其对实现"同案同判"的价值诉求具有重要的目的导向作用,当具可被"参照"的蕴意。在"同案同判"机制下,"同案"是"同判"的原因,是落实"应当参照"要求及指导性案例得以发挥效力的基础和根据,而"同判"则是基于"同案"支持的结果。所谓"同判",在最直接的层面上讲就是"同样的判决",①同样的判决意味着施行同样的法律制度内的对待和处置,具体又表现为同样的法律断定及其相应的积极或消极的法律效果。由此分析可见,先前案例中的既定判决结论也当属"应当参照"要素之列。

所以,对指导性案例的编撰而言,对生效裁判文本中的判决结论应该以采编的方式给予辑录。为彰显法律在特定案件事实问题上所应赋予的效果和意义,为简明显示要点,一般可在文本上运用"缩写"的方

---

① 参见张志铭:《司法判例制度构建的法理基础》,载《清华法学》2013年第6期,第108页。

法,截取凝练成言简意赅的结论命题。从既有指导性案例的结构体例和要点叙述来看,每个指导性案例文本对案件原判决结论的内容概括相当简略,基本上只是简洁复述了原判决结果中关于案件事实争点之集中处理意见的那部分结论。

需要强调的是,尽管在纯粹文法意义上剪短复述一个文本的内容并无理解上的大碍,但毕竟法律的文本及其表述具有相当程度的规范化特征,法律结论更有价值判断之应然命题的属性,指导性案例编撰以浓缩信息为走向的裁判结论之采编通常也应寻求其规范上的限度。因此,"剪辑应以不失真为原则,这也是所谓'缩写'的基本要求"[①]。就中国推行案例指导的实际而言,指导性案例必须是已经发生法律效力的个案判决,在限于已生效判决的范围内择取选发指导性案例的制度下,"如果最高人民法院认为某案例有指导价值而处理结果不尽如人意,应启动再审程序,改判之后再发布为指导性案例",质言之,"对于判决说理乃至法律适用的细节加以修正可以被允许,但是最终处理结果则断不能在文本剪辑环节加以修正"[②]。

三、指导性案例编撰中的裁判要旨著述

通过生效判决概括或著成具有普遍权威和一般效力的裁判要旨,是所有司法判例制度都难以舍弃甚至追逐的一种情怀,中国案例指导制度更是如此。中国案例指导制度以统一法律适用为追求,以

[①] 汤文平:《论指导性案例之文本剪辑——尤以指导案例 1 号为例》,载《法制与社会发展》2013 年第 2 期,第 53 页。

[②] 参见汤文平:《论指导性案例之文本剪辑——尤以指导案例 1 号为例》,载《法制与社会发展》2013 年第 2 期,第 54 页。

通过案例来解释成文法律为特色,对裁判要旨进行强调与明确的做法比较鲜明。就此而论,指导性案例的编撰通过对判决理由的提取和裁判要点的著作,致力于完成对案例中裁判要旨的建构就理所当然。

1. 判决理由的提取

裁判要旨的形成以对判决理由的提取为前提,这是任何类型的司法判例制度共有的本性。在普通法中,判例对未来案件具有实质拘束力的是判决规则,该判决规则并不简单地是法官在判决书中的一段陈述或几段陈述,它们是从判决中蒸馏和结晶出来的规则。① 大陆法系"从案件到案件推理"的艺术并不发达,在判例整理编纂过程中热衷于在发表的判决前刊载判决要旨,这类判决要旨虽然不告诉判决所依据的具体理由,却也是对法院判决之根本法律思想内容进行简洁而抽象的说明,②其中定然暗含裁判的道理、根由。拉伦茨也指出,(最高法院)经常在裁判之前添加类似法条的要旨,"这些要旨不过是裁判理由中蒸馏出来的结晶,与案件事实密切相关,在很大程度上本身也需要解释"③。在中国案例指导制度中,裁判要点作为对法律适用问题的断定与明确,是案例统一裁判的核心要点,而生效判决理由是指导性案例裁判要点生成的基础和来源。

从组织构成上看,司法是就争讼的案件事实进行调查认定,并通过解释适用法律而作出裁判,④故判决理由是连接案件事实和裁判结论

---

① 参见宋晓:《裁判摘要的性质追问》,载《法学》2010 年第 2 期,第 91 页。
② 参见[德]茨威格特、克茨:《比较法总论》(上),潘汉典、米健等译,中国法制出版社 2017 年版,第 474 页。
③ [德]卡尔·拉伦茨:《法学方法论》,陈爱娥译,商务印书馆 2003 年版,第 233 页。
④ 参见杨知文:《法院组织管理与中国审判管理体制的建构》,载《河北法学》2014 年第 10 期,第 7 页。

的纽带,是法官思维过程和论理的具体化,蕴含着案件裁决本身的既定效力根据。作为对案件裁判结论的正当性证明,判决理由必定涵盖了对案件事实的认定和对适用法律的阐释两大基本环节,其中包含了丰富的裁判论理。判决理由一般记录了法官审理证据并决定事实,以及关于制定法规范在本案调整和可适用性问题的回答。可以说,某种案件事实对法律规范适用的归属意义和情境指称通过判决理由获得阐发,而某个法律规范在被考虑到它对某一特定法律事实的适用性时所具有的意旨也通过判决理由得以彰显和展示。所以,判决理由厘定了该案裁判可成为指导性案例的价值,因其通过说理连接了某种案件事实和某种法律问题的具体含义,借助具体个案消解了司法裁判中规范与事实的紧张和疏离关系,是支撑该案判决具有指导裁判活动之价值的缘由。

由于判决理由最根本地显示了一个生效个案判决所具有的值得被赋予指导性案例身份的条件,指导性案例编撰对判决理由的提取才变得格外重要,它也是指导性案例能够有意识地撰写裁判要点,以完成通过案例阐明法律要义并实现统一法律适用目标的先决事项。就方法而言,编撰过程对判决理由的提取理当有别于文本的简单剪裁,毋宁是一种有意识、有线索、有目的和有系统的规范化活动。就提取的论述形式而言,案例的编撰对判决理由应当因循案件原审判决既有的论证结构,在撰写的内容上需要简洁而又最大限度地囊括案件裁判结论证立所必需的事实因素、法律规范因素以及相关的法律解释等因素,在形式上需要显露法官在判决书中的包括全部理由观点与证明性陈述在内的整个法律推理过程。故此,"借其说理的内容,法院的裁判常能超越其所判断的个案,对其他事件产生间接的影响。假使其系正确的裁判之主张确实,那么对未来涉及同样法律问题的裁判而言,它就是一个标准的范例"①。

2. 裁判要点的著作

形成或撰述可供一般化的裁判要旨常被看作司法判例的重要特征,特别是在制定法传统下,司法判例的主要作用就是要凝结或创制出具有普遍适用性的一定抽象规则。中国法院指导性案例当然并不创造法律,其作为在个案场景中解释和适用法律的结果,是创制和生成裁判规范的一种形态。对指导性案例来说,个案裁判从单纯判决的效力上升为具有案例的效力,其典型或正当的权能根据在于最高人民法院通过案例对制定法的适用问题作出司法解释性质的阐释,从而发展出具有一般效力的裁判规范。

从现实的编撰体例看,中国法院指导性案例所形成和创制的裁判规范集中表现或承载于"裁判要点"中。如前所述,裁判要点就是在指导性案例中被总结和概括出的,并以简洁语言所表述的有关本案的关键裁判旨意,其通常是"根据本案法律上争议的焦点归纳出的裁判规则(包括实体法裁判规则和程序法裁判规则)"②。从广义上理解,裁判要点所确定和表达的裁判规范也可以包括具有指导意义的裁判理念或裁判方法,在实质内容上"既可以是阐释法律的适用规则,又可以是认定事实和采信证据的规则和方法"③。裁判要点一般体现了指导性案例所阐发的事实与法律争点在有效法秩序下所应获得的适宜答案的准则,借用拉伦茨的观点言之,裁判要点是法院在裁判中所宣示的标准,

---

① [德]卡尔·拉伦茨:《法学方法论》,陈爱娥译,商务印书馆2003年版,第300页。
② 周道鸾:《中国案例指导制度若干问题研究》,载《中国法律:中英文版》2010年第1期,第34页。
③ 胡云腾、吴光侠:《指导性案例的体例与编写》,载《人民法院报》2012年4月11日,第8版。

"以'适切的'规范解释或补充为基础,或以范例性的方式具体化法律原则乃可"①。与指导性案例体例的其他部分相比,除了可以直接从判决理由中抽取内容以外,裁判要点大多具有专门的创作性,所以,从案例编撰的视角可以说,裁判要点就是著成的。即便是那些可以从判决理由中抽取或摘录并直接设定而成的裁判要点,相对于原案判决而言也无疑是指导性案例中最具增量和新颖性的部分。②

表2 以32、33号指导案例为例说明裁判要点的著作情况

案例名称	解决的问题	裁判要点	相关法条
张某某、金某危险驾驶案	明确"追逐竞驶"和"情节恶劣"的认定问题。	1. 机动车驾驶人员出于竞技、追求刺激、斗气或者其他动机,在道路上曲折穿行、快速追赶行驶的,属于《中华人民共和国刑法》第一百三十三条之一规定的"追逐竞驶"。 2. 追逐竞驶虽未造成人员伤亡或财产损失,但综合考虑超过限速、闯红灯、强行超车、抗拒交通执法等严重违反道路交通安全法的行为,足以威胁他人生命、财产安全的,属于危险驾驶罪中"情节恶劣"的情形。	《中华人民共和国刑法》(以下简称《刑法》)第一百三十三条之一。

---

① [德]卡尔·拉伦茨:《法学方法论》,陈爱娥译,商务印书馆2003年版,第302—303页。

② 如果把每个指导性案例旨在解决的问题与裁判要点放在一起考量并与相关法条联系,裁判要点的著作就更能体现指导性案例释法的性质、裁判要点所承载的规范性内容及其所具有的规则生成意义。

(续表)

案例名称	解决的问题	裁判要点	相关法条
瑞士嘉吉国际公司诉福建金石制油有限公司等确认合同无效纠纷案	明确"恶意串通"具体认定标准,解决合同无效后如何返还财产问题。	1. 债务人将主要财产以明显不合理低价转让给其关联公司,关联公司在明知债务人欠债的情况下,未实际支付对价的,可以认定债务人与其关联公司恶意串通、损害债权人利益,与此相关的财产转让合同应当认定为无效。 2.《中华人民共和国合同法》第五十九条规定适用于第三人为财产所有权人的情形,在债权人对债务人享有普通债权的情况下,应当根据《中华人民共和国合同法》第五十八条的规定,判令因无效合同取得的财产返还给原财产所有人,而不能根据第五十九条规定直接判令债务人的关联公司因"恶意串通,损害第三人利益"的合同而取得的债务人的财产返还给债权人。	1.《中华人民共和国合同法》第五十二条第二项。 2.《中华人民共和国合同法》第五十八条、第五十九条。

从中国案例指导的精神和作用发挥意义上看,指导性案例编撰对裁判要点的著写应着重处理表现为一定类型的内容:(1)释明具体法律的论点。制定法的文本表述简单明了毫无争议,则法律适用无需专门统一,而此种案件的判决基本上没有指导性。内含释明具体法律的论点是指导性案例发挥指导作用的重要条件,法律适用在遭遇法律文本规定含混不清、不同法律规范之间出现冲突、法律规定已不合时宜或法律对特定问题缺乏规定等之际,个案生效判决对某些问题的裁判宣示了法律的处理确认,据此归纳和创制出的裁判要点构成了对具体法律有意义的解释,其显具指导作用。(2)适用法律原则的论点。对法

律原则的具体适用及其必要阐释也特别地构成了对法律的解释,生效判决对某项概括性的法律原则的援引适用及其具体化阐述,实际上是为该法律原则确定了一定的适用基准和要求,来自该种理由的判决也显具指导意义,裁判要点需重视对法律原则适用的解释。(3)关涉重要法律问题的论述。个案判决中往往也有对涉及案件事实的重要法律问题的论述,这些论述展现了司法对某些法律事项的处断和理由,由于个案中的法律问题可能会在后续发生的案件中重复出现,特别是诸如公共秩序、国家利益等方面的法律问题可能具有一定的普遍意义,提取判决理由中关于这些问题的论述以著成裁判要点符合案例指导的理念。(4)有关新型案件法律处理的理由。有些新型案件的裁判一般属于对法律适用范围的扩展或法律调整社会关系的创新,其判决理由包含有关此类新型事实或法律问题的处理根据,当然具有指导性价值,裁判要点也需对这种事项的处理方案撰写为裁判规范。

不仅如此,由于裁判要点最关涉通过案例对法律适用所作的有关法律的解释结果,就著作和撰写内容而言,裁判要点的撰述应当在整体上遵循和展现法律解释的固有特性,特别是在具体事实情境的营造方面注重对事实陈述要件的贯穿。如果裁判要点能够成为对在具体案件中何为法律的解释结果,那么其必定也是就具体事实问题所给出的关于法律理解争议的答案。从中国指导性案例所表现出的对法律进行解释的愿望和诉求来看,其更应该趋向于展现这种法律解释是在具体个案的司法裁判中与法律适用相联系的一种活动,因此,法律解释的结果必定要与一定案件事实构成密切对应的关系。只有这样,提炼和撰写的案例裁判要点才不至于产生事实概括要件的缺失问题,否则其将使人们在追溯裁判要点以确定裁判规范的调整范围和效力界限时面临困难。

四、避免案例编撰的"普洛克路斯忒斯之床"

为发挥个案判决的指导意义,实现从判决效力到案例效力的升级,中国案例指导制度因循体制惯性而固有的路径依赖,通过特定程序主义的选拔与编撰,以形成具有权威参照效力的指导性案例。在此意义上,实行案件文本的剪辑和裁判要旨的著述,运用具体的案例采编与撰写方法,进行指导性案例的编撰已成为案例指导制度有效运作的基础性工程。然而,任何类型的司法判例制度在致力于寻求统一的操行机制上都不免走向一定的形式主义,中国案例指导制度自然也不例外。所以也应当看到的是,以生效判决为素材和载体的指导性案例编撰必须注意避免成为某种意义的"普洛克路斯忒斯之床"[①]。

指导性案例的编撰是案例指导制度建设中的重要课题,对中国案例指导制度来说,为切合发挥指导性案例在法律适用意义上的参照指导效力,指导性案例编撰在正当性诉求上显然对案例本身的内容体例和构成要素有着更为合理和良好品质的期待。既有的案例指导实践已然勾勒了中国司法判例制度的雏形,包括指导性案例编撰在内的整个体制设置应当基于怎样的理想尺度、时空坐标和法理基础而变得更为成熟,这些问题值得进一步探讨。就此而言,以进一步的司法制度改革为契机,以相应的审判制度配套建设为辅助和依傍,以世界司法判例制度的发展趋向为借鉴,或许是中国案例指导制度谋求完善和长远发展的应有之道。

---

① 普洛克路斯忒斯(Procrustean)是希腊神话中的人物,他终日守在路边,迫使路人躺在他特制的一张床上,凡是身长的人都要被锯掉超过床的部分,不及床长者则要被硬拉成与床一样,即长的截短,短的拉长。参见[德]葛斯塔·舒维普:《古希腊罗马神话与传奇》,叶青译,广西师范大学出版社2003年版,第118页。

第二章
"同案同判"的证立与案例指导的制度构建

随着案例指导制度的确立和运行,无论是在理论界还是实务界,人们对"同案同判"问题的关注都达至引人入胜之境况。在我国司法的现实语境中,"同案同判"已被看作法院案例指导制度所追求的价值目标,成为人们用来衡量司法公正的重要标准。于此背景下,关于"同案同判"属性及支持理由的讨论促发了法学研究的热点话题,一些学者围绕"同案同判"对司法活动是怎样一种性质的要求形成了不同的主张,并提出了相应的论辩理据。① 可以说,既有成果已从不同视角或层次揭示了"同案同判"的有关法理及其主要根据,然而,从共识达成的角度看,业界还存在着继续商讨的可能与必要,尤其是"同案同判"的证立问题值得在原理层面给以进一步的思考和探索。由此,对"同案同判"基本特性和证立理据的探讨具有重要的理论与实践意义。基于以上认识,作为对"同案同判"法理讨论的一种参与,本章尝试从多角

---

① 例如有学者认为,"同案同判"是可被凌驾的、与法律有关的道德要求。参见陈景辉:《同案同判:法律义务还是道德要求》,载《中国法学》2013年第3期,第46—61页。反对者认为,"同案同判"构成司法义务,是司法裁判"不可放弃的要求"。参见泮伟江:《论指导性案例的效力》,载《清华法学》2016年第1期,第20—37页;孙海波:《类似案件应类似审判吗?》,载《法制与社会发展》2019年第3期,第138—156页。也有学者对"同案同判"能否真正实现给出了立场鲜明的不同回答,有关争论参见周少华:《同案同判:一个虚构的法治神话》,载《法学》2015年第11期,第131—140页;孙海波:《"同案同判":并非虚构的法治神话》,载《法学家》2019年第5期,第141—157页。

度探究"同案同判"的证立理据,并以此为基础就"同案同判"的制度建构对案例指导问题进行再思考,以期对包括指导性案例编撰在内的案例指导制度的完善有所裨益。

第一节 "同案同判"的意义与一般根据

无论是作为司法运行的一种理想目标,还是人们对裁判活动的现实期求,"同案同判"都蕴含着司法裁判在案件处理方面应有的目标准则,其本身也遵循着固有的内在机理。通常来说,"同案同判"命题昭示了法律上的平等对待观念在法律适用领域的贯彻或落实,是司法公正的重要要求和体现。尽管可以从不同角度论证"同案同判"的正当性,但是都离不开对"同案"与"同判"之间内在关系的考量和分析。

一、"同案同判"的语义与意义解析

就基本语义来看,"同案同判"最直接的意思就是"对同样的案件给以同样的判决",而对此更加详细的理解和阐释,则又要待决于对"同案"和"同判"具体含义的阐明。但是,对于什么是"同案","同判"的意思又是如何,目前理论界和实务界在认识上确有很多分歧,以至于"同案同判"在表述上也出现多种不同的版本。例如,"相同案件相同判决""类似案件类似判决""同类案件同样判决""类似案件同类判决"等,都是对"同案同判"这一命题所内含的基本意思的不同说法。表达形式上的差异表现了人们对"同案"和"同判"在严谨性意义上的

区分与追问,也是对"同案同判"是否成立以及如何才能成立这些问题所进行的有讲究的考量和精致判断,①它们引导着人们不断思忖怎样的情形才能构成所谓的"同案"和"同判"。

实际上,"同案同判"所追求的乃是司法者对在一定坐标系中具有共同要素的案件在处理结果上的一致性,是法律上"同等情况同等对待"原则在司法裁判领域的具体化。虽然从终极意义上讲,世界上不存在绝对相同的两个事物,法律运行中也不存在案件事实和法律上评价完全相同的两个案件,②但是从法律调整人们行为和社会关系的一般性和类型化上看,人们行为的可重复性和社会关系中纠纷冲突的普遍性预示了司法活动管辖和处理案件具有同等化的特征。法治的要义也在于通过法律的类型化拟定,对现实社会生活中的同等情形实现统一的一般化调整。所以,对"同案同判"的理解和界定理应树立起一种前提性的理论预设,即在法治实践之中,"同案"的存在是一种普遍的法律现象。至于在司法裁判过程中如何判定和确证"同案",这正如有研究所论,需要有两个步骤的分析,即案件性质上的定性分析与案件情节上的定量分析。③

因此,"同案"应是一个与司法裁判的具体场景密切相关的概念,其也只有在与法律适用的具体任务及其实现过程相匹配的语境中才能得到更好的注解。在司法实践中,"同案"的具体把握实际上是要根据哪些因素判断个案相同或相似,即回答个案之间"比什么"的问题,它

---

① 也正是在这种细致的思考和追问意义上,"同案同判"的否定论者认为,在实践中进行"同案"判断并不可能,所以"同判"自然也会落空。参见周少华:《同案同判:一个虚构的法治神话》,载《法学》2015 年第 11 期,第 133—138 页。

② See Richard A. Wasserstrom, *The Judicial Decision: Toward A Theory of Legal Justification*, Stanford: Stanford University Press, 1961, p.18.

③ 参见张志铭:《对"同案同判"的法理分析》,载《法制日报》2012 年 3 月 7 日,第 11 版。

是经由法官依照诉讼规则、在充分证据的基础上认定的法律事实情况，而非整个的自然意义上的案件事实情况，虽然立足于自然意义或者哲学立场上而言不存在"同案"的论断可以成立，但立足于规范意义来说，即经过法官在依据诉讼法和实体法进行加工、提炼和涵摄之后，"同案"是完全存在的。① 与此相应，所谓"同判"就是在"同案"认定的基础上进行"同等处理"的结果，亦即，如果一个待决案件的案件事实与一个先决案件或案例的案件事实被认为是相同或同样，那么就应该采取与先决案件或案例相同的判决，"这里，相同判决意指相同的法律处置，包括相同的法律认定以及相应的肯定或否定的法律后果"②。

  这也表明，"同案同判"对司法来说是一种存在于具体裁判过程中的操作要求，其立基于具体的个案审理与评判，致力于构建个案判决之间的连贯性和逻辑性，从前瞻后顾的角度寻求法律适用的一致性，旨在维护个案裁判和司法公正的品质。其中，"同案"是"同判"的前提和条件，是导致"同判"的原因或理由，也就是支持"同判"的根据；而"同判"则是"同案"的结果，是"同案"所带来的意蕴。如此来说，我们既需要在"同案"的发现和确立的基础上认识与促成"同判"，也需要在"同判"的要求和标准意义上理解与锁定"同案"。从价值理据上看，"同案同判"确实表达了司法活动对公平正义的一种期求，③在一定范围内可以维护法律的"安定性"价值，这种安定性价值正可被定位于"司法的可预期保护"，有助于在更精确的意义上促进人们有关法律的规范认知

---

  ① 参见刘树德：《刑事司法语境下的"同案同判"》，载《中国法学》2011年第1期，第68—69页。
  ② 张志铭：《对"同案同判"的法理分析》，载《法制日报》2012年3月7日，第11版。
  ③ 参见白建军：《同案同判的宪政意义及其实证研究》，载《中国法学》2003年第3期，第133页。

和预期形成。① 诚然,"同案同判"也着实常被视为一种目标性准则,在很大程度上体现了司法理想主义色彩。

司法是法官围绕当事人提起的案件争议,专门针对特定的案件事实适用法律,并形成和作出纠纷处理决定的活动。就通常的案件处理而言,司法裁判的中心任务就是为待决案件寻找到法律上的依据,根据法律提供的标准得出相应的解决争议的结论。尤其在成文法体系的司法传统下,依法裁判就是法律适用的核心内容和一般模式,这在方法论上也主要表现为一个被称为"演绎推理"的逻辑过程。在这种情境下,"同案同判"的要求或主张即便存在也自然被依法裁判的含义所消解,因为所有处于同样事实状态的案件(即"同案")必然依赖于法官对共同法律规范的适用而获得"同判"的效果。据此来看,"同案同判"的主张理应出现在对法律适用的复杂化情境施以统一性要求的时空场景之中。

按照人们评判司法裁判的常理,当事人或公众什么时候才会用"同案同判"来评价法官的案件裁判呢?对此,有研究指出,当法律事先作了事无巨细的规定,"同案同判"就不是应当考虑的司法要求,而只有当法律规定本身具有弹性空间,或者法官在适用法律时必须借助裁量或价值判断时,"同案同判"才变得重要起来,即法律的具体化所必然拥有的裁量空间,导致"同案同判"成为应当考量的司法标准。② 具体言之,如果说司法裁判最为重要的目标就是将具有普遍性的抽象法律规范适用于具体的个案事实,那么实现法律规范与个案事实之间

---

① 参见张超:《论"同案同判"的证立及其限度》,载《法律科学》(西北政法大学学报)2015年第1期,第21—22页。
② 参见陈景辉:《同案同判:法律义务还是道德要求》,载《中国法学》2013年第3期,第49页。

的对接就是完成这种目标所必须经历的环节。在司法实践中,法律规范与案件事实之间并不总是能够自动完美地简单对接,它们毋宁存在着比较复杂的关系。① 这要求法官必须在处理规范与事实的关系中进行法律的具体化工作,这也就定然离不开法官对裁判自由裁量权的运用。所以,在法律具体化的语境下,②为了限制和规范司法自由裁量权的行使,"同案同判"就理所当然地成为关于法律适用的一种要求。

由此可见,直接的演绎推理并不是司法裁判运作的全部机理,当法律不能确定判决的结果时就需要司法自由裁量权,③法官的自由裁量权也因此常被看作司法裁判必不可少的重要因素。所以,不能直接适用法律的复杂案件的存在,以及法官就此而为法律具体化所产生的司法裁量空间,是"同案同判"主张产生的基本场合,而对法官自由裁量权的限制和规范也就是"同案同判"要求的主要意义。

二、从"同案"到"同判"推论的一般根据

"同案同判"之于司法活动的正当性体现在对法律上平等、公正、可预期性等价值的维护与落实,其具体的意义就在于限制和规范复杂案件裁判中的法官自由裁量权。这也说明,复杂案件的存在以及由此

---

① 有关法律规范与案件事实之间复杂的相互关系的论述,可参见张继成:《从案件事实之"是"到当事人之"应当"——法律推理机制及其正当理由的逻辑研究》,载《法学研究》2003年第1期,第68—69页。

② 也可以从疑难案件的角度对这个问题进行阐述:在疑难案件的情形中,法官往往有多种选择或自由裁量的余地,人们对于如何裁决一个案件或者对案件的裁决结果也常会发生分歧,在此语境下,"同案同判"作为对司法裁判的一种要求也就应运而生。有关疑难案件的分析,参见任彦君:《刑事疑案适用法律方法研究》,中国人民大学出版社2016年版,第20—22页。

③ See Marisa Iglesias Vila, *Facing Judicial Discretion:Legal Knowledge and Right Answers Revisited*, Dordrecht: Springer, 2001, p.38.

带来的司法不确定性,并不该被认为是"同案同判"不能实现的现实理由,反而应当是主张"同案同判"要求的实际根据。在法律适用出现复杂或疑难问题的场合,确实给司法判决预留了一定范围的发挥空间,案件裁判面临着不确定性的情形,而"同案同判"的作用就是要通过规制法官自由裁量权的行使来统一司法裁判的标准。

从学界既有的论述看,多数认为"同案同判"建立在一个更具一般性的命题之上,即类似情况类似处理的形式正义原则,并以此证明"同案同判"立场的成立。① 此种说法固然可以为"同案同判"主张争取一定理由的支持,但是一方面正如本书之前所述,"同案同判"是法律上"同等情况同等对待"正义原则在司法领域的具体表现,也是维护法律平等、公正等价值的需要和体现,所以,从形式正义原则和法律价值等维度论证"同案同判"的性质无异于同义语重复,毕竟这种处于意义层次的判断并不能从根本上说明形式正义原则当然就是辩护"同案同判"的强主张;另一方面,"同等情况同等对待"的原则和法律的平等、公正等价值更多地从形式上对"同案同判"要求起到支撑作用,但无法保证司法判决所依赖的实质理由的正确性,甚至有可能与判决的正确性这种根本性要求相抵触。②

可以倾向于借助理由—规则的内容联系原理来认识"同案同判"的一般根据。从理性实践论辩的视角看,一个主张与为之而拥有的理由之间具有被创设的某种联系,这种联系存在于一定的规则之中。也就是说,理由的概念与规则的概念之间具有内容联系:对特定的事情的判断都是为了理由而作出的,理由的观念总是随身带来规则的观念,而

---

① 参见陈景辉:《同案同判:法律义务还是道德要求》,载《中国法学》2013年第3期,第51页。
② 参见张超:《论"同案同判"的证立及其限度》,载《法律科学》(西北政法大学学报)2015年第1期,第24页。

规则规定了一事是他事的理由。① 举例来看,当我们主张"王某应当向李某赔偿损失"时,或许是基于"王某损害了李某的财物"这个理由,而"王某损害了李某的财物"能够成为"王某应当向李某赔偿损失"的理由,恰正是来源于这样一条早已预设为前提的规则,即"凡是损害他人财物的行为都应当赔偿损失"。② 就此可以看出,在以某种理由来主张一定判断的成立时,其中必然蕴含着相应的内在推论机制,正是这种推论机制能够在人们欲证明对某事情的判断成立与否时给予"一般性的指导"。③ 再如,假定我周三有一个约会,如果今天就是周三,那么我今天就要去赴约,之所以得出这样的判断就是一种推理的结果,而我必须赴约的结论只有当存在特定规则前提时才对我有实际的强制力,它来源于或者可以来源于"人人应当信守约定"这一信条。④

出于同样的道理,既然"同案"是"同判"的理由和根据,从"同案"到"同判"的推论之正当性也必然立基于一个作为前提的规则,正是这个规则在一般意义上规定了"同案同判"命题的正确性,即这个规则要求"同案"是"同判"的理由,并且在一切情况下有效。在具体案件的裁判过程中,法官之所以要发现"同案"并选择和促成"同判",也应当是出于对这样一个规则所设定的义务的遵守,该规则对"同案"应当"同

---

① 参见[德]罗伯特·阿列克西:《法律论证理论——作为法律证立理论的理性论辩理论》,舒国滢译,中国法制出版社2002年版,第82—83页。

② 图尔敏在关于论证的使用研究中也指出,我们需要具有一般性的、以假言命题形式表达的陈述作为正当理由、理据或称保证(warrant),例如规则、原则、推论许可或其他类似的命题,它们可以充当桥梁构建出从一个事实(data)到某个具体结论或主张(claim)的得出步骤,并使其正当化和权威化(合法化)。See Stephen E. Toulmin, *The Uses of Arugument*(updated edition), Cambridge: Cambridge University Press, 2003, pp. 89-33.

③ 参见[英]尼尔·麦考密克:《法律推理与法律理论》,姜峰译,法律出版社2018年版,第3页。

④ 参见[英]尼尔·麦考密克:《法律推理与法律理论》,姜峰译,法律出版社2018年版,第3页。

判"作出了规范性的要求,它确立了"同案同判"是恰当地或正确地运用规则的结果。按照理性实践论辩理论的观点,这个规则被称为可普遍化规则,如果对该规则进行表达可以采取下述的形式:"任何言谈者只许对这样的价值—义务判断作出主张,即当他处在所有相关点均与其作出主张时的情形完全相同的所有其他情形时,他也同样会作出完全相同的主张。"①

作为在广泛范围内适用的理性论辩原则,可普遍化规则规定和预设了人们从事正确评价或判断的规范性要求,使实践活动的承担者和参与者负有责任,对处在相同情况下的事项秉持同等的对待。从一般意义上看,可普遍化规则为"同案同判"主张和与此相近的"类似情况类似处理"命题乃至一切作为形式条件的正义理念确立了根据,在司法裁判中,它也构成了判例适用的基础。② 在可普遍化规则之下,"同案"是达至"同判"的基础或依据,"同判"是对"同案"所进行的具有"相同主张"的评价,是对符合"同案"属性的事物的同等化或一般化对待。对司法活动来说,"同案同判"要求具有怎样的正当性,则就取决于从"同案"到"同判"的内在推论所拥有的一般性理由的强制性程度,以及这种理由生成的规范性主张与司法裁判本质特性的切合程度。可普遍化规则也正是充当了这样的角色,它在普遍实践论辩中的固有地位使其能够作为支持"同案同判"的一般性根据。

---

① [德]罗伯特·阿列克西:《法律论证理论——作为法律证立理论的理性论辩理论》,舒国滢译,中国法制出版社2002年版,第237页。
② 参见[德]罗伯特·阿列克西:《法律论证理论——作为法律证立理论的理性论辩理论》,舒国滢译,中国法制出版社2002年版,第338页。

第二节　作为公共判断的司法裁判与"同案同判"

从法院裁判的角度看,"同案同判"主张施加给法官不能随意摆脱的约束,它指示了司法活动运行的基本要求和实现目标,这其实是可普遍化规则在理性实践论辩中得以运用并在司法过程中得到具体贯彻的体现。对此,司法裁判作为公共判断的属性也会表明,司法裁判及其所形成的判决结论是公共评价和理性实践活动的一个部分或表现形式,它接受可普遍化规则关于作出正确判断的要求与制约,并以实现"同案同判"为必不可少的行动准则。

一、司法的公共判断属性及其"同案同判"标准

对于司法本质属性的分析,可以也应当从多个层面展开。如果把司法裁判放置在其所处的社会空间来看,司法裁判就是一种以履行公共职能为导向的、专业地解决纠纷案件的活动过程,虽然作为这个过程的结果所形成的是针对特定案件的具体司法判决,其以案件当事人为直接和主要的指向对象,但是它更是一种具有国家权威的公共行为。[①]司法裁判作为公共行为的性质,意味着司法判决及其形成过程所涉及的评价或判断都是有别于私人领域的公共性判断。私人判断往往是基

---

① 参见张志铭:《法律解释学》,中国人民大学出版社2015年版,第130页。

于个人的偏好而为,而且无须提供作出或改变评价的适当理由。与之相反,指向他人的公共判断却既不能是根据个人偏好而为的,也不能是无法给出相应理由的。司法裁判既然是一种公共判断,就必须符合这两项起码的要求。①

更为重要的是,公共判断属性使司法活动必须担负起在社会现实的具体场合为人们提供行为标准的功能。司法是塑造社会秩序的方式,②对司法裁判来说,在两种不同的判决结论之间作选择,也暗示或明示着是在不同的社会行为方式之间进行取舍。③ 所以,司法裁判不仅宣告了一种对双方当事人的未来将会产生重大影响的可能生活,④而且对于社会公众来说,任何判决结论都把其所适用的抽象法律规范作了具体化的阐释,这就等于向社会表明了人们应当遵守的具体公共行为准则,以及同类案件纠纷在司法上的处理标准。⑤

司法裁判的公共判断属性决定了司法判决的作出及其过程必须遵守相应的理性实践论辩基本准则。在此方面,可以说,司法裁判其实就是包含了诸多价值判断与义务判断的公共论辩,它要求针对一定对象的特定主张都要满足对理性的论证规则的运用,符合确定正确的合理判断的形式或条件。在其中,任何可被接受为具有正当性的司法判断都不可以抛开理由,任何为之提供的相关理由也都不可以绕开可普遍

---

① 参见陈景辉:《同案同判:法律义务还是道德要求》,载《中国法学》2013年第3期,第58页。

② See Lon L. Fuller, "The Forms and Limits of Adjudication", *Harvard Law Review*, Vol. 92, No. 2, 1978, pp. 357—365.

③ 参见[英]尼尔·麦考密克:《法律推理与法律理论》,姜峰译,法律出版社2018年版,第123页。

④ 参见张继成:《可能生活的证成与接受——司法判决可接受性的规范研究》,载《法学研究》2008年第5期,第4—5页。

⑤ 参见陈景辉:《案例指导制度与同案同判》,载《光明日报》2014年1月29日,第16版。

化规则。在实践理性得以应用的司法裁判领域,法官运用理性决定对一定情形下的案件纠纷如何进行法律适用,并对其寻求得当的实践理由,这都离不开对理性实践论辩规则的依循。可普遍化规则是理性实践论辩的公理,其所厘定的是一种公共性标准,限制了判断主体(包括法官)从事非理性的评价和断定的倾向性,使判断者负有坚持一致性主张的责任,为包括司法裁判在内的实践论辩活动对理性的服从树立了一个必要的条件。司法裁判是普遍实践论辩的特殊场域,具体到案件裁判的法律适用场合,"同案同判"就是可普遍化规则所要求的司法公共判断的一般标准。

把"同案同判"作为司法裁判的标准,要求法官应当注意到类似案件在判决上的一致性,既是对司法活动所具有的公共判断属性的保障,也符合在法律具体化语境下对司法自由裁量权予以限制的裁判意义。在出现法官自由裁量权行使空间的复杂案件中,法律的具体化工作并没有多少可供依据的客观性标准的存在,法官必然要出于个人的价值判断或其他考虑而进行所谓的法律解释、利益衡量、后果评价甚至法律漏洞补充等活动,其中实际上都难免不附随有法官的个人偏好。不同于私人事务的处理者,法官具有自己的制度性角色,这种角色要求其一以贯之地执行某些规则,但同时又赋予他们在特定个案中进行自由裁量的权力,如果司法裁决部分地建立在任意选择的基础上或是要基于在不可通约的价值之间进行选择,就是"同案同判"要发挥作用的场合。[①]"同案同判"标准可以说是减少法官主观恣意性所能够依赖的一种稀有的客观性准则,这种准则显然能够改变这种由于法官施行自由裁量而带来的司法不确定性状况,它既为法官确立了从事自由裁量行

[①] 参见孙海波:《"同案同判":并非虚构的法治神话》,载《法学家》2019 年第 5 期,第 145 页。

为所应当遵照的尺度,也为公众审视和评价法官的判决提供了直观的坐标。

同时,"同案同判"要求不仅是限制法官个人偏好的方法,也是法官处理疑难或复杂案件所可依赖的正当理由。如前所述,公共判断必须提供相应的适当理由,借由"同案同判"的要求,法官可以说明自己作出的司法判断及结论是有合适的依据或理由的,这能够帮助司法裁判在公众面前获得很大程度的可接受性。从这个角度看,"同案同判"要求也意味着对司法判例的尊重和遵循成为法官在裁判时应负有的公共责任。判例宣告了司法裁判的先前事例,是法院对一定案件情形的既有处理情况,也就代表了法官对类似案件进行判决的可见理由和根据,已经成了公共领域中司法活动进行理性评价和恰当判断的基础。

另外,从公共判断对社会公众的指引效果来看,"同案同判"也是司法裁判应当坚守的一个重要标准。前已指出,司法裁判的作用并非就止于特定案件当事人之间的纠纷解决,任何司法判决都为人们未来的生活确立了更为具体的行动准则,社会对司法判决的关注必然使得人们对相应的案件情形产生了在司法上可受同样的合理保护的期待,这正是司法裁判作为公共判断所应有的对人们生活的引导功能。"同案同判"使法官不能轻易背离既往司法裁判已经作出的法律决定,就是为保障公众受司法保护的合理期待所确立的裁判标准。所以,"同案同判"实际上体现了法律的可预测性价值,在这一点上,"同案同判"可作为立场鲜明的公共标准促使司法裁判发挥公共判断的功能。

二、"同案同判"与法官的司法职业伦理

作为与公共判断密切相连的一个特性,司法裁判也是一种由法官

从事的职业行为。在现代社会条件下,包括司法在内的法律活动在很大程度上是作为职业主义的方式存在的,这也被认为是现代法治的重要支撑或组成部分。在现代国家,以法律职业为基础构建司法制度已然成为一种主流的观念和实践。就法律职业的特性看,奉行为公共服务的宗旨、娴熟于专业技术、形成自治性团体就是法律职业必须具备的基本条件。① 按照职业论的一般逻辑,法律职业使法律专业活动生成了共同体的概念。② 作为法律制度的载体,法律职业者就是"媒合法律制度与社会生活之间距离、实现法律对社会生活关系的有效调整的中介"③。

任何职业都把职业伦理作为职业群体存续的内在构成要素。职业伦理体现了职业共同体内部共享的价值观念和道德规范,是职业群体所有成员都必须维护和遵守的行为准则。职业伦理是公共道德在特定区域功能分化的结果,④特定的职业会形成特定的职业伦理,法律职业当然也不例外。在法律职业中,法官职业是由专门行使国家审判职能的职业法官所组成的工作群体,法官的司法伦理是法官从事司法裁判所应当具有的内心信念和行动守则。司法伦理体现了法官职业生活的内在本质,其根本目的是使司法更公正。⑤ 所以,从实质上看,司法伦理的内容与司法活动的本质和特性密不可分,也正是司法裁判自身的性质决定了法官工作需要有其特有的职业伦理。

具体来看,司法裁判以公正和权威地解决案件纠纷为己任,为了保

---

① 参见季卫东:《法治秩序的建构》(增补版),商务印书馆2019年版,第192页。
② 参见李学尧:《法律职业主义》,中国政法大学出版社2007年版,第14页。
③ 张志铭:《法理思考的印迹》,中国政法大学出版社2003年版,第319页。
④ 参见[法]埃米尔·涂尔干:《职业伦理与公民道德》,渠敬东译,商务印书馆2015年版,第8页。
⑤ 参见王申:《司法责任伦理是法官存在的必要条件》,载《江海学刊》2016年第4期,第131—133页。

障司法裁判既定功能的实现,现代司法发展出一系列的运行原则和制度措施,审判的被动性、公开性、独立性、平等性、中立性和专业性等都成为司法活动必须恪守的基本规律,这些已成为司法固有特性的原则或要求也从根本上决定了法官职业行为所应具有的内在品质。特别是在疑难案件司法的场景下,法官在裁判的过程中总是要受到法律之外的许多因素的影响,法官自由裁量权的行使让裁判概念实际上成为一种在尚不确定的多种可能性中作出选择的"决策",①法官理应把其行为建立在由司法本质所诉求的品性保证之基础上。就法官裁判行为的规制来说,司法伦理就是除了法律逻辑或法律方法之外能够依托的重要手段。我们必须承认,司法如果寻求伦理的帮助,那么司法伦理就是以司法道德律为基础,根据审判的专业知识,经过历史演化而形成的法官行为规范。② 作为一种特别类型的伦理,司法伦理是法官职业行为的特质在道德层面的展现,它在很多方面影响甚至规定着司法目标的实现方式,使法官对裁判活动负有相应的道德义务或伦理责任。

"同案同判"也就是在这种意义和层面上成为与法官的职业伦理相亲近的道德要求。司法伦理使法官的裁判行为在道德维度上符合司法的本质特性,以避免不合理甚至错误的司法行动,司法伦理就是司法裁判的运行标准在法官道德规范上的表达。比如,根据法官职责可以推出一个真正的法官必须公正,而要公正就必须愿意兼听诉讼双方意见。③ 同理,公正司法要求法官应当对案件当事人采取一般化对待和公平中立的态度,遵从法律和良心裁断,而对法律的忠实性、维护审判

---

① 参见泮伟江:《超越"依法裁判"理论》,载《中国法律评论》2020年第2期,第23页。
② 参见王申:《司法职业与法官德性伦理的建构》,载《法学》2016年第10期,第125页。
③ See Lon L. Fuller, "The Forms and Limits of Adjudication", *Harvard Law Review*, Vol. 92, No. 2, 1978, p. 365.

的独立性、不歧视当事人、给诉讼双方平等机会等就自然成为法官职业的伦理责任。又如,21世纪初在海牙举办的首席法官圆桌会议,曾依据《公民权利和政治权利国际公约》等文件中有关法律面前人人平等原则,以及任何人有权得到在依法设立的合格、独立及公正无私的法庭举行公平和公开的聆讯并进行审判的基本原则,确立了包括独立性、公正无私、品格、正当得体、平等、称职与尽责在内的六个方面的法官道德标准,以为法官提供行为指引。① 就此而言,"同案同判"作为司法公正的具体标准或实现形式,至少可以借由裁判活动所应追求的司法平等和公开等范畴而成为法官职业品德中的要义。

实际上,可普遍化规则首先就是一种道德判断的约束性规范,它要求道德评价必须立足于同等对待的原则之上,把这个规范应用到司法活动领域,法官无论作为法律行动者还是道德行动者都应当以此作为从事裁判行为的伦理要求。因而,"同案同判"必然也会以道德义务为指向,成为司法职业的伦理要素,它能够支配法官的行动方式,也能够对法官个体的价值取向加以限制。② 另外,为避免司法正义和公开等抽象准则沦为仅具空洞形式的概念,"同案同判"可被作为法官履行司法职业伦理责任的实际途径,因为它正好满足了"正义应当以可见的方式来实现"这样的要求。"同案同判"不仅本身就体现了正义准则尤其是平等原则的要求,也使得法官在处理待决纠纷时,需要考虑过去对于类似案件的裁判,从而让正义准则被以可见的方式展现在人们面前。③ 这也恰是可普遍化规则及其"同案同判"标准对司法裁判所具有

---

① 参见[韩]李德桓:《法官的 SNS 使用和职务伦理——以韩国与美国的论点为中心》,吴日焕译,载许身健主编:《法律职业伦理论丛》(第二卷),知识产权出版社 2015 年版,第 283—284 页。
② 参见王申:《司法职业与法官德性伦理的建构》,载《法学》2016 年第 10 期,第 126 页。
③ 参见陈景辉:《同案同判:法律义务还是道德要求》,载《中国法学》2013 年第 3 期,第 60 页。

的道德价值和伦理功能。

三、"同案同判"对司法裁判自身的构成作用

从规范意义上看,"同案同判"对法官的裁判行为首先就发挥着一种调整性规则的功用。然而,"同案同判"要求到底是怎样的一种规范性标准,更应该从司法裁判自身的运作机理或内部构造中去求证。毕竟,司法裁判包含多方面的结构要素和构成性的规则,它们决定了司法之所以是司法的组织方式与内在根据,是司法活动必须倚靠的体系性保障和操作性要求。其实,"同案同判"也是司法之所以是司法的结构要素和运行依据,它对司法活动过程及法官的裁判行为起到构成性规则的作用。

1. 依法裁判与"同案同判"

在现代法治的制度框架下,依法裁判被视为司法的主要职责或根本任务,这也常被作为对司法裁判自身一般属性的基本认识。在现代国家,任命法官的一个直接的重要后果是,他在履行司法职能时必须适用在法律上有效的规则,正式建立的法院的核心功能就是依据既定生效的法律来审理和裁断争议。[①] 从法律方法论上看,之所以说演绎推理是司法推理的核心模式,也正是由于依法裁判被赋予了在司法活动中的关键地位,即法官对其经手的案件纠纷必须依照法律进行评判,并根据法律得出判决结论。依法裁判是对标准性司法的一种界定,发挥着明确和宣示法律意义的作用,体现了司法裁判自身的本质特征。依

---

① 参见[英]尼尔·麦考密克:《法律推理与法律理论》,姜峰译,法律出版社2018年版,第68页。

法裁判构成了法官不可放弃的法律义务,法官的司法判决必须根据法律进行或接受法律的约束,即便是在不能直接适用法律规范的复杂案件场合,法官通过诉诸多种可能的正当理由而宣告的裁判结果也必须满足依法裁判的条件,才能具有真正的可接受性。

依法裁判是对司法活动的根本要求,它作为一种标准就是司法裁判自身的构成性规则。从法理学上看,与调整性规则重在对行为进行调整的意义不同,构成性规则是对行为予以创造和形塑的规则,其所调整和规制的行为就是基于该规则本身的要求才出现的,也就是说,受规则所调控的行为完全依赖于规则本身而产生或完成,行为的存在及所具有的意义就取决于调整它的规则。构成性规则所调整的行为在逻辑上要后于规则本身,且无法独立于规则而存在。所以,构成性规则是组织人们按照规则规定的内容去行为或活动的规则,例如规定某种机构如何设立的规则就是构成性规则,要设置这种机构就要按照规则规定的要求去行为才能使机构成立。① 以构成性规则来说明依法裁判要求,意味着司法裁判只有在符合依法裁判的方式上才能实施,依据法律进行裁判就是司法活动的构成性要义,法官对依法裁判负有不可放弃的法律责任。因为就构成性的意义来讲,它从组织活动原则和设定行为方式的层面上为司法裁判如何进行规定了要求,如果放弃或脱离了这一要求,司法裁判就有可能变质,如此也就难以再被称为司法裁判。

依法裁判作为司法的构成性规则表明其对司法活动具有普遍的规定性。如前所论,当出现复杂或疑难案件时,法官需要从事法律的具体化工作,由此法律适用存在着法官进行价值判断或自由裁量的空间,"同案同判"标准就变得重要起来,"同案同判"在此应被作为限制和规

---

① 参见张文显主编:《法理学》(第五版),高等教育出版社2018年版,第119页。

范法官自由裁量权的一个要求。那么,依法裁判与"同判同判"具有怎样的关系呢?以下论述将表明,"同案同判"其实是依法裁判的一种必要的表现形式,是疑难案件背景下司法裁判的一个具体标准。由于"同案同判"是法官在个案裁判过程中必须借助的运行要素或程序,它也成为对司法裁判自身具有规定性的构成性规则。

当法官面临复杂或疑难案件时,直接把认定的个案事实归属于相关的法律规范构成要件之中变得困难,严格地依照法律的规定对案件予以评价存在着局限。但是,法官运用自由裁量权进行裁判并非没有拘束性的标准,依法裁判仍然是具有约束力的原则,只是随着法官处理疑难问题的需要而发生了转换。从案件处理的角度看,并非只有可以直接依据法律规定处理的案件才是司法的对象,对复杂或疑难案件的处理原本就内在于司法裁判的职能结构之中。在复杂和疑难案件的场合,作为司法构成性规则的依法裁判标准就随之具体化为更加具有针对性的要求,"同案同判"作为依法裁判的必要表现形式应运而生,它向法官指明了规范性司法的标准。通过控制和规范法官自由裁量权的运用,"同案同判"提供了"标准司法"必须满足的要求,它从根本上决定和塑造着司法裁判活动应以平等对待的方式进行,表明了一项围绕纠纷解决所进行的裁判活动必须照顾到这个要求,才能够被称为真正的司法活动。[1]

就法律适用的意义而言,依法裁判展示和践行的是法律规范对同类情况案件进行一般化调整的价值,作为法治要件或原则的法律的一般性和普遍性要义尽在其中。由于"可普遍化性"是法律规范具有一般适用性的条件,在能够直接适用法律规范进行裁判的案件中,简明的

---

[1] 参见孙海波:《"同案同判"与司法的本质——为依法裁判立场再辩护》,载《中国法律评论》2020年第2期,第43页。

演绎性推理就构成了法律推理的主要内容,它也昭示了法律推理的基本公理:如果对法律构成要件中所指称的法律事实作出了某种价值判断或赋予了某种法律效果,那么,在对所有相关特征上与它相同的个案事实也应作出相同的价值判断或赋予相同的法律效果。① 在对复杂和疑难案件进行裁判的情况下,虽然法律推理变成了多种实践理由得以运用的场域,但是,法律适用的可普遍化公理及其规则仍然不失其有效性,因为法官的价值判断及自由裁量权的行使并不能随意背离或超越法律所内含的整体目的。故此,法官固然对法律有不同的理解,但不同理解并不意味着可以各行其是,法官对法律应该有一个统一的理解,这种统一的理解应该通过审判案件去实现。② 所以,坚守可普遍化规则"可以最大限度地化解法律推理中的价值冲突,防止法官的主观恣意,保证判决结论的正当性、合理性、确定性"③,这恰恰为司法实践中的"同案同判"要求储备了正当性的理据,使"同案同判"成为司法裁判不可或缺的内在要素,成为司法裁判的构成性规则。

2. "同案同判"与个案裁判的法律推理结构

"同案同判"要求是有关复杂和疑难案件司法的规范性标准,也揭示了"同案同判"准则在个案裁判的法律推理结构中的地位。对司法活动来说,"同案同判"不仅是依法裁判的必要表现形式,而且从"同案"到"同判"的内在机制切合了司法裁判所必须依存的过程考量,它是个案裁判的法律推理的组成部分和应有之义。在此方面,可以说,

---

① 参见张继成:《从案件事实之"是"到当事人之"应当"——法律推理机制及其正当理由的逻辑研究》,载《法学研究》2003 年第 1 期,第 74—75 页。
② 参见刘作翔、徐景和:《案例指导制度的理论基础》,载《法学研究》2006 年第 3 期,第 20 页。
③ 张继成:《从案件事实之"是"到当事人之"应当"——法律推理机制及其正当理由的逻辑研究》,载《法学研究》2003 年第 1 期,第 76 页。

"同案同判"实际上已然就是司法裁判及其推理活动的程序或方法。

现代法律思维的一个重要特性就是依靠普遍的类型化推理,司法裁判也从根本上有赖于对此种类型化推理模式的运用。类型化裁判是司法活动不同于其他纠纷解决活动的一个本质,因为它追求对同类的案件情形给以"行动一致"的归类化处理,以至于不会牺牲法律的一般化调整的意义。以类似的规范评价标准对具有类似或相同利益状态的一类案件进行思考就是司法实践的特殊任务。① 类型化推理其实就内嵌于司法推理的过程之中,且不说法官对任何案件情形向法律规范事实要件进行归属时都展开类型化思考,单就法律规定不明确的案件来说,法官出于对司法的责任也要进行类型化的考虑。法官们应该清楚,其裁判必然渗入整个法律秩序的内部体系,因此,他们根据那些关于类似或者相同的纠纷的、尽可能和谐的规定来处理其所面临的具体纠纷,对类似案件进行成功地区分和/或总结有利于符合同等对待的要求,这就是进行法律适用时类型形成的主要作用。② 据此,基于类型化的思考方式对案件纠纷进行同等化解决,是司法裁判在深层次上针对案件纠纷处理所建立起来的结构模型,"同案同判"要求也就是这种模型运行的操作标准。

所以,作为一种致力于纠纷解决的活动,司法裁判的特殊性就在于它在深层结构上与类型化的推理思维联系在一起,在个案裁判中通过"范例式"或"案例式"的推理从而将抽象的法律具体化,这就使得司法裁判本身就是建立在一种独特的范例式推理或类型化思维的基础之上。③ 由于司法裁判必然要在许多场合展现为依据案例推理或类比推

---

① 参见[德]魏德士:《法理学》,丁晓春、吴越译,法律出版社2005年版,第386页。
② 参见[德]魏德士:《法理学》,丁晓春、吴越译,法律出版社2005年版,第386页。
③ 参见孙海波:《类似案件应类似审判吗?》,载《法制与社会发展》2019年第3期,第140页。

理的形式,"同案同判"要求实际上就成为法官在个案裁判中进行法律推理所必须依赖的具有内在规定性的标准或程序,是法官在日常司法实践中应当予以维护并履行的司法义务。也正是在这个意义上,人们有时会认为法律推理的基本类型是例推法,这一推理活动运用的是所谓"先例原则",也就是说将一项由先例提炼出来的论断视同一项法则并将之适用于后一个类似的情境之中。① 在此,"先例原则"无疑就是对"同案同判"要求的同义表达。

在把"同案同判"或依据案例推理视为司法裁判的基本结构方面,来自系统论法学的一种研究在更强劲的意义上揭示了"同案同判"要求对司法的这种构成作用,其从独立于依法裁判的角度论述了"同案同判"是法律系统保证自身内在统一性的最基本的方式。具体地说,在不能直接适用法律规定的复杂或疑难案件中,司法裁判必然要遭遇某些从未遇到的新鲜语境,由于禁止拒绝裁判原则的存在,法官必须在立法的规定性之外独立地对这些难以裁判的事情作出决断。决断就意味着存在多种选择的可能性,并在缺乏现成答案的情况下才会发生,这就说明对根本上难以裁决的事项进行裁判,是内在于司法裁判过程之中的,并因此对司法活动构成了根本的规定性。② 同时,法官独立地对难以裁决的案件进行决断,并不是说裁判就必然是恣意的,因为法律系统如果要承担其维持社会交往的"规范性预期"的独有功能,就必须对这种恣意进行限制:当法官处于疑难裁判的困境时,他至少可以诉诸两个资源,即立法或过去的判决。通过对这两个资源的观察和分析,为裁决提供参考和帮助;而相对于立法可能的缺陷,对于先前的案例,通过

---

① 参见[美]艾德华·H. 列维:《法律推理引论》,庄重译,中国政法大学出版社2002年版,第1—13页。
② 参见泮伟江:《论指导性案例的效力》,载《清华法学》2016年第1期,第34页。

"相等/不相等观点下进行的对比"就可以满足这项功能。① 也就是说,"同案同判"变为法院司法在面临疑难案件时所运用的最基本的"应对手段"或"观察图式",它意味着法官在日常的司法实践中特别有义务给予过去的判决以所谓的"万有引力",通过"同案同判"原则所标示出来的那种先例式推理的方法、程序和过程,就是司法裁判的本质性内容。② 这种思路提供了一种从司法主体活动的内在机制进行切入的论证,也代表了从司法裁判自身的运作逻辑寻求"同案同判"正当理据的方式。

第三节 "同案同判"的制度建构与案例指导制度

无论是从司法裁判的公共判断属性及法官职业伦理的精神来看,还是从司法裁判自身的内在构成规则或推理结构来看,"同案同判"要求都成为法官在司法活动中不能随意抛弃的案件裁判准则。诚然,"同案同判"的完整含义也包括了"异案异判"的内容,它们如同一枚硬币的两面,当案件之间存在的差异成为重心时,法官的差异化判决将成为具有正当理由的选择。但是,对纠纷的司法解决来说,"同案同判"要求就是规范性司法的初始标准,也是司法裁判制度所拥有的基本价

---

① 参见泮伟江:《论指导性案例的效力》,载《清华法学》2016 年第 1 期,第 34—35 页。
② 参见泮伟江:《论指导性案例的效力》,载《清华法学》2016 年第 1 期,第 32—33、35 页。

值和目标。由此,"同判同判"实际上为有关司法裁判制度的建构、改革或完善提供了更多的反思或想象空间。

一、"同案同判"在司法裁判制度中的建构

"同案同判"标准揭示了司法裁判对判决先例的青睐和依赖,而适当赋予司法先例对案件裁判的约束作用并设置相应的措施,是司法制度建构中的重要事宜,也是各种类型的司法判例制度的当然之义。为实现"同案同判"的价值和意义,即便是具有不同法律传统的司法体系,也无不注重在司法制度的建构中展现对"同案同判"要求的某种因循。也正因此,为促进法律适用或司法裁判的统一,在司法制度中以追求"同案同判"为指向,"各国创设之制度,只要承认前案判决对后案判决具有或强或弱的约束力,不管命名如何,从法律功能主义视角出发,均可广义称之为'判例制度'"[①]。可以说,司法判例制度正是有关"同案同判"要求的一套制度设计,且在不同的司法制度中都占据着重要的位置,它其实就是对"同案同判"所给予的正式制度上的建构和落实。

在普通法法系,"遵循先例"是司法裁判应当遵循的主要原则,它把通过判决先例进行裁判的要求在制度上形成了法官的义务,最为鲜明地肯定和确立了"同案同判"与司法之间的关联。在普通法法系的司法制度中,处于高级结构中的每一个法院受它的所有上级法院的判决的拘束,上级法院也必须把自己先前的判决看作具有绝对的拘束力,由此,面临发现法律任务的法院应该注意先前的判决,如其适合面前案

---

① 宋晓:《判例生成与中国案例指导制度》,载《法学研究》2011年第4期,第58页。

件的事实则应予遵循,这是在找不到任何全面的立法规定时唯一合理的做法。① 判例法传统强调"遵循先例",意在通过司法先例为后续裁判提供规则依据以达成"同案同判",而成文法国家虽然不直接讲"遵循先例",但是也强调司法先例为后续裁判提供解释与适用法律的范例,以"同案同判"为指向进行制度建构就是对司法判例作用和价值正当性的确认。② 在成文法传统的司法实践中,例如德国和法国,③也常常借助于某些措施使最高法院的判决可望得到下级法院的遵循,法官公开地背离这种判决则是少见的并且不具有代表性。④ 如今看来,通过具体的司法制度构建和各种有意方式来强化"同案同判"与司法裁判之间的联系或亲和力,历来是不同司法传统下的一种通行做法。

毫无疑问,实现"同案同判"并以此促进司法公正,一直是我国当代司法制度建设和改革的重要诉求。其中,法院案例指导制度可以说正是以"同案同判"为价值导向和实践目标的审判制度设计,这一制度的出台与启动明示了我国从司法体制层面上对"同案同判"所进行的正式制度建构。按照最初创设制度的规范性文件的规定,案例指导制度就是为了统一法律适用,由最高人民法院按照一定的程序从全国各级法院的生效判决中遴选、编发符合条件的案例作为指导性案例,并要求各级法院在审判类似案件时予以参照的制度。⑤ 从建立的初衷和目的来看,案例指导制度具有明确的解决"同案不同判"问题的指向,是

---

① 参见[德]茨威格特、克茨:《比较法总论》(上),潘汉典、米健等译,中国法制出版社2017年版,第465页。
② 参见张志铭:《司法判例制度构建的法理基础》,载《清华法学》2013年第6期,第97页。
③ See D. Neil MacCormick, Robert S. Summers (eds.), *Interpreting Precedents: A Comparative Study*, New York: Routledge, 2016, pp. 17-62, 103-139.
④ 参见[德]茨威格特、克茨:《比较法总论》(上),潘汉典、米健等译,中国法制出版社2017年版,第469—471页。
⑤ 参见《最高人民法院关于案例指导工作的规定》(法发〔2010〕51号)。

针对我国司法现实中由于法律适用不统一带来的裁判不公正等现象所采取的制度性应对措施。① 一方面,案例指导制度直面了法院审判活动中因为法官业务素质和司法品德不平衡而导致的司法判决差异问题;另一方面,为了解决在立法粗糙以及司法解释仍然不能弥补立法的不足等情况下法官对自由裁量权的滥用或错误行使的问题,亟需通过案例指导的方式予以限制。② 所以,案例指导制度在功能上定位于统一法律适用和提高审判质量,所追求的都是要在案件裁判中践行"同案同判"的原则和要求,并以此保证个案裁判的品质,进而维护司法公正。如果说统一法律适用是创建案例指导制度的直接目的,那么,"同案同判"就是案例指导制度的价值功能和技术操作的关键所在,案例指导制度在实质上也就是对以"同案同判"为依托的司法公正原理的制度建构。

制度的基本取向就在于规范化,案例指导制度把"同案同判"的司法准则在秩序化和常态化的指向上进行了落实。与之前的有关实践相比,案例指导制度是我国司法运用法院判决的创新形式,彰显了生效判决对案件裁判活动的意义,已然发挥了司法判例制度的功能和作用。③ 所以,案例指导制度使"同案同判"要求成为一个在我国司法制度中具有规范性要义的法律原则和法律适用方法。对司法实践来说,这意味着指导性案例已扮演着提供同类案件裁判尺度的角色,指导性案例的

---

① 如前所述,最先明确建立案例指导制度的《人民法院第二个五年改革纲要(2004—2008)》指出:"建立和完善案例指导制度,重视指导性案例在统一法律适用标准、指导下级法院审判工作、丰富和发展法学理论等方面的作用。"

② 参见苏泽林、李轩:《论司法统一与案例指导制度的完善》,载《中国司法》2009年第12期,第14页。

③ 有关比较法语境下中国案例指导制度的论述,参见 Mark Jia, "Chinese Common Law? Guiding Cases and Judicial Reform", *Harvard Law Review*, Vol. 129, No. 8, 2016, pp. 2228-2234。

裁判要点应当在类似案件审判中获得参照,法官负有使用指导性案例的引证义务和不使用类似案例的论证义务,且在应当参照而没有参照指导性案例审判的情况下,法官要承担一定的后法律责任,即其判决要被上级法院撤销。① 也是在此种意义上,指导性案例在我国司法制度中已具备"准法源"的地位,具有一定的法律拘束力。

二、基于"同案同判"准则的案例指导制度完善

对"同案同判"进行制度性建构,是保证其作为司法裁判尤其是司法公正的构成性要素在法律制度中得以贯彻的必要途径。借助司法制度改革与建设,把"同案同判"上升为具有规定性的法律适用原则、标准或方法,也是在法律制度的框架内约束和规范法官自由裁量权的重要安排。我国的案例指导制度是最高人民法院在其法定职权范围内对"同案同判"所作的具体制度设置,它使"同案同判"成为一种在司法审判制度上具有一般性的准则。这就是一种非常必要的将道德要求"客观化为法治"的方式。② 案例指导提供了一套符合制定法基本精神及立法目的、法律统一适用的裁判标准体系,由于这种制度性要求,法院和法官要受到该裁判标准体系的制约,一方面解决了司法裁判中因法律规定抽象等因素所产生的法律适用难题,另一方面也限制着法官自由裁量权的行使,减少裁判过程中的"随心所欲",所以,它也将实现法官自由裁量权从程序规范到实体指引的深化。③

---

① 参见张骐:《论类似案件应当类似审判》,载《环球法律评论》2014 年第 3 期,第 23—24 页。
② 参见张骐:《论类似案件应当类似审判》,载《环球法律评论》2014 年第 3 期,第 32 页。
③ 参见于同志:《案例指导研究:理论与应用》,法律出版社 2018 年版,第 103—104 页。

反过来看,"同案同判"也为案例指导的制度完善提供了多方面可予以遵循的思路,特别是如何进一步确保"同案同判"要求在司法裁判中的实效性,应该是案例指导制度在发展过程中必须着力解决的关键问题。对此,为了使案例指导更切合"同案同判"在法律适用中得以实效运转的机理,有必要继续通过制度性建构的努力去消减司法现实中的障碍,以使"同案同判"作为司法一般准则具有更多的现实性基础。根据这种目的,出于更好地改进和补强案例指导运作条件的需要,案例指导制度的完善应该围绕"同案同判"的机理或运行规律寻求更多的制度性措施,进而形成案例指导制度良性发展的格局。

1. 推行案例纂辑制度,建立健全类案检索机制

"同案同判"的实现首先要以"同案"的发现和确定为前提,而"同案"的确证需要作为司法先例的裁判案例的有效存在。由此来说,建立丰富且可靠的案例库并配之以相应的类案检索机制,就是"同案同判"的重要制度性保障。从目前情况看,指导性案例是案例指导制度运行的载体和物质基础,案例指导制度的完善必须以持续性、系统性的指导性案例选拔和发布为条件。从长远的目标看,应以指导性案例为对象推进案例纂辑制度建设,以指导性案例为核心实现判例库纂辑的系统化,使尽可能多的判例资源以指导性案例为核心组织起来。[①] 与此同时,要发挥指导性案例对后续裁判的"同判"拘束性作用,建立类案检索机制能够帮助法官较好地发现相关的同类案例,避免由于案例多元和不断繁多而可能导致的类案寻找困难。就实践来说,最高人民法院已把"类案检索及制作检索报告制度"作为贯彻司法责任制的要

---

① 参见汤文平:《判例纂辑方法研究》,载《法商研究》2013年第1期,第96页。

求予以推行,要求案件承办法官应全面进行类案检索,①这定然会有力地促进"同案同判"的落实。然而,这一做法如何成为案例指导制度的内在机制则有待解决,但是它为与"同案同判"相关的制度完善提供了良好契机。

2. 推进裁判文书释法说理制度与指导性案例的选编工作相衔接

"同案同判"的制度建构不仅要为"同案"的寻找和发现提供有效的案例资源,而且也要为从"同案"到"同判"的司法推理储备方法论上的支持。"同案同判"的机理表明,同判的效果来自法官对作为司法先例的案件所进行的可普遍化评判,如此就要求既定的生效裁判文书应当是在法律适用及其释法说理方面具有充分性和正确性的判决。在实际的司法过程中,"同案同判"的达成需要指导性案例能够给待决案件提供充实的可供参照或仿照的判断准据,而指导性案例本身在法律适用及其释法说理方面的情况也就影响甚至决定着其可被参照的程度。所以,案例指导或"同案同判"的实际施行对指导性案例的品质要求较高,指导性案例不仅应当是案件事实认定准确和适用法律正确的案例,也应当是在解释法律、论证说理以及作出判决结论等方面恰当运用法律方法的范例。在我国司法改革持续推行裁判文书释法说理制度建设的背景下,有意地推进裁判文书释法说理与指导性案例的选编工作相衔接,就成为从实体内容层面保障指导性案例本身优良品质的重要举措。

实行裁判文书释法说理是从制度上正式承认司法裁判作为一种法

---

① 参见《最高人民法院司法责任制实施意见(试行)》(法发〔2017〕20号)第39条。

律论证过程的性质,就是要围绕法律适用中的案件事实认定、法律规范解释和判决结论形成等环节从事理、法理、情理和文理的层面对判决结论予以论证。① 由于裁判文书释法说理有其对裁判理由上的实质要求或标准,②所以,选编符合裁判文书释法说理要求的生效判决作为指导性案例更有利于案例指导发挥"同案同判"的制度功能。目前指导性案例的选编注重从案例的类型和代表性方面设定条件,③更应强调对裁判文书释法说理方面的审视。在此意义上应该说,指导性案例不应仅限于确立司法政策或解释法律并由此指导法官"同案同判",还应鼓励和引导法官参照指导性案例中的说理模式在疑难案件中进行判决书说理,④这恰是案例指导制度对"同案同判"规则的真正构建。

3. 注重对指导性案例中有关案件事实的撰述

从"同案"到"同判"的内在机制已表明,"同案同判"就是司法裁判对理性实践论辩活动在依循可普遍化规则方面的分享和具体化。按照可普遍化规则的运用原理,在公共实践活动中,理性判断的正确性就建立在对评判对象的描述性陈述之基础上,评价性论断由于它的描述性意义要素而享有可普遍化的特性。据此,当我们对某事物施以某种评价时,是因为某事物具有一定的可被描述的事实情形,所以它使我们负有责任——对任何也拥有这些事实情形的对象要给以同样的评价,即

---

① 参见《最高人民法院关于加强和规范裁判文书释法说理的指导意见》(法发〔2018〕10号)第2条。

② 参见雷磊:《从"看得见的正义"到"说得出的正义"——基于最高人民法院〈关于加强和规范裁判文书释法说理的指导意见〉的解读与反思》,载《法学》2019年第1期,第173页。

③ 参见《最高人民法院关于案例指导工作的规定》(法发〔2010〕51号)第2条。

④ 参见李红海:《案例指导制度的未来与司法治理能力》,载《中外法学》2018年第2期,第493页。

"所有类似 a 的情况,都应当像 a 一样对待"①。可普遍化规则是司法判例适用的基础,司法判例的正当适用也正是立基于此种要求,即根据同样的案件事实情形而对待判案件进行同样的评定和判决。就案例指导制度而言,指导性案例中有关案件事实的陈述就构成了同类案件可被描述的事实情形,它们是法官参照和适用指导性案例所必需的事实要素基础。

在案例指导实践中,既然在待判案件与指导性案例之间进行事实情形的比对及确认是裁判的初始环节,那么,对指导性案例中有关案件事实的撰述应成为指导性案例选编活动的关键环节。指导性案例的选编对生效裁判文书的剪辑和加工必须以不使实际案例失真为前提,对案件事实的撰述也不是仅限于对基本案情的介绍,而是要对包含了法律评价与定性的整个案件事实认定情况进行完整陈述。从方法论上讲,对案件事实的撰述有别于对案件基本情况的描写或叙述,前者要倾向于以案由和对争讼事实的司法判断为核心,以案件事实认定对法律适用的关联性价值为视域,意在形成可供后续裁判识别和对比的、已然是经过了法律评判的有关案件事实的陈述。依照"同案同判"所遵行的可普遍化规则的要义,正是这种属性的案件事实在作为具有事实特性的要素意义上,为指导性案例被后续裁判参照准备了来自事实层面的相关性,是指导性案例中裁判理由的组成部分。从现实看,我国法院判决在对案件事实的法律论证方面一直比较简略,对案件事实的司法建构并不重视。指导性案例的选编应该借助案例完成对一定案件事实及其法律评判问题的圆满表达,使有关案件事实的要素真正成为案例指导运作的切实依靠和正当根据。这正是本书第五章要专门论述的

---

① [德]罗伯特·阿列克西:《法律论证理论——作为法律证立理论的理性论辩理论》,舒国滢译,中国法制出版社 2002 年版,第 82—84 页。

问题。

4. 优化指导性案例编撰对裁判要点的制作

"同案同判"要求不仅具备法律原则的地位,而且为裁判活动规定了相应的推理方式,使经由司法解决社会纠纷的过程自然地与类型化的思维模式发生关联。前已指出,"同案同判"所昭示的是司法的范例式推理结构,具体表现为类比推理的形式,即从个案到个案的推理。依据逻辑学,类比推理的有效性或正确性不仅在于对两个事物之间相似性的确定,更在于被类比的两个事物及其相似性可被置于共同的实质理由之下,二者能够共享同样的实质评价。在司法裁判中,要使待判案件获得与司法先例同样的判决,也不仅在于发现它们在案件事实方面的相似性,还要认识到它们能够基于共同的裁判理由而在实质上加以同等对待,后者保证了"同案同判"的实质正当性。对案例指导制度来说,类似案件之所以能够参照指导性案例进行裁判,实质上也是因为其与指导性案例可以适用一个统一的可普遍化标准,而这个标准就是指导性案例据以裁判的法律规定和由此形成的裁判要点。

作为指导性案例的灵魂所在,裁判要点就是成文法规范的具体化,体现了法官通过法律适用活动对法律解释规则、裁判方法、司法理念等方面问题作出的创新性判断及其解决方案,相当于对案件争议焦点涉及的法律问题进行评析后形成的"先例规则"。① 裁判要点宣示了统一司法的尺度,是进行"同案同判"的实质衡量标准。对于指导性案例的编撰工作来说,要准确和恰当地催发案例指导制度的功能,不断优化裁判要点的制作便成为案例指导制度建设中不容忽视的重要安排。应该看到,裁判要点的制作并非一项可以随意开展的简单作业。对此,设定

---

① 参见于同志:《案例指导研究:理论与应用》,法律出版社 2018 年版,第 150—151 页。

或遵照一定的标准和程式,运用相应的案例编撰方法,考察并汲取其他国家或地区判例制度中可资借鉴的有关经验,都是指导性案例编撰者应该认真重视的事情。有关此方面的法理及具体方法运用,本书将在第六章展开有针对性的探讨。

总之,依法裁判是对司法活动的根本要求,而当依法裁判出现需要法官进行自由裁量的空间时,"同案同判"就成为应当考量的司法目标,它的主要意义就在于对司法自由裁量权予以限制和规范。理性实践论辩的可普遍化规则为一切作为形式条件的正义理念确立了根据,也是"同案同判"主张的一般性根据。司法裁判的公共判断属性决定了司法活动过程必须符合理性实践论辩的基本准则,"同案同判"命题就是可普遍化规则在司法领域的具体体现,可被视为适用于司法裁判领域的最低限度的规则。同时,作为与公共判断密不可分的职业活动,司法裁判需要与之相配的法官职业伦理准则,"同案同判"也是与法官的职业行为和专业活动相关联的司法伦理责任的组成要素。

司法裁判的核心职能是对作为案件的纠纷进行判决,而司法裁判的特点在于以自己特有的方式对案件纠纷作出判决。在此方面,司法活动的一般性质和运作逻辑表明,"同案同判"实际上是司法之所以是司法的结构要素和内在根据,对司法裁判过程及法官的裁判行为起到构成性规则的作用。对司法裁判自身的构成作用意味着"同案同判"扮演着调整、形塑和创造司法过程的重要角色,它已然就是司法裁判及其个案法律推理的程序或方法,是法官从事司法活动所必须遵守的义务性规则。我国的案例指导制度正是对"同案同判"司法准则的一种制度建构,承认和肯定了司法案例对案件裁判活动的重要作用,在一定程度上发挥了司法判例制度的功能。所以,案例指导制度的完善应该围绕"同案同判"的机理或运行规律寻求更多的制度性措施。无论如何,我们不能忽视"同案同判"作为司法活动重要要求的价值和意义,赋予"同案同判"在司法制度中的应有地位,无疑会促进法官公共理性和职业伦理的养成,推动法官从理念和方法上维护司法裁判中固有的正义,这或许有助于我国司法制度向更加宽阔的方向进行改革。

第三章
法律方法与指导性案例的编撰方法

通常来说,为成就一定的目标就需要采取相应必要的办法或技术,在法律活动中,用以解决特定法律问题或完成某种法律任务所应当运用的专门手段或技术就是法律方法。法律方法体现并规定着法律人专业地处理和安排法律事务的路径与方式。在法律运行过程中,只要运用法律处断实际的问题就需要法律方法,而法律实施时有关法律的执行或适用实际上也是一种法律方法的运用技艺。司法裁判是运用法律方法的主要场合,法律方法也较多地展现为法律适用的方法,它们是在司法实践中逐渐形成和发展起来的一套专业化的思维方式与技术,是"在某个特定法律制度之内可用来发现与解决具体问题或具体争议有关的原则和规则的方法之总和"①。我国法院的指导性案例既是法律适用的产物,同时又是可用于司法裁判参照的判决事例,指导性案例的编撰也意味着要在法律适用的领域为法官的裁判活动制作出具有援引和参照价值的司法判例。由此,指导性案例编撰实则与法律方法的运用具有天然的关联性或亲缘性。所以,用法律方法论的原理释明和刻画指导性案例的编撰方法,把指导性案例的编撰方法阐释并拟定为对司法裁判场合法律方法的运用,就可以更好地以切合法律适用的方式

---

① 马长山主编:《法理学导论》,北京大学出版社2014年版,第314—315页。

揭示指导性案例编撰所应有的整体框架、具体要素及其规范性姿态。

第一节　法律逻辑与指导性案例的编撰方法

　　法律方法是法律人在解决法律问题时所应具有的思维方式的展现,以法律逻辑为主要贯穿要素的法律思维表明了法律方法的专业特性和实际意义。从法律思维的角度看,法律方法要特别注重法律逻辑的运用,逻辑推导性是法律方法的重要属性。在法律适用过程中,要建立法律规范与案件事实之间的有效关联性或对接关系,就必须使法律逻辑在其中发挥作用。如果说法律方法提供了解决法律问题并确定法律答案的操作技术,法律逻辑则是使这种操作技术获得有效性的根据和保障。所以,法律方法的运用必须要遵守法律逻辑的基本原理,即法律方法的展开都应当是在遵循法律逻辑的规范及其要求之前提下的运作。对指导性案例的编撰而言,要切合法律适用的性质和规律从事指导性案例的要素制作与体例编排,也要以符合逻辑学的基本准则为要义,以法律逻辑的原理及其要求建构相应的结构和内容。换言之,指导性案例编撰应以法律逻辑的原理为其运用法律方法的有效性保障,法律逻辑的原理是指导性案例编撰及其对具体法律方法进行运用的基础性要素。

一、法律逻辑的问题意识及实践面向

　　当下有关法律逻辑的讨论,时常见诸法学教育和研究者的话题之

中,可以说,重视法律逻辑成为人们在商谈法律与逻辑关系方面的一种共识。根据把逻辑当作规范思维工具的看法,人们认为法律逻辑是关涉法律思维的形式、方法和技术的规则或准则,[①]其反映了法律人思考和解决法律问题时所应遵循的基本逻辑规律。然而,也应当看到的是,人们对法律逻辑的理解仍有一些分歧或疑问,例如法律逻辑是否就是法律与逻辑的交叉或逻辑在法律中的运用,法律逻辑的核心问题又是什么,法律逻辑是否需要以及怎样处理法律思考中的非逻辑因素,等等。对这些问题的争论其实关系到法律逻辑的自身属性与实践操作,对它们的回答也在一定程度上厘定着法律逻辑在当下中国法律实践(包括指导性案例编撰及适用等)中的发展方向和现实作用,具有重要的理论和实践价值。

我们需要在一种微观的意义上围绕法律运行的实际场域,对法律逻辑的问题意识和实践面向进行分析,尤其对于法律逻辑在司法裁判等法律实施活动中的运用而言,更有必要展示其应有的问题情境与实践结构。基于这种立场,需要明确以下三个方面的要点,即法律逻辑是围绕法律规范与案件事实而展开的推理和论证,法律逻辑应当致力于提供法律判断形成的思维规则,法律逻辑需要解决各类实践性因素在法律推理结构中的恰当安置问题。

1. 法律逻辑以构建规范与事实之间的推理为核心

一般来说,法律逻辑是法律与逻辑相结合的产物,但法律逻辑又并非普通逻辑在法律领域的直接应用。当然,对法律问题的思考乃至整个法律领域的思维都需要遵循普通逻辑学的一般原理和要求,例如使用概念要明确,作出判断要恰当,开展推理要正确,逻辑规律要遵循,进

[①] 参见张晓光主编:《法律专业逻辑学教程》,复旦大学出版社2007年版,第2页。

行归纳要科学,实施类比要精当,从事论证要纯粹,逻辑谬误要能够识别,等等。具体来说,从形式逻辑上看,概念是最简单的思维形式,是反映思维对象特有属性的思维形式。逻辑学对人们思维最首要的要求就是使用概念要明确,而限制与概括、定义、划分是明确概念的三种逻辑方法,其既是逻辑学对人们思维的一般要求,也对法律工作者处理法律问题同样适用。再以逻辑规律的遵循为例,形式逻辑学为了实现人们思维的确定性和正确性,提出了把同一律、矛盾律和排中律作为逻辑的基本规律,把偷换概念、转移论题、自相矛盾、"两不可"等作为违反逻辑规律的思维错误,它们对人们在法律领域相关思维的确定性和正确性无疑起到保障作用,也告诉人们在法律论辩中如何识别诡辩和谬误。在此方面,应当说,普通逻辑尤其是传统形式逻辑在法律领域的运用及其对法律思维的规制,已经发挥了重要的作用。

诚然,这种把普通逻辑运用到法律领域问题的处理还不能就被理解为法律逻辑,它们至多或只不过是普通逻辑原理在法律领域的贯彻和具体展现。法律逻辑与普通逻辑的主要区别在于,法律逻辑是一种关于涉法思维的逻辑,而涉法思维也并非只涉及法律的思维,毋宁说其是指关涉法律问题之解决的思维。就此来说,法律逻辑是一种法律活动中所具有的、以法律应用为目的的特殊思维形式与思维方法,并且,法律推理是法律逻辑的核心内容。从一定意义上也可以说,法律逻辑是一种关于法律思维的形式、方法和规律性的特别逻辑,其致力于解决法律推理的有效性和正确性问题。就法律推理而言,它也并非科学推理在法律领域的直接应用,而是以把法律适用于案件纠纷的解决为主旨的一种推理形态。

从推理结构上看,任何形态的推理都是从前提推导得出结论,且任何形态的推理机制都必然蕴含于前提命题与结论命题的内在逻辑联系之中,但对于法律推理来说,它是以有关法律规范和案件事实的判断作为前提的推理,作为推理结论的法律判断也正是从法律规范和案件事实的逻辑联系中被演绎出来。也就是说,法律推理作为一种特别的推理形态,它聚焦于处理法律规范与案件事实之间的逻辑关系,相应地,法律逻辑正是一种以处理法律规范与案件事实之间推理关系为内容的思维形式和方法。

由于法律推理主要就是以法律规范和案件事实之间的推导关系来展开的,法律逻辑也可以说就是一种围绕法律规范与案件事实而为的推理和论证。由此也可以说,"法律思维在根本上发生在事实与规范之间,如作为法律者我们不外要思考损害与赔偿、杀人与刑罚的关系,这是其他思维所不及之场域,也借此生成与其他思维的诸多联系和区别"[①]。抛开法律规范与案件事实的因素讨论法律思维,就无所谓真正的法律思维,更无所谓真正的法律逻辑。因此,法律逻辑是"法律人的逻辑"[②],以有关法律规范和案件事实的判断为前提的法律推理是法律逻辑的核心内容。就此而言,如何获得有效、正确的法律推理是法律逻辑所要致力于解决的中心问题,这也正是法律逻辑的问题意识。在此方面,把法律推理视为一般推理的特殊形态就有了明确的具体指向,由此法律逻辑可被视为一般逻辑的特殊领域。

法律逻辑其实就是围绕法律规范和案件事实来建构相应的思维形式和方法。这正如克鲁格(U. Klug)所认为的,在法律的系统发展过程中,逻辑起着决定性的作用,它涉及如何得出结论并进行证明的问

[①] 郑永流:《法律方法阶梯》(第三版),北京大学出版社2015年版,第29页。

[②] 还有人提出法律逻辑是"法学家的逻辑",据芬兰逻辑哲学家亚科·欣蒂卡(Jaakko Hintikka)考证,"法学家的逻辑"最早于1588年就提出了。也有说法是,1588年英国人亚伯拉罕·弗劳斯(Abraham Fraunce)出版了《法律人的逻辑》一书。参见韦玉成、田杜国主编:《法律逻辑学》,中国社会科学出版社2018年版,第7页。

题,但是人们通常并不认为法律逻辑的范围包括了所有领域,而是习惯于将逻辑的范围限定在裁判领域,即为了得出一个判决结论或宣判,将法律应用于具体案件,"法律逻辑是形式逻辑规则应用于裁判领域的理论"①。把法律逻辑定位为以围绕法律规范与案件事实为推理和论证为要义,法律推理就展现为以三段论推理为基础样式的结构。麦考密克也指出,法律三段论这种形式的推理是法律推理的真正核心。②在此语境下,我们常说,法律推理的基本模式也就是以认定的案件事实和相关的法律规范为前提,根据二者之间的内在联系合乎逻辑地演绎出法律效果的演绎论证模式。

2. 法律逻辑致力于提供法律判断形成的思维规则

从以上论述可以看出,法律逻辑的问题意识在于如何围绕法律规范和案件事实来获得具有逻辑有效性和正确性的法律推理。基于此种定位,法律逻辑的任务就可以表述为致力于为法律人提供法律判断形成的思维规则。逻辑在一定层面上就是指思维的规则和规律,而法律逻辑则是一种有关法律判断形成的思维规则和规律。作为法律人在建构法律规范并将规范应用于具体案件事实作出判断时的精神活动方式,法律思维的特点是判断性,③其核心的目标追求是要形成正确的、可取的法律判断结论。法律思维是"依循法律逻辑,以价值取向的思考、合理的论证,解释适用法律"④。法律思维发生于法律规范与案件事实的逻辑关系之中,法律逻辑就是在规范与事实的逻辑关系中为法

---

① [以]约瑟夫·霍尔维茨:《法律与逻辑:法律论证的批判性说明》,陈锐译,中国政法大学出版社2015年版,第10页。
② 参见[英]尼尔·麦考密克:《修辞与法治:一种法律推理理论》,程朝阳、孙光宁译,北京大学出版社2014年版,第43页。
③ 参见郑永流:《法律方法阶梯》(第三版),北京大学出版社2015年版,第29页。
④ 王泽鉴:《民法思维:请求权基础理论体系》,北京大学出版社2009年版,第1页。

律判断的有效形成构建出相应的思维规则。法律思维要回答法律人在处理法律问题时进行思考的要求和特点,而法律逻辑则体现和保证了法律思维在逻辑上所应具有的理性品质。

从知识构成的角度看,法律逻辑致力于提供法律判断所形成的思维规则时也需要借助于对各种基本思维形式的运用,这些基本思维形式是构建法律推理的基础和工具,其也表现为与普通逻辑中所使用的基本思维形式不一样的、法律上的专业性特点。相较于一般逻辑运用概念、判断和推理等思维形式对事物及其属性进行把握,法律逻辑是运用法律概念、具有法律属性的判断和法律推理等思维形式对法律问题及其解决进行把握,法律逻辑所使用的法律概念、法律判断、法律推理等思维形式自然也有其特殊性。

具体地说,首先,概念是最简单的思维形式,是反映思维对象的特有属性的思维形式,而法律概念的内涵和外延则是自然性与法律性的结合,是具有法律意志性的概念。法律概念作为反映法律上事物特有属性的一种思维单位,构成了法律逻辑的基石。其次,在一般逻辑中,判断是对思维对象有所断定的思维形式,有所断定(肯定或否定)和断定有真有假是判断的基本逻辑特征,而法律判断是具有特殊性的判断。这不仅表现在其是以合法/非法或正当/不正当为衡量维度的思维形式,而且以法律规范判断为样式形成的命题本身就是一种具有应然性的命题,其与科学意义上的事实命题相区别。最后,从推理结构来看,一般的科学三段论推理是以作为事实命题的两个判断为前提,通过涵摄的方式推导得出结论,与之不同的是,以法律判断三段论为结构的法律推理把作为规范命题的法律规范判断和作为事实命题的事实判断当作前提,并从中推导得出具有规范命题性质的法律结论。法律推理的三段论与一般科学推理的三段论相比可谓大有不同,例如在科学推理三段论中,由于它的大小前提和结论都是事实命题,因而人们只能用"真"或"假"这两个形容词来评价它们。在形式有效的前提下,只要证明了大小前提的真实性,前提的真实性就可以完全地传递到结论命题之上。但是,在法律推理三段论中,"真"或"假"就仅仅只能作为小前提的评价标准,而不能同时作为大前提和结论的评价标准。人们经常用"正当不正当"(妥当不妥当、合理不合理、有效无效)等语词来评价其大前提,以"公正不公正"等语词来评价结论,以"合法不合法"(违法不违法)等语词来评价大小前提之间关系。[1] 更有甚者,法律思维是一种具有明显的价值取向的思维形态,价值判断在法律推理中占据着重要的地位,[2]这也使得法律推理过程的思维形式要比一般科学推理复杂得多。正是在运用以上这些作为要素的思维形式致力于保证法律推理有效性和正确性,法律逻辑以此为法律人形成法律判断进而解决法律问题提供思维规则。

　　法律逻辑提供法律判断形成的思维规则,是通过发挥法律逻辑自身的塑造、评判和检验等功能来实现的,它以怎样引导人们恰当地处理法律规范和案件事实二者之间的推理关系为基本内容。从法律判断的思维步骤来看,按照有关研究的说法,法律人要追求正确可取的法律判断结论,不仅要处理事实和提出案件问题、寻找规范,还要分析事实构成,而且要在其中不时地往返流转才能够为法律推理建构出适当的大前提和小前提,然后再通过涵摄的过程作出相应的结论。[3] 法律逻辑也就是要为这个思维过程设定出相应的思维规则,探求法律推理有效成立所必需的大前提和小前提的构建规则及方法。从这一点也可以看

---

[1]　此处论述得益于张继成教授的讲授,特别致谢!
[2]　参见张继成:《从案件事实之"是"到当事人之"应当"——法律推理机制及其正当理由的逻辑研究》,载《法学研究》2003年第1期,第77—82页。
[3]　参见郑永流:《法律方法阶梯》(第三版),北京大学出版社2015年版,第35页。

出,法律逻辑也是规范法律方法运用的思维工具,它为法律方法的操作给定了相应的思维规则(逻辑规则),要求在法律方法发挥作用的场合需要遵守逻辑规律,法律的表达和论辩应当满足或符合有关的逻辑规律要求。就此而言,如果说法律方法强调技术、技艺和操作路径,那么法律逻辑作为法律方法的基础和支撑,解决的则是推理、解释和论证中的思维有效性问题。

3. 法律逻辑需要解决实践因素的恰当安置问题

法律逻辑是围绕规范与事实而为推理和论证的一种逻辑,同时也是一种最具实践面向的逻辑。法律逻辑并非纯粹的形式主义机械推理的展开,毋宁说是一种关涉实践理性得以应用的逻辑。关于实践理性,麦考密克认为,"所谓实践理性,亦即人们运用理性决定在特定情形下如何行动才算正当"[①]。在此方面,"事实上,法律推理确有自己的逻辑,并且这种逻辑指向的是与内容相关的实践推理"[②]。就此而言,法律逻辑所倡导的推理和论证可以被看作实践理性论辩的一个特殊分支,作为法律逻辑核心要素的法律推理是实践推理的一种情形,而这种实践推理就是一种直接针对某一特定目标的推理,它追求在一定范围内具有实践意义的结论,且为某种特定行动或要求提供具有正当性的理由。

在此视域中,法律推理以形成一定的法律判断结论为目标,强调在处理规范与事实关系的过程中对法律理由与正当理由的运用,表现出明显的实践理性的应用特性。哈赫(Jaap Hage)曾提出"理由逻辑"的

---

① [英]尼尔·麦考密克:《法律推理与法律理论》,姜峰译,法律出版社2005年版,第1页。

② 熊明辉、丁利:《总序》,载[荷]雅普·哈赫:《法律逻辑研究》,谢耘译,中国政法大学出版社2015年版,第4页。

概念来阐释受实践理性支配的这种逻辑,认为"理由逻辑"能够探讨一些特殊的推理,而理解"理由逻辑"的一种方式,是将其看作一种专用于实践推理(法律与道德推理)的逻辑,这一逻辑特别关注在实践推理中起着显著作用的因素,比如规则和原则。① 有的观点甚至认为,法律人并不是从一般原则和推理开始"向着"某种还不知道的但不可避免的结论前行,而是从一个结论或主张——委托人的目标开始,然后设计达到那个目标的辩护策略,通过类似于"逆向工程"的过程进行逆向推理。② 据此也可以看出,在法律实践论语境下,法律逻辑可依照形式和非形式两维度发展,而且重视法律理性的逻辑诉求,因而重构一种符合法律实践的逻辑实属必要。③

法律逻辑的实践特性表明,法律逻辑固然要围绕规范与事实的关系来构建推理和论证的思维规则,也必然需要解决多种实践因素在法律推理中的恰当安置问题。尤其在中国语境下,法律逻辑必须更好地面对、识别、回应和解决法律运作现实中的各类实践因素在法律推理中的恰当作用与合理适用问题。我们知道,在法律适用的现实中,也并非只有法律的因素会成为法律判断的根据,来自各种路径的、具有事实影响力的多类法外(理性与非理性)因素也时常渗入法律推理的结构,甚至充斥于法律结论的形成过程之中。特别是在现代社会复杂缘由的施压下,在法律适用的很多场合,法律人思维中的法律因素越来越少,在法律思维过程中决定法律人判断的法律外因素在增多。在法律因素与其他因素的较量中,法律规范作用在减弱,"不仅政治修辞、道德意识

---

① 参见[荷]雅普·哈赫:《法律逻辑研究》,谢耘译,中国政法大学出版社2015年版,第79—80页。
② 参见武宏志:《美国语境中的"法律人思维"》,载《法学家》2009年第3期,第90页。
③ 参见陈曦:《何种法律逻辑——一种实践论视角的解释》,载《中国政法大学学报》2014年第5期,第36页。

常常压抑着法律意义的释放,而且常理、常识、人情等,堂而皇之地成为了解释法律依据"①。针对这种情境,法律逻辑既不能把这些因素作为当然的依据(否则也不再是法律逻辑),也不能视这些因素为无物,具有实践蕴意的法律逻辑应该是可以而且能够审慎地提供对这些实践因素的妥当安置方案。

至于如何恰当安置各类实践因素在法律推理结构中的位置,并保证法律推理在处理规范与事实关系方面的逻辑推论性质,法律逻辑可以发展出多种有意义的可取形式。例如德国学者阿列克西的法律论证理论认为,法律论证应被看作普遍实践论辩的特殊形式,虽然理性法律论辩不可能保证作为结论的法律决定的百分之百的正确性,但是当法律论证符合理性论辩的规则和形式时,由它达到的结论就可以被称为是"正确的"。② 他就此提出了法律结论证立的内部证成与外部证成:内部证成关注的是所欲证立的法律结论是否从为了证立而引述的前提中被逻辑地推导出来,它直接涉及从既定法律论证前提中推导出作为结论的法律命题的逻辑有效性问题,而外部证成解决的是内部证成前提本身的正确性或可靠性问题。③ 在这里,逻辑适用于内部证成,它要求法律论证的前提必须连贯即无矛盾,论证的前提中必须至少包含一条普遍性的规范和一个充分描述具体案件事实的命题,具体案件事实的描述与法律规范的构成要件之间的落差必须合乎逻辑地连接起来;同时,逻辑在外部证成的层面也有所作为,在对外部证成的对象(即作为内部证成之前提的实在法规范、经验性命题以及既非经验性命题又

---

① 陈金钊:《法律人思维中的规范隐退》,载《中国法学》2012年第1期,第5页。
② 参见[德]罗伯特·阿列克西:《法律论证理论——作为法律证立理论的理性论辩理论》,舒国滢译,中国法制出版社2002年版,第361页。
③ 参见[德]罗伯特·阿列克西:《法律论证理论——作为法律证立理论的理性论辩理论》,舒国滢译,中国法制出版社2002年版,第274页及当页注释。

非实在法规范的前提)采用不同的证立方法时,逻辑法则的要求也必须发挥作用。①

从现实来看,各类实践因素在运用法律推理获取法律结论的场合中往往表现为不同的具体样式,甚至可以说是具象无数。怎样在法律推理中恰当地安置它们(特别是那些既定法秩序外的因素),并使之成为法律判断形成理由的正当根据,是法律逻辑需要深入拓展的领地。这对处理中国法律运作现实中的相关问题具有重要的意义。以法律人对"情"和"法"的处理为例,这正如有研究所论,法律人在"情"和"法"两个要素之间进行抉择,会有一套法律方法来解决它,法治会要求法律人作出清楚的选择——在法律范围内对"情"作权衡,而非把案件中纠缠着的各种"情"混淆起来,如此在法律判断上就复杂了。② 因此,必须看到的是,在法律人思维的语境中,从一般法律规范和认定的案件事实出发推导得出法律结论的演绎性证明是法律推理的核心所在,而主张根据法外的现实因素进行推理也要能够经得起法律逻辑上的审视,且对后者不是排斥,而是施行借由法律推理形式和逻辑思维规则而来的规制,是发展法律逻辑明智且切合实际的选择。对于法律逻辑来说,现实中各类因素对法律推理的作用机制大概也应该在上述框架内获得建构。

总之,法律逻辑是法律思维在逻辑层面的表达和实现,它是法律人思考和解决法律问题之思维形式、方法和技术的准则与规律。法律逻辑不应当被简单地等同于普通逻辑在法律领域的直接运用,更不是把形式逻辑应用于法律概念、法律分类、法律定义以及法律推理之中就形

---

① 参见雷磊:《法律逻辑研究什么?》,载《清华法学》2017 年第 4 期,第 192—193 页。
② 参见孙笑侠:《生活逻辑与法律思维的差异》,载《北京日报》2013 年 8 月 5 日,第 17 版。

成了法律逻辑。法律逻辑实际上是一种应用逻辑(或称专门逻辑),法律推理就表现为实践理性在法律判断形成过程中的应用,是理性实践论辩和实践推理的一种特殊情形。可以说,法律逻辑是"实践逻辑的一个例子"①,它"提供给我们的是在法律纠纷中适用的一般或特殊类型的论证"②。针对法律逻辑在现实中面临的诸多争议,从一种微观的意义上分析来说,对于围绕法律运行的实际场域来讨论法律逻辑的问题意识和实践面向,本书具有倾向性的认识就在于:法律逻辑是一种在处理法律规范与案件事实的对接关系中而展开的推理和论证,其应当致力于为法律实践领域提供形成法律判断的思维规则,需要而且能够解决各类实践因素在法律推理结构中的恰当安置问题。正是在对这些事项的实现中,法律逻辑发挥着推导、检验、识别和批判等功能。

二、案例指导的逻辑结构与指导性案例的编撰

作为中国特色的司法制度设置,虽然案例指导制度与其他国家的司法判例制度分享和体现着一些共同的制度理念与原理,例如它们至少都属于通过发挥判例的作用来进行案件裁判的情形,但是,中国的案例指导制度从特性上看怎么都显然不同于普通法体系下的判例法制度,它是在成文法制度传统下发展出的一种判例实践。就此而言,中国的案例指导制度是指以制定法为背景,"在个案中以特定事实为基础作出的终局裁判,在同一司法区域内对相同或相似的其他案件发生说

---

① 此为克鲁格的观点,参见[以]约瑟夫·霍尔维茨:《法律与逻辑:法律论证的批判性说明》,陈锐译,中国政法大学出版社2015年版,第10页。
② [比]佩雷尔曼:《什么是法律逻辑?》,熊明辉译,载熊明辉、谢耘主编:《法律论证与修辞》,法律出版社2014年版,第27—32页。

服效力(而非拘束效力)的制度"①。由此来看,中国案例指导制度所在场域是适用法律的案件裁判场合,其应该被严格地限定在制定法适用的范围之内,而指导性案例对今后案件裁判具有"应当参照"的指导意义,也应是"以对制定法的解释适用为指向,是制定法规范在具体个案裁判场景中的具体化"②。

从方法论的原理上讲,案例指导的逻辑结构在理路上主要就表现为两个方面,即司法裁判推理构造的逻辑和"同案同判"的逻辑,正是这两个方面构成了指导性案例能够发挥案例指导功能的缘由和机理。就前一方面来说,由于指导性案例是从既有生效的法院裁判中遴选出来的判决,它们本身即代表着国家对某些纠纷所给出的公共和权威回答,是法院对所认定的案件事实进行法律适用的结果,并由此而成为具有一定确定性的判例。既然生效判决是指导性案例的前身,指导性案例是作为既定的先例存在的,那么其本身必然是作为一个整体裁决范例而产生作用的,它们也必定是要在体现裁判推理的逻辑上,对今后案件的法律适用具有说服性和制约性的指导价值。就后一个方面而言,"同案同判"是指导性案例能够产生事实上的影响力的作用机理,其中"同案"构成了今后案例应当遵循与指导性案例相同判决方式的关键性理由,逻辑上的相关性要求以及形式正义的准则在此具有决定性的意义。

具体言之,从司法裁判推理的构造上看,司法裁判是由裁判者通过认定案件事实并解释适用法律对案件争议给出处理结论的活动,这是一种在方法论上被称为"确定法效果的三段论法"的场景。"在其中,

---

① 傅郁林:《在案例中探寻裁判的逻辑》,载《人民法院报》2012年2月1日,第8版。
② 张志铭:《司法判例制度构建的法理基础》,载《清华法学》2013年第6期,第104页。

一个完全的法条构成大前提,将某具体的案件事实视为一个'事例',而将之归属法条构成要件之下的过程,则是小前提。结论则意指:对此案件事实应赋予该法条所规定的法效果。"[1]指导性案例作为既定判决,也是作为个案裁判的结果存在的,其自身就包含着对个案事实认定、法律释明与适用的情形及其推理得出结论的过程。"如果说普通法国家的'先例'意指作为'法官造法'的'判决理由',那么我们的指导性案例则是适用法律的成例,是在认定事实、解释法律和作出法律决定方面的典型事例,甚至可以延伸至判决执行领域的典型事例。"[2]正是在这些裁判推理的要素关系中,某个纠纷的处理情况得以固定并被宣告;也正是这些司法推论的内部构成元素及其证明过程,使得个案判决成为指导性案例之后得以发挥作用,即对今后案件的裁判产生影响力并被实际地参照。

所以,指导性案例的编撰首先要依循、体现并实现案例指导的普通逻辑,这对案例内容的编撰在适切司法裁判推理或法条适用的逻辑方法层面提出了应有的要求。裁判推理的一般逻辑方法(确定法效果的司法三段论)展现了法律适用过程的基本框架,它是案件裁判者确定案件事实、寻找法律规范和开展法律推理应当遵循的基础性思维方法。"通过确定大小前提以及确定最佳连接点,司法三段论有助于裁判者形成一个完整的逻辑链条,为裁判提供充分的信服力、说服力,增强各方对案件裁判公正性的信赖。"[3]在此方面,由于确定法效果的司法推理方法之直接目标就是保障司法者根据特定事实寻找到最准确的法律依据,其也就成为指导性案例编撰在案例叙事与陈述中所应该运用的

---

[1] [德]卡尔·拉伦茨:《法学方法论》,陈爱娥译,商务印书馆2003年版,第150页。
[2] 张志铭:《中国法院案例指导制度价值功能之认知》,载《学习与探索》2012年第3期,第68页。
[3] 王利明:《法学方法论》,中国人民大学出版社2012年版,第86页。

基本范式和论证技术。

同时,统一法律适用是案例指导制度最基本的目标诉求,"同案同判"的原则构成了保障这一目标实现的最直观法理基础和技术要求,也是指导性案例对今后案件裁判产生事实上拘束力的运作机理。"同案同判"的基本含义就是"同样的案件应当得到同样的判决",其以实现法律上的形式正义为正当性支持。"同案同判"原则昭示着,无论是否有正式制度上的肯定性要求,司法裁判在实现形式正义的意义上都要接受其一定的约束力,这构成了案件裁判应当遵循相关先例的一个前提性理由。"形式正义要求法官裁断当下案件的理由与实质上与之相同的其他案件不能有太大的出入。"①通过遴选发布指导性案例,要求各级法院审判类似案例时"应当参照",中国建立案例指导制度的逻辑起点就是要落实"同案同判"原则,即使指导性案例目前不具有和正式法律渊源一样的规范性效力,"同案同判"业已构成了指导性案例具有事实约束力的内在缘由与作用机理。

分析来说,指导性案例具有指导性的要义就在于:如果待决案件的案件事实与指导性案例的案件事实具备"同案"的意义,那么就应该遵循指导性案例的裁判尺度和裁判标准,采取与指导性案例相同的判决。"'同案同判'立足于个案裁判,着眼于个案裁判之间的关联性、连续性,其基本内涵在于规范法官在运用证据认定事实、解释适用法律和作出法律推理决定等裁判环节的裁量权。"②进一步地讲,相关性案例的原理及其判断和识别方法具有值得肯定的价值,因为考量指导性案例能否具有判例的效用,关注的只能是既定判决和后来判决的关系问题。

---

① [英]尼尔·麦考密克:《法律推理与法律理论》,姜峰译,法律出版社2005年版,第71页。
② 张志铭:《中国法院案例指导制度价值功能之认知》,载《学习与探索》2012年第3期,第66页。

对于任何法院的任何一个既定判决,尽管不能说它不是案例或判例,但是从司法判例的角度说,研究的起点和关注的对象只能是相关性案例,单纯的既定判决并没有意义,也只有基于既定判决和后续判决的相关性,既定判决才会出于人们因循、模仿、跟从而为等原因产生对后续判决的事实上的影响力,具有对后续裁判活动的指导作用。[①] 职是之故,既然指导性案例的效力机制来源于"同案同判"的原则要求,"同案同判"的逻辑及其内涵为指导性案例建立与后续案例的相关性联系提供了保障,那么,相关性案例的判定和识别方法就理当成为指导性案例编撰工作有意寻求的技术支撑。

就中国指导性案例的产生而言,某个既有生效判决通过遴选并最终被发布为指导性案例,这种行政性的选拔程序包括了指导性案例的编撰环节,即一个生效判决作为既有案例被层层推荐并被选中,需要报经最高人民法院编撰和最高审判委员会讨论决定后,才能被发布为指导性案例。从目前的做法来看,被遴选出来的生效判决经过专门的编撰成为指导性案例,其不仅具有固定的制作格式和撰写体例,也采用了有意安排的叙事方式。如此来说,从案例指导的逻辑结构上讲,指导性案例的编撰就不能不认真考虑其应有的方法论因素。如何通过案例编撰体现和彰显司法裁判的理路与"同案同判"的需求,就成为指导性案例编撰活动必须从重对待的问题,它至少从实质上影响着指导性案例与今后类似案件裁判的相关性判断和论辩说理。

因此,指导性案例的编撰需要仰赖于合理的法律方法要素的支撑,其应当以能够展现司法裁判的推理构造为依托,以有利于构建"同案同判"的法律适用机制为追求,并以此实现案例指导制度对中国司法

[①] 参见张志铭:《司法判例制度构建的法理基础》,载《清华法学》2013年第6期,第94页。

裁判优化的目标。在此方面,如前章节所述,必须看到的是:指导性案例的编撰是对法院系统既有判例所开展的集结、纂辑和提升,是对发生法律效力且符合特定条件的判决的特别确认;指导性案例编撰的意义也在于通过对案例内容的陈述达到对法律适用问题的释明和阐发;指导性案例最基本的作用机制也表现为以对制定法的解释适用为指向,通过对案例进行相关法律的解释,其自身成为司法裁判所必不可少的构成要素。

从现实来看,中国各级法院的判决在法律论证上一向过于简略,所以指导性案例的"底本"在这一方面本来就不失于繁冗而失于简陋。考察已经发布的多批指导性案例就可以看出,案例的叙事内容在论证方面反而一删再删,可能在判决风格的导向上带来不利影响。[①] 据此来说,指导性案例的编撰必须借助案例完成对一定案件事实问题和法律问题的表达,阐明对相关制定法条文的解释和说理,展示司法推理的内在逻辑,尤其要重视对案件事实的厘定和叙述,使其成为案件情节衡量与定性分析的充沛依据,只有这样才能对生效判决所内含的关于案例事实情境中适用法律的要义给出很好的澄清,并为"同案同判"的运行建构融贯的体系和充分的语境。

三、指导性案例内容编撰的要点及法律方法

从指导性案例的内容构成上看,生效判决被选编为指导性案例已然具备了一定的特定要素。相较于先前的判决本身,指导性案例是经过了专门的整理和加工的判例,特别是为凸显指导性案例具有参照作

---

① 参见汤文平:《论指导性案例之文本剪辑——尤以指导案例 1 号为例》,载《法制与社会发展》2013 年第 2 期,第 53 页。

用的部分,每个指导性案例还在裁判要点方面进行了专门的制作。就此来说,在目前的遴选、编撰和确认等程序下,最终被发布的指导性案例显然不再是原来的生效判决,个案生效裁判已经上升为对各级法院更具有一般规范性色彩的案例。既然案例指导制度的完善与发展需要以持续性和系统性的指导性案例编撰为支撑,那么,以指导性案例的内容构成为线索考量和改进其相应的编撰方法,也是完善案例指导制度值得思考的进路。

既然指导性案例是对被选中的原生效裁判文书基于一定的指导目的而编撰完成的,那么,指导性案例的内容构成也需要在形式与实质方面注重法律方法论上的技术,尤其要在遵循裁判推理构造和"同案同判"的逻辑脉络中实现有益于案例指导的目标。所以,在中国案例指导制度运行的当前背景下,具体指导性案例的编撰可以充分借助最高人民法院的司法解释权,以切合对法律的解释和适用为导向,以法律适用的逻辑模式为思维贯穿和线索,以为后续裁判提供可供参照的完整判决理由为准则,在指导性案例内容上寻求合理的编排与撰述。对此,除却形式上的体例性编排(在本书第一章第二节已经进行了分析),指导性案例编撰在案例内容构成上应致力于完善对以下三个方面的法律方法的运用。

1. 陈述案件事实

司法裁判首先是围绕当事人双方的争议而展开的事实认定活动,案件事实是进行法律发现、解释和适用的方法论起点,没有案件事实的认定就无所谓法律适用。案例指导制度要发挥判例指导的功能,就必须在指导性案例的编撰上重视对案件事实的陈述。这也是指导性案例不同于最高人民法院其他形式的司法解释的优势所在。与最高人民法院已有的通过司法解释来统一法律适用的做法不同,指导性案例的特点就在于以案件事实为场景阐释制定法的适用问题,这就决定了对案件事实的陈述在指导性案例编撰中具有特别的位置。无论是从生效判决的裁判逻辑还是从判例获得适用的技术来看,其中说的就是这方面的道理。

指导性案例编撰对案件事实的陈述主要应该倾向以案由和争讼的事实为核心,以案件事实对法律适用的关联性价值为视域,以为此类案件形成可供后续裁判者识别和斟酌的类型事实为旨归。"从深层次上看,指导性案例作为已决案件之所以能够指导其他案件的处理,是因为人类行为的可重复性及其类似性所形成的社会关系和法律事实的类型化、同质化。"①所以,能够成为类型事实的案件事实构成了案例指导的真正物质基础,指导性案例对案件事实的陈述就是通过参照指导性案例来解决类似法律纠纷的客观条件,这既是司法裁判自身的立足点,也是"同案同判"能够被实际操作的基本前提。

当然,需要明确的是,对案件事实的陈述并不就等同于对基本案情的叙述,毋宁是对可适用于相关法律调整的、已被认定了的案件事实的陈述,它是根据案例本身而建构的能够生成相应类型事实的陈述。在指导性案例的编撰过程中,在对原生效判决文书已认定的案件事实必然进行整理和裁剪的情况下,选择与该案法律适用对特定问题的评价有重要指向的基本事实、核心事实和重要事实是值得依赖的路径,于此既要考量这些事实对于相关法律发现、援引和适用的融贯性,又要考量指导性案例借助这些事实所要实现的对有关制定法进行解释的可附着性。

2. 展示裁判理由

裁判理由作为生效判决对案件争议处理结论的理据,是法院针对

---

① 于同志:《"案例指导"何以发生》,载《法律适用》2017年第10期,第27页。

一定案件事实所作出的裁判根据及其论证性说理。一般认为,裁判理由阐发了某个法律规范适用于某种案件事实的要求和旨意,彰显了个案事实对法律规范适用的归属意义。判决理由包括了"法官得出争议实际解决方法所根据的法律推理,特别是判决理由必须表达对法律规则的解释"①。如果说案件事实是生效判决可被作为指导性案例被后续类似裁判参照的物质基础,那么,裁判理由就是该生效判决之所以成为指导性案例并实际要供参照的价值缘由,它回答了在某种事实情境下法律解释与适用的具体含义以及法律调整的规范意图。拉伦茨指出"'判决先例'系指:就目下须重为判断之统一法律问题,法院针对另一事件已为决定之裁判。发生先例拘束力的不是有既判力的个案裁判,而是法院在判决理由中对某法律问题所提的答复,该问题于当下待判个案又以同一方式发生"②。在中国现有的指导性案例之内容构成中,能够比较明确地表现指导性案例规范性效力的要素就出现在裁判理由和裁判要点中,而裁判要点的提炼与概括也正是以裁判理由为基础和源泉。所以,指导性案例编撰是基于既有裁判文书进行的案例整理与陈述,对裁判理由需要尽可能地予以详尽和明晰地展示。

诚然,由于案例指导的实现对裁判理由中的重要裁判规则及其根据的依存度较高,因此指导性案例编撰对裁判理由的展示要以原判陈述为依归,不应该随意取舍。就具体方法来说,为较好地实现指导性案例的规范性价值,指导性案例的编撰在展示裁判理由方面需要格外地强调实质上的具体内容。指导性案例应当清晰地包含法官在根据有关法律采用和归纳证据,形成和定性案件事实,确定、解释和适用制定法

---

① [法]雅克·盖斯旦、吉勒·古博:《法国民法总论》,陈鹏、张丽娟等译,法律出版社2004年版,第426页。
② [德]卡尔·拉伦茨:《法学方法论》,陈爱娥译,商务印书馆2003年版,第301页。

规范,确证案件事实与法律规范的相互适应性,构建具体裁判规范,以及通过推论得出判决结论等方面上的实体要点。

就此而论,既然指导性案例不是对原裁判文书原封不动的转载,指导性案例中的裁判理由也不应只是对原生效判决中判决理由的简单截取和采编,那么,指导性案例编撰对裁判理由的展示实际上是一种对裁判根据及其推理要素所进行的有意识和有线索的目的性活动,它以阐明司法依据并使之规范化和系统化为目标。因此,在裁判理由展示的论述形式上,指导性案例的编撰对裁判理由的陈述应当因循原生效判决既有的论证形式和推理结构,在裁判理由展示的实体内容上,则要明确而又最大限度地囊括原判决对案件裁判结论予以证成所立基的事实因素、相关法律规范因素以及相应的法律解释等因素,尽可能地揭示法院在裁判中所提出的包括全部理由观点与证明说理等在内的主张。

3. 制作裁判要点

裁判要点应该说是指导性案例中最具创造性的内容,指导性案例生成司法裁判规则的功能主要就由裁判要点部分来承载。指导性案例之所以能够为后续类似案件提供可供参照的法律适用依据,就是因为其可以在规范层面上生成或创设某种具有一般性的司法规则,而这种抽象的司法规则可以获得法源或准法源的地位。从广义上理解,指导性案例裁判要点所确定和表达的裁判规则也可以包括具有指导意义的裁判理念或裁判方法,在实质内容上"既可以是阐释法律的适用规则,又可以是认定事实和采信证据的规则和方法"[①]。中国目前的案例指导制度之所以要把指导性案例的裁判要点制作成具有参照效力的抽象

[①] 胡云腾、吴光侠:《指导性案例的体例与编写》,载《人民法院报》2012年4月11日,第8版。

性裁判规范,是因为案例指导制度的设置目的和指导性案例的价值就在于要把某些案件情形中的司法准则问题加以明确化和清晰化,并以此实现统一法律适用的目标。

对此,指导性案例的裁判要点应以阐释相关法律的适用在观照该案例时所被凝练出的具体含义为主,它主要应该致力于体现出该案例所展现的事实与法律争点在有效法秩序下所应当获得的适宜答案的准则。相较于原审生效判决,指导性案例的裁判要点一般是从裁判理由中提炼、加工甚至被创制出来的,就此来说,虽然裁判要点是案例中所宣示的司法标准,是指导性案例被参照的重点或核心,但其并非判决自然地主动显现的结果,而是案例编撰者基于一定的主观目的通过编辑加工而形成的判例核心内容,是裁判者之外的编辑者对判决的再加工和重新概括而制作的,是对判例的再诠释、再创作,在形成机制上具有鲜明的构成性。[1]

就裁判要点的编撰方法而言,德国判例汇编样本中有关"引导语"的制作和编写技术可以提供一些相应的借鉴。德国判例的"引导语"由判例的汇编者撰写,通常置于判例的案件事实之前,起到抽象法律规则、指引后案审判、方便读者检索查阅的作用,其内容就是该判例所体现的主要法律意义,也就是对该案涉及的法律争议所作出的判断。[2] 引导语大体可分为三类,每一类引导语的编写方法有所差异:规范型引导语表述严谨,对于案件一般起规范性的作用,其在判例中主要是概括整个判例的内容,以后案件要参考该判例时,可以主要参考该判例"引导语"中的抽象规则;技术型引导语的表述相较于规范型引导语而言

---

[1] 参见刘风景:《裁判摘要的原理与制作》,载陈金钊、谢晖主编:《法律方法》(第八卷),山东人民出版社2009年版,第169页。

[2] 参见高尚:《德国判例的结构特征与制作技术研究——以〈新法学周刊〉为研究对象》,载陈金钊、谢晖主编:《法律方法》(第17卷),山东人民出版社2015年版,第202页。

更为具体,适用范围很明确,具有很强的操作性,例如对不确定的法律概念设置具体的裁判标准,其确立的规则是为了在裁判中辅助法官作出判断,起到细化法律规定、明确适用情况和统一裁判标准的作用;提示型引导语由于判例本身不适宜给出具体答案而回避作出结论,仅仅起到提示案件信息的作用,引导读者关注该案件的法律争议和法律意义。[①] 当然,至于我国指导性案例的编撰在制作裁判要点方面是否要以指导性案例释法类型的不同而作出区分,并进而选择不同的编撰技术以及运用相应合适的法律方法,都是完善案例指导制度所应当认真思考的重要问题。

第二节　指导性案例编撰对具体法律方法的运用

从宏观层面看,指导性案例的编撰需要处理的是两个方面的问题,即如何对原有生效判决文本进行编辑以及怎样进行专门的裁判指导要点创制,这正是目前中国指导性案例编撰所承担的主要任务。而从微观层面看,由于案例指导制度运行对指导性案例本身的内容构成有着合理和良好品质的期待,这就要求指导性案例的内容撰述应当恰当地运用法律逻辑、法律修辞、法律论证和法律解释等法律适用的具体方法。就此而言,指导性案例编撰对具体法律方法的运用是形成与法律

[①] 参见高尚:《德国判例的结构特征与制作技术研究——以〈新法学周刊〉为研究对象》,载陈金钊、谢晖主编:《法律方法》(第17卷),山东人民出版社2015年版,第204—205页。

适用相切合的指导性案例的必要选择,细致地讨论具体法律方法在指导性案例内容撰述中的运用是完善案例指导制度不可或缺的技术进路。从总体框架上讲,结合中国目前已公布的指导性案例实际情况,指导性案例的编撰需要借助和运用法律逻辑与法律修辞方法的耦合,基于法律论证的重述与论辩技术以及司法裁判中的法律解释具体方法等,在操作实践上助推指导性案例的内容撰述更加合理化。

一、法律逻辑与法律修辞方法的耦合

一般地讲,与案件裁判相联系的法律适用活动典型地体现了逻辑有效性的理性力量,这是法律逻辑的语言和方法能够作为基础发挥作用的场域。在法律系统发展过程中,逻辑总是起着决定作用,它涉及如何得出结论并进行证明的问题。法律逻辑是形式逻辑规则应用于裁判领域的体现,人们通常也习惯将逻辑的范围限定在裁判领域,即为了得出一个判处结论或宣判,将法律应用于具体案件。① 相应地,无论是对事实问题的整理还是对法律问题的阐释,指导性案例编撰在案例内容的叙事上必定需要遵循法律逻辑的普遍程式。从指导性案例的特性来看,指导性案例是法院裁判具体案件的产物,代表了在某类案件事实问题上法律适用的具体逻辑规整。

所以,指导性案例作为法律适用的具体展现,应该宣示作为案件的争议事件需要被划归为某一特定的法律规范构成要件,或者可能从消极性上宣告该案件事实不归属于相关的法律规范,从而对一项适用范围较广的法效果进行限缩。指导性案例编撰对法律逻辑方法的遵行和

---

① 参见[以]约瑟夫·霍尔维茨:《法律与逻辑:法律论证的批判性说明》,陈锐译,中国政法大学出版社2015年版,第10页。

运用,展现的是指导性案例作为法院适用法律的成例在法律推理方面的准则和裁判逻辑,它实际上也是指导性案例对今后裁判具有参照价值的方法论指示,后续司法者从中可以发掘指导性案例所包含的裁判方法。

与法律逻辑方法及其强调裁判推理形式规则的运用同步,指导性案例编撰运用法律修辞方法注重的是案例论述的内容和语境以及说理上资源与路径的多元性。在一定意义上讲,"法律的运用离不开法律修辞,法律修辞是一种运用修辞手段和修辞方法进行说服或劝服的行为,是法律人通过有意识有目的的思维建构,影响受众并达到法治目标的思维活动"[①]。法律适用过程充满着多种不确定性,不仅事实认定方面往往存在争议,法律规范的发现与确定也时常面临妥当性与否的困难,它们自身也缠绕着价值判断的非客观性问题,这都决定了法律修辞方法是司法裁判中必须运用的重要方法。可以说,修辞对判决书中的论证具有构成性意义[②],"叙事与修辞在任何案件中都发挥着重要作用,指导性案例也是如此"[③]。

指导性案例编撰在案例内容叙述问题上讲究逻辑与修辞方法的耦合或协同,是对案件法律适用过程复杂性的回应,是对裁判过程的诸多要素和司法决策等在通过逻辑方式予以解释之外进行说服和论辩的需要。例如,德国在对判例进行汇编的过程中,法官会根据当事人双方的陈述和诉请,对案件事实进行生活化的还原,帮助后案法官再现当时场景,从而增强判决的故事性和可读性,便于判例使用者在判例和当前案

---

① 焦宝乾等:《法律修辞学:理论与应用研究》,法律出版社2015年版,第18页。
② 参见蔡琳:《修辞论证的方法——以两份判决书为例》,载《政法论坛》2006年第5期,第93页。
③ 孙光宁:《指导性案例的文本论证策略》,载《湖北社会科学》2015年第11期,第166页。

件的比较中适用类比推理的方法。① 从中国目前指导性案例的内容构成上看，裁判理由和裁判要点部分的叙事与修辞方式很大程度上也决定了该指导性案例在司法实践中的可接受性。② 所以，对法律修辞方法的运用是指导性案例编撰不可缺少的手段，指导性案例若要充分以说理的方式展现对具体案件事实适用相关法律的逻辑和论证，就不仅要把逻辑有效性作为叙述判决内容有效的标准，也要适时通过法律修辞的手法引导和激发后续裁判者对指导性案例中某些内容的领悟与认同。

二、基于法律论证的重述与论辩技术

就原理上说，论证在法律中起着重要的作用，提出某一法律命题的人都要提供支持该命题的论述，任何提出法律主张并期望为他人接受的人，都必须提出充分的论述。③ 法律论证时常可被看作是对从一般规范到个别规范的法律推理过程的重构以及对作为这种推论前提要素的证明。指导性案例编撰对法律论证方法的依赖主要体现为对基于法律论证的重述与论辩技术的运用，这样可以增强指导性案例的实质说服力与可接受性。

在现实中，为了使指导性案例能够获得对今后类似案件裁判参照的实效，指导性案例编撰在案例的实体内容上借助法律论证方法进行

---

① 参见高尚：《德国判例的结构特征与制作技术研究——以〈新法学周刊〉为研究对象》，载陈金钊、谢晖主编：《法律方法》（第17卷），山东人民出版社2015年版，第207页。
② 参见孙光宁：《指导性案例的文本论证策略》，载《湖北社会科学》2015年第11期，第161页。
③ 参见［荷］伊芙琳·T. 菲特丽丝：《法律论证原理——司法裁决之证立理论概览》，张其山、焦宝乾等译，商务印书馆2005年版，第3页。

细致而严密的微观论述确实是必不可少的。毕竟,"至于判例中的法解释、规范具体化或法的续造,其是否适切,则应由面对——重新发生的——同一法律问题的法官,依认真形成的确信来决断"①。所以,要使特定对象获得认可和接受,借助一定的实质理由(如权威的力量)进行证明是一种相当重要的论证策略,对于指导性案例来说也是如此,若将众多权威资源引入指导性案例的实体内容,将有助于提升其在司法实践中的可接受性。② 运用基于法律论证的重述和论辩技术,指导性案例编撰可以构建原审裁判推理中省略或缺少的证明性根据,包括援引多种实体上的正当理由、权威依据以及非正式权威资源等,论述与证成据以裁判的理由观点和有关制定法的某些解释结论。

从案例指导制度的实际运作上看,指导性案例大多是十分稀少的经典案例,一个生效判决能够被遴选为指导性案例,并像规范性文件一样具有可供后续案件裁判参照的价值,根本原因还是在于原审判决对案件纠纷的裁决、适用法律的选择以及裁判说理的论述等具有值得肯定和推广的效益,它"是认定事实证据的模范,是正确适用法律的模范,是展示法官正确行使自由裁量权的模范"③。指导性案例应当提供法官对相应问题的法律解决方法的判决理由,并且通过法律论证对该判决理由进行充分、清晰的论证。④

指导性案例的编撰对原审判决文本进行了多重剪辑,除了注重提取或制作出具有指导意义的裁判要点之外,运用法律论证的方法对法

---

① [德]卡尔·拉伦茨:《法学方法论》,陈爱娥译,商务印书馆2003年版,第301页。
② 参见孙光宁:《指导性案例的文本论证策略》,载《湖北社会科学》2015年第11期,第162页。
③ 胡云腾:《一个大法官与案例的38年情缘》,载《民主与法制》2017年第20期,第16页。
④ 参见张骐:《试论指导性案例的"指导性"》,载《法制与社会发展》2007年第6期,第46页。

官链接裁判结论与制定法条文的各种要素进行说理性的理由重述和论辩,特别是为法官提供其通过行使自由裁量权认定和确立的裁判根据的证立,无疑能够真正增强案例指导的实际效果。不仅如此,就指导性案例的性质定位和效力来说,指导性案例编撰运用基于法律论证的重述与论辩技术对裁判的理由和根据进行展现,对统一法律适用和"同案同判"的实现具有重要的过程性引导作用,因为这个论证技术本身也当具可被"参照"的蕴意,案例指导制度对"同案同判"的追求当然也意味着同样的案件在被施行同样的对待和处置时,一定制度框架内的理由论辩与说理支持也同样应该得到维护。

三、司法裁判中的法律解释具体方法

法律解释方法,是指法律解释的思路、方式和程序,它明确了按照什么样的方式理解和阐释法律。[①] 从特定的时期和地域看,法律解释方法是以基本共识为基础的相对确定的解释法律的方法;从当今法律方法论和司法实践来看,法律解释业已发展出一系列的具体方法,包括文义解释、体系解释、目的解释、历史解释、当然解释、反面解释、扩充或限缩解释、比较法解释、社会学解释和合宪性解释等,[②]它们以文义解释为起点和首要方法,形成了以各自不同操作规则为支撑的法律解释方法体系。法律解释本身是法律适用的组成部分,法律解释具体方法在司法活动中的运用是不可避免的,它们以其各自的适用范围和特殊性帮助裁判者得出妥当的法律解释结论。

---

① 参见王利明:《法律解释学导论:以民法为视角》,法律出版社 2009 年版,第 120 页。
② 参见张志铭:《法律解释学》,中国人民大学出版社 2005 年版,第 69—70 页。

指导性案例在一定意义上可被理解为最高人民法院通过案例解释相关制定法的形式,尤其是指导性案例的裁判要点实际上就是对法律问题的阐释或明确化。指导性案例是有权解释法律的案例,"最高人民法院发布指导性案例,就是用案例来推进法律统一、公正、高效地实施,用案例来解释法律的条文和精神"①。指导性案例比其他形式的司法解释所具有的优势就在于:它是在具体个案裁判的场景即案例中解释相关的制定法问题。据此而论,为了更充分体现指导性案例作为司法而区别于立法或造法的性质,指导性案例的编撰应该注重对法律解释具体方法的运用,特别是在裁判要点的撰述方面更需发挥法律解释方法的作用。

所以,指导性案例编撰活动注重对法律解释具体方法的运用,可以使案例制作者借助不同的法律解释方法来准确建构关于法律问题的阐述,为案例内容的撰述提供完善的具体路径。同时,并非不重要的是,指导性案例编撰运用具体解释方法对法律问题进行阐明和表达,本身就提供了一种有关法律解释方法的运用指示,为后续同类案件的裁判进行法律解释作出了具有指导作用的示范。就此也可以认为,"案例指导制度"和"指导性案例"的建立,实质上是最高司法者对何种疑难情况下需要权威的解释、解释的方法如何运用等进行演示,以及对法律用语解释的边界进行设定;而下级法院遵循"指导性案例",也是学习最高司法者倡导的裁判方法,遵循宪法赋予最高司法者的有权解释,即遵循最高司法者对法律应用问题基于典型案例解释以后所产生的明晰边界。②

---

① 胡云腾:《一个大法官与案例的 38 年情缘》,载《民主与法制》2017 年第 20 期,第 16 页。

② 参见陈灿平:《从司法方法性管理视角发展案例指导制度》,载《人民法院报》2006 年 11 月 9 日,第 5 版。

当然，从目前已发布的指导性案例实际情况看，指导性案例编撰对法律解释具体方法的运用整体上表现为简约主义的风格。这主要在于，虽然多种法律解释方法都能够在指导性案例中有所表现，但是案例裁判要点的撰述基本上多运用文义解释的方法，而对其他的法律解释具体方法的运用并不发达。因此，除了文义解释方法之外，指导性案例的编撰应当重视对法律解释多元方法的运用，即针对文义解释方法在指导性案例中运用比重过大的状况，指导性案例编撰者一方面要继续维护文义解释的优先地位，另一方面更要挖掘法律解释的其他具体方法在指导性案例中的适用方式。① 基于这样的认识来看待今后的指导性案例编撰，如果要使案例指导制度能够不断发挥为司法裁判提供解释和适用法律的示范性案例，并以此统一法律适用的功能，就需要编辑发布更多直接运用不同的法律解释具体方法的指导性案例。关于法律解释及其具体方法在指导性案例编撰中的运用问题，本书将在下一章进行专门而详细的研究。

---

① 参见孙光宁：《指导性案例的技术性缺陷及其改进》，载《法治研究》2014年第7期，第130页。

第四章
法律解释方法在指导性案例编撰中的运用

　　法院系统的指导性案例来自各级法院的生效裁判事例,无论是从形式还是从内容上看,它们都体现了完整的裁判文书的结构,已然包含着裁判文书中释法说理的全部要素。对此来说,合理得当地运用法律解释方法无疑是指导性案例编撰活动中不可或缺的技术支撑。法律解释方法是案例指导发挥实际效果的重要依托,其不仅为制定法规范的意义阐明储备了可供选择的具体路径,而且为确立法律条款与特定案件之间的对接关系提供了可取的手段,是构建指导性案例裁判理由及裁判要点的基本工具。所以,关注指导性案例编撰对法律解释方法的运用问题具有显而易见的理论和实践价值。它一方面有助于深化认识指导性案例制作和案例指导运行的有关法理,另一方面能够从法律方法层面促进案例指导制度的完善,有利于优化指导性案例的选编以及指导性案例的参照适用。基于这些看法,本章首先对法律解释方法与指导性案例编撰的关系予以解析,然后从运用层次和范围角度阐明法律解释方法在指导性案例编撰中的运用构造,接下来立足相关原理分别讨论指导性案例编撰对法律解释具体方法的不同运用情况,最后就指导性案例运用法律解释方法的愿景,提出可以在实践中改进或提升有关事宜的建议性措施。

第一节　法律解释方法与指导性案例的编撰

从法律实施的角度看,法律解释是法律适用的前提。[①]在司法裁判过程中,法官正是通过对法律解释及其方法的运用才完成在具体案件中适用相关法律规范的任务,可以说,法律解释方法是法律适用活动的必备要素。作为司法案例使用模式的一种创新,案例指导制度把既定生效的法院判决实例选编为指导性案例,在本质上是对"以案释法"所进行的体制化设置。由于指导性案例展现的是司法针对特定个案的有关制定法规范的解释和适用情况,因而法律解释方法的运用就与指导性案例的内容编撰具有天然的亲缘性。

一、司法裁判中的法律解释方法及其功能

从广义上讲,法律解释是法律活动者对法律规范意思的理解和说明,特别是在成文法制度下,法律规范大多是以语言表述的制定法条款的形式存在,对法律条款的解释成为人们理解和实施法律的基础。总体而言,法律解释活动广泛出现在法律运行的多种场合,不同场合的法律解释也具有各自特别的目的和属性。例如在立法领域,法律解释通常表现为立法者对其制定的某些法律规定的意思进行进一步地阐明或澄清,是立法者自身出于一定需要对法律条款应有含义的细化与拓展。

---

① 参见张志铭:《法律解释学》,中国人民大学出版社2015年版,第2页。

在法律实施领域,法律解释是为了把具有一般性的抽象法律规定贯彻落实到具体案件的处理之中,它是与法律的执行或适用场景相联系的活动。其中,就性质来说,司法裁判中的法律解释是法律实施领域进行法律解释的典型情境,它是法官面向个案事实行使司法权以裁断案件纠纷的作业,旨在探求法律规范的实际含义并使之与具体案件事实相衔接,以便正确适用法律和得出判决结论。

具体言之,对于法官在司法裁判中需要进行法律解释的原因,一般认为,主要源自法律自身的局限性与社会生活的复杂性之间的固有矛盾。自概念法学所设计的"自动售货机"式的法律适用理想破灭以来,[①]人们越来越承认法律条款并非具有圆满性和确定性,法律的抽象性与概括性不可能对复杂多变的社会生活给予周密而详尽的规定,语言本身的缺陷或开放性也使得以语言为载体的法律总是不能得到严格且准确的表达。当法律文本所特有的概念、术语和行文遭遇千姿百态的社会现实情景时,法律时常要面临疏漏不周、充斥歧义和模糊,甚至滞后于社会发展的可能境况。法律解释的意义就在于能够缓解或平息这些矛盾,并通过解释的过程使法律对社会生活的调整成为现实。所以,在法律适用时,制定法自身的抽象性和一般性特点决定了其只有在经过解释之后,才能与具体的案件相互联结,完成法律对事实的适用。[②]

因此,法律解释发生的根本缘由就是法律的抽象性与社会生活的复杂性总是存在着不对称,由此而论,就司法裁判而言,法律解释的任

[①] 概念法学盛行于西方 19 世纪的法典编纂主义时代,其过分强调法律本身的逻辑自足性,认为法律条文完全可以与具体案件形成完美的对应关系,法官的工作就是基于概念关系将它们连接在一起并作出判决。概念法学显然不承认法律解释的重要性。相关介绍参见徐爱国、李桂林:《西方法律思想史》(第三版),北京大学出版社 2014 年版,第 239 页。

[②] 参见王利明:《法律解释学》(第二版),中国人民大学出版社 2016 年版,第 22 页。

务也就是解决"法律的一般性"与"案件的个别性"之间的落差问题,并且从法律解释的发生和展开过程来看,法律解释是一种关联特定具体案件所作的解释,因为与其说法律解释是法律条文不清楚引起的,倒不如说是案件裁判者在不能直接地将法律条文适用于个案时才存在的。① "对于适用者而言,恰恰就是在讨论该规范对此类案件事实得否适用时,规范文字变得有疑义。"②也正如此,法律解释不是无的放矢地进行,与法律适用有关的法律解释工作就是要确定一个法律规定对某个特定的案件事实是否有意义,"是故,一个法律规定应相对于一个待裁判或处理的事实加以阐释,并予具体化"③。依此,法律解释就是法官从事案件裁判所必须依赖的法律方法,它与法律规范的恰当适用密切相关,是形成司法演绎推理所依据的"大前提"的重要途径。

在一般意义上,人们总是透过解释才能把握有关的语言表达对象,而"解释"是一种媒介行为,是"在诸多说明可能性中,基于各种考量,认为其中之一于此恰恰是'适当的',因此决定选择此种"④。与一般意义上的解释不同,司法裁判中的法律解释是作为法律人的法官运用特有的专业性思维与方法阐明和适用法律规范的活动。法律解释又包含了其自身独特的一系列方法,司法者进行法律解释的过程实际上要表现为对法律解释具体方法的因循和使用。法律解释具体方法是开展法律解释的思路、技术和方式,是对法律解释操作规律及所应遵循的思维规则的凝结,是法律人从事法律解释要遵从的可行路径或程序。在问题意识方面,法律解释活动致力于解决如何向人们阐明法律具体含义

---

① 参见陈林林:《法律方法比较研究:以法律解释为基点的考察》,浙江大学出版社2014年版,第5—6页。
② [德]卡尔·拉伦茨:《法学方法论》,陈爱娥译,商务印书馆2003年版,第193页。
③ 黄茂荣:《法学方法与现代民法》(第五版),法律出版社2007年版,第302—303页。
④ [德]卡尔·拉伦茨:《法学方法论》,陈爱娥译,商务印书馆2003年版,第85页。

的问题,当面对一个法律文本考虑如何就其含义提出某种解释主张或论点时,解释者也就面临着寻找和选择解释的恰当路径的问题。① 所以,法律解释具体方法扮演着为相关法律条文的妥当解释提供实际的有效通道和操作技艺的角色,它们对法律规范的正确适用发挥着十分重要的保障作用。

有关法律解释具体方法的种类一直众说纷纭,尽管如此,人们对于常态的法律解释方法的类型或范围具有大体一致的认识。所谓常态的法律解释方法也即狭义的法律解释方法,是指在已有法律规定的情况下,为了把既定法律适用于待判案件而对法律进行解释的方法,其区别于对法律漏洞或冲突进行填补或权衡时所使用的那些具有创造性的方法。狭义的法律解释方法以探明既存法律条文的可能含义为适用界限,一般又可被划分为文义解释方法、论理解释方法和社会学解释方法。② 其中,文义解释是根据法律条文所使用的文词的字面意思对法律进行解释的方法;论理解释是借助文理之外的依据对法律进行解释的方法的统称,主要包括目的解释、体系解释、历史解释、当然解释、反面解释、合宪性解释等具体方法;社会学解释则是一种偏重从法律的社会效果考察角度确定法律条文含义的解释方法。从狭义法律解释方法的具体运用及结果来说,这些解释方法都不能脱离法律的可能文义范围,都必须以文义解释方法为基础展开并能够接受文义解释的检验。"法律解释,应以文义解释为先,有复数解释之可能性时,始继以论理解释或社会学的解释,就法文文义上可能之意义,加以限定之操作。"③此即各种类别的法律解释具体方法在法律适用中得以妥当运用的基本

---

① 参见张志铭:《法律解释学》,中国人民大学出版社2015年版,第181页。
② 参见王利明:《法律解释学》(第二版),中国人民大学出版社2016年版,第62—63页。
③ 杨仁寿:《法学方法论》(第二版),中国政法大学出版社2013年版,第142页。

法理或要求。

　　以上论述表明,法律解释具体方法不仅是法律解释的操作技术或路径,而且是法官弥合法律规定与个案事实之间关系所理应依循的重要准则。法律解释的结论既要通过法律解释具体方法的使用而获得,其论点及理由也要借由法律解释方法的证明而得到展示。这些决定了法律解释方法在法律适用中承载着多重意义的功能。

　　首先,法律解释方法具有专门的技术或路线功能。要实现一定的目标,就要选择能够通往目标的可取方法,在这个意义上,法律解释方法就是阐明法律意旨和准确适用法律的具体技巧或路线,为法律解释结论的得出准备了可以沿袭或仿照的路径。

　　其次,法律解释方法具有自为的规范功能。法律解释的每一种具体方法都有其相应的运作步骤和实施规则,它们构成了法律解释的准则和约束性条件。[①] 这意味着每种法律解释方法的运用都必须有序而行,从而对法律解释活动乃至整个司法裁判过程都起到规训作用。

　　再次,法律解释方法具有定向的表现功能。每一类型的法律解释结论都是某种法律解释具体方法运用的结果,以至于各种解释方法成为与其相对应的解释结论(论点或主张)的定向形态。在此层面上,法律解释具体方法就不单是获取法律解释结论的手段,同时还是法律解释所可能采取的特定论点形态,它们表现和宣示着不同样式的法律解释主张。

　　最后,法律解释方法具有特别的证成功能。方法本身就是支持某种结论的理由,法律解释方法也是支持法律解释主张或结论的理由,从论证的角度看,各种解释方法就是法律实践论辩的特别形式,能够证立

[①] See Owen M. Fiss, "Objectivity and Interpretation", *Stanford Law Review*, Vol. 34, 1981-1982, pp. 744-745.

相应的解释论点的正当性。也就是说,"解释方法给我们提供的是各种不同的解释形式或方式,以使解释者能够在这些逻辑有效的形式中重构他所持有的某种观点,如果观点能够被重构,它就是合逻辑的、正当的"①。

诚然,法律解释方法的多重功能是相互隐含并关联在一起发挥效用的,例如,如果我们提出某种形态的法律解释论点(如文义论点),那么也就蕴含着要选择相应的解释路线(文义解释的解释路径),遵循有关的解释规准(文义解释的规则),并寻求与之符合的解释理由(基于文义的实质论据和论证形式)。② 显而易见,法律解释方法的这些功能揭示了它们在法律适用中所具有的基本意义或价值,也昭示着司法裁判对法律解释方法的运用必然是一种充满智识和多样选择性的实践活动。

二、指导性案例编撰对法律解释方法的运用

从运作机理上看,我国的案例指导制度与英美法系下的判例制度拥有一些共同的做法。虽然指导性案例并非我国法律的正式渊源,但是注重借鉴个案的司法经验,以既定的判决文本为载体,强调司法裁判的连续性和一致性,从而以之实现法律统一适用的目标,是案例指导制度能够分享判例制度的基本特征。在这个方面,指导性案例其实具有一般意义上的判例价值,其定然不是"法官造法",却偏重对案情的法

---

① 侯学勇:《法律解释方法的证立功能与司法能动主义》,载《华东政法大学学报》2010年第1期,第117页。
② 类似的相关研究可参见张志铭:《法律解释学》,中国人民大学出版社2015年版,第181页。

律评判,是"法院根据案情和证据对某一具体案件所作的判决或裁定,这一判决或裁定为以后审理类似案件确立可资参考、借鉴甚至遵循的某项法律原则"①。在判例中,有关法官解释和适用法律的记载是对诉诸法院的具体案件争议之处理情况的详细说明,尤其是其中对案件事实的法律认定和相关法律规范的阐释,构成了司法解决该案件事实问题与法律问题的裁判规范。正是由于这些方面的针对性和具体性,它们可以成为以后类似案件司法的标准或样板。

案例指导制度把符合一定条件的、具有典型代表性的既定判决选编为指导性案例,也是发挥了其能够作为判例的价值和作用。② 但在我国法律体系及司法制度背景下,指导性案例并非自动形成和发挥作用的,它们既是法院适用成文法规范的产物,也是最高法院依其职权按照一定程序选拔并编撰的结果,其对今后类似案件能够产生指导作用的效力源泉也在于最高法院的相关司法职权。从性质上看,最高法院把全国各级法院的少数生效判决编撰成指导性案例,其直接目的就是要借助这些判决的示范性和典型性,达到规范和统一各级法院对相关制定法的适用。在这里,指导性案例不仅是最高法院进行司法审判管理的一种手段,而且在内容上必然是通过案例阐明和解释有关法律的具体含义及其适用准据。

所以,指导性案例最基本的价值功能是解释与适用法律,是制定法规范在具体个案场景中的具体化,或者说是制定法延伸意义上的"法律续造"。③ 而指导性案例的编撰就主要体现为司法主体借助实际案

---

① 于同志:《案例指导研究:理论与应用》,法律出版社 2018 年版,第 36 页。
② See Mark Jia, "Chinese Common Law? Guiding Cases and Judicial Reform", *Harvard Law Review*, Vol. 129, No. 8, 2016, pp. 2233-2234.
③ 参见张志铭:《司法判例制度构建的法理基础》,载《清华法学》2013 年第 6 期,第 104 页。

例解释法律的活动,它不但要以既定判决对有关法律规范的解释情况为基础,还要有意识地凸显最高法院对相应制定法规范含义的理解和确认,使其具有司法解释的属性、作用和表现形态。由此不难看出,指导性案例是最高法院从事司法解释的一种新的形式或甚为必要的方式,尤其是指导性案例编撰对生效判决"裁判要点"的专门提炼和表述,使指导性案例"以案释法"的特性更加了然于目。其中,法律解释方法的运用必然成为指导性案例内容制作的主要路径依赖,而各种具体解释方法的特定指向及功能也使它们必然可以作为服务于一定解释结论的最为重要的手段。①

应该看到的是,案例指导制度要致力于"以案释法",法律解释方法就是指导性案例编撰活动中所必须运用的关键技术要素。也可以说,在指导性案例编撰中强化并恰当运用法律解释方法是避免指导性案例沦为既往抽象司法解释的必要办法,也是增强指导性案例的"参照"适用效果的最佳选择。指导性案例的选拔和编撰在一定层面上体现了我国司法为克服和缓解制定法固有局限性而发展法律解释的做法,因为无论是立法机关创制的法律条文及其立法解释,还是最高法院既往的抽象司法解释形式,都不能直接结合特定的案件事实来阐释相关法律规定的具体含义,而案例指导制度以指导性案例为载体在很大程度上正是要把个案生效判决中能够具体化法律含义的内容宣示出来,并以案例为语境来阐发制定法的意思与适用尺度。在此方面,法律解释及其具体方法无疑是指导性案例编撰方法中的核心因素。

不仅如此,从我国学界对指导性案例适用问题的论述来看,基本上

---

① 甚至可以说,为了获得和彰显一定的法律解释结论,就得有意选择某种法律解释方法的运用。对此,法律解释学上有"解释结论在决定解释方法的选择与适用"的主张。相关讨论可参见魏东:《刑法解释学的功能主义范式与学科定位》,载《现代法学》2021年第5期,第8—9页。

也是围绕着法律解释的需求展开的,即指导性案例的"参照"适用主要发生在需要对制定法规范施以法律解释的情形或场合,如法律规定歧义或不明确、法律存在空缺、法律明显滞后或产生矛盾、出现新型或复杂案件以及应当根据法律原则裁判等等。[1] 由于指导性案例提供了解释法律规范的先例,此时法官就应当参照适用已经存在的指导性案例。从这个角度或层面来讲,"与其说何种情形下需要指导性案例,不如进一步说何种情形下需要法律解释"[2]。因此,法律解释及其方法的运用可以较好地解决法律适用困难情形中制定法含义如何被具体化理解的问题,能够为处理法律规范与案件事实之间的对接问题设定可据以参考的方案,指导性案例编撰在相关内容的制作方面就需要以法律解释方法为其主要的技术贯穿。

第二节　法律解释方法在指导性案例编撰中的运用构造

　　从主体活动的目的及其正当性的角度来看,指导性案例编撰运用法律解释方法是一种有目的且致力于实现目标正当性的实践。对案例指导制度来说,在指导性案例编撰中运用法律解释方法是达到解释法律目的并落实统一法律适用目标的可行路径。就此而言,作为保障案例指导制度有效运行的重要因素,在指导性案例编撰中运用法律解释

---

[1]　参见孙海波:《疑难案件与司法推理》,北京大学出版社2020年版,第257—258页。

[2]　于同志:《案例指导研究:理论与应用》,法律出版社2018年版,第207页。

方法应该以符合案例指导目的和正当性目标的方式施行,并据此形成相应合理的构造。

一、法律解释方法在指导性案例编撰中的运用层次

在通常的司法裁判中,要把一般的法律规范适用到特定的案件事实并得出相应的判决结论,法官要做的核心工作就是处理法律文本和案件事实的相互适应关系问题。对于法官完成此任务的过程,经典的法律方法论已把其描述为一种"在规范与事实之间来回往返"的图景,即法官要把规范与事实相互观照,在法律规范与案件事实之间来回审视,这样做就是为了确立二者之间的对应程度,使它们能够相互靠拢并建立起具有同一性的意义关系。从判决结论的形成角度看,法律适用需要以法律解释为基本的中介,其中的要义也正是要借助法律解释来建构案件事实与相关法律规范之间的互相指示和同一关系,最终使案件事实能够归属于相关法律规范的构成要件之中。具体地说,法律解释过程也定然是一种将事实与规范进行等置的活动:既要将事实一般化又要将规范具体化,既要把个案事实向规范提升,看其是否存在规范中行为构成规定的要素,又要把规范向个案事实下延,看其是否能满足个案的要求。[①]

上述法律适用的图景向人们展示了司法裁判中的法律解释实际上总要在规范和事实的两个层次上展开,即法律解释活动既要解释法律规范的文本,又要解释特定案件的事实。它们虽然在裁判实践中密不

[①] 参见郑永流:《法律判断形成的模式》,载《法学研究》2004年第1期,第147页。

可分、互相交织和补充,却鲜明地构成了法律解释的两种基本路径,形成法律解释方法运用的两个层次。案件与规范处在范畴的不同层面,它们本来就不是一回事,因而事实行为与规范必须通过积极的创立行为被等置,这种等置包含了解释(也是建构),而且只有在以下前提下方为可能,即案件与规范在法律意旨这个具体点上是相似的。[①] 由此可见,法律解释作为法官裁判工作中的方法正是立足于规范和事实的两个层面来寻求或建构法律规范的真实意义。一般来说,法律解释的直接对象是以书面语言形式表述的法律条文,但在具体个案的法律适用场合,从对法律文本的阐释出发去说明案件事实,抑或从对案件事实的理解出发去连接法律文本,俨然都成为法官阐明法律规范实际含义的途径或方法。

因此,法官对法律规范意思的理解和说明可以从文本或案件两种角度去选择相应的法律解释路径,这恰是法律解释在个案裁判过程中具体运用的两个层次。法律解释方法在法律适用中的运用,无非要把待处理的案件事实和适用的法律规范放在一个相互适应的正确关系中。其中,法律规范和案件事实之间并非平行地获得认识,毋宁是处于相互决定、相互阐释的互动之中:解释者既需要从规范设定的标准角度展开陈述以评价案件的事实,也需要从事实指示的定性角度展开叙述以理解法律的规范。于此,基于法律文本展开的解释和基于案件事实展开的解释就是法律解释的两个不同层次或进路,共同致力于把法律规范与案件事实融为一体的个案裁判规则的形成。在这个意义上说,这种裁判规则就业已内含了对一定案件争议问题的法律解决方案,[②]

---

① 参见[德]阿图尔·考夫曼、温弗里德·哈斯默尔主编:《当代法哲学和法律理论导论》,郑永流译,法律出版社2002年版,第184页。
② 参见张骐:《论裁判规则的规范性》,载《比较法研究》2020年第4期,第145页。

它承载着有关法律规范的具体含义和有关案件事实的司法评价与定性。

在司法实践中,法律解释在两种层次的运用为不同类型的疑难案件的解决提供了有针对性的方法,它们可被视为从各自侧重点化解特性相异的两类裁判困境(或称"法律问题"与"事实问题")的有效手段。麦考密克曾把法律有规定情形下可能出现的司法疑难分为"解释问题"和"分类问题"。其中,前者存在于一项规则的含义变得模棱两可且需要予以消除的案件中,而法官消除这种模糊性的过程实际上是一种在两个相互冲突的规则解释观点中进行选择的活动,其关涉如何理解拟适用的法律条款的含义的问题,只有通过基于法律文本展开的解释确定一个意思之后,才能通过演绎性证明的方式得出相应的判决结果;[1]后者存在于需要认定一个已确定发生的事实是否将构成适用规则所需要的"有效事实"的案件中,此时人们对要适用的法律规则应当作何解释没有争论,法官需要判定的争议在于已确定的事实可否被视为法律规则事实构成中指涉的情形以能够适用该规则。[2]"分类问题"关涉待判案件的事实如何在法律上获得理解并定性的问题,基于案件事实展开的解释就是选取、区分和评价案件事实的方式,其能够对案件事实的不同方面在法律规则构成上的归属情况作出判断。所以,当法律适用出现了"解释问题"或"分类问题"时,法律解释可以分别从文本阐释或事实定性两个层次上进行操作,或将它们同时并用。

作为法律适用的典型案例,指导性案例理应记载了生效裁判关于法律解释的基本观点及路径,法官运用法律解释方法达成裁判规则的

---

[1] 参见[英]尼尔·麦考密克:《法律推理与法律理论》,姜峰译,法律出版社2018年版,第80—81页。

[2] 参见[英]尼尔·麦考密克:《法律推理与法律理论》,姜峰译,法律出版社2018年版,第112—113页。

程式更是能够彰显指导性案例"以案释法"的重要价值,指导性案例之"指导性"的要义和目的也有必要通过其中的法律解释具体步骤得以呈现。由此而言,指导性案例的编撰应当有意凸显既定判决在法律解释方面对如上两种解释进路的选择和运用,特别是在案例编撰需要对生效裁判的理由叙事进行必要剪辑和撰述的情况下,从有关法律文本的解释或有关案件事实的解释两种层次上对制定法规范进行阐明,是指导性案例编撰运用法律解释方法值得依赖的重要格式。不仅如此,作为对既定判决之裁判理由的提炼和总结,指导性案例裁判要点的表达在实质上就是对相关法律条款解释结论的确认和陈述,而就其表述的脉络而言,基于法律文本或案件事实展开的解释诚然也就是形成这种法律解释结论的两个层面,它们亦即指导性案例裁判要点的构成或制作方式。①

例如在指导案例 40 号中,生效裁判对《工伤保险条例》第十四条规定的解释正是从法律文本的层面出发,通过把其中的"工作场所"解释为"与职工工作职责相关的场所",并把"在有多个工作场所的情形下,职工来往于多个工作场所之间的合理区域"也包括在内,从而把原告从公司办公室去停车处要途经的一楼门口台阶处认定为来往于两个工作场所之间的合理区域,也属于其工作场所。② 在指导案例 11 号中,生效裁判正是立基于对案件事实的理解层面,通过指出"土地使用权具有财产性利益,无论是国有土地,还是集体土地,都属于《刑法》第三百八十二条第一款规定中的'公共财物'",从而把案件中被告人获取的土地使用权解释为《刑法》规定的贪污的对象。③ 当然,在指导性案

---

① 对此方面的专门研究,请参见第五章的具体论述。
② 参见指导案例 40 号"孙立兴诉天津新技术产业园区劳动人事局工伤认定案"。
③ 参见指导案例 11 号"杨延虎等贪污案"。

例的编撰过程中,对借由既定判决来表达的有关法律规范的解释有其相对客观的论证逻辑,至于需要选用哪种层次的法律解释方法也并非一种随意的编排,这就需要以恰当处理相关法律规范与特定案件事实的对接关系为圭臬,以确立法律规范与案件事实的相互适应性为依归,构建出可适用于具体案件处理的裁判规则。这无疑也应当是指导性案例要着重表达的、具有裁判指导意义的关键内容。

二、法律解释方法在指导性案例编撰中的运用范围

根据以上论述,从认识论的角度看,法律适用意义上的法律解释其实具有两种基本的层次或形式:一是对法律规定的自身意义的阐释,主要是对法律中的模糊语词、出现歧义甚至相互矛盾的内容等进行解释;二是在理解和解释清楚文本含义的基础上,赋予案件事实以法律意义。[①] 这实际上也是进行法律解释的两种思维过程,虽然这两种思维方式在司法实践中是紧密关联和相互重合的,但是,对于指导性案例(及其编撰)而言,它们在显现指导性案例的示范内容以及指导意义方面具有针对性的运用价值。司法裁判以权威性地处理案件纠纷而进行法律适用,这是一种类型化的、可反复实施的认知和实践工作,编撰和制作指导性案例的初衷就是以法院作出的裁判实例为载体,记录甚至在一定程度上凝固对同类案件裁判具有参照作用的法律适用方案。对相关法律条款的解释方式和结论是指导性案例中法律适用方案的核心

---

① 参见陈金钊:《案例指导制度下的法律解释及其意义》,载《苏州大学学报》(哲学社会科学版)2011年第4期,第58页。

要素,是后续案件裁判可仿照的处理同类情形纠纷的主要裁判理由,故此,指导性案例的编撰一般会对生效裁判中法律解释论点的形成逻辑进行运用和展示。

法律解释方法既通过对文本的阐释来观照事实,又借助对事实的理解来明确规范,由此也框定了指导性案例编撰活动对法律解释方法的运用范围。按照目前指导性案例制作的一般体例,法律解释方法在指导性案例编撰中的运用集中落实和体现在裁判理由的编辑与裁判要点的撰述之中。就需要释明的案例指导之关键问题来说,在指导性案例的内容编撰中运用法律解释方法就是要形成指导性案例中"以案释法"的具体内容,其从微观上又表现为法律事实的判定、正当理由的开示和裁判要点的表达。

1. 法律事实的判定

相对于在当事人之间发生的原初纠纷事实,已被法院管辖和立案的案件事实必须经过司法程序的查明和认定才能对其进行法律适用,而最终作为裁判根据的案件事实定然是一种经过了法律评价和定性的案件事实。在裁判过程中,法官依靠证据并按照证据法的规则查明和确定案件事实的真实性,对已认定的案件事实更要进行实体法律上的评判、归属和定性,形成与要适用的法律规范的构成要件相符合的案件事实,即可供相关法律规范调整的案件事实。从法律适用的逻辑上看,这是一个把生活事实转换为证据事实又转换为法律规定的要件事实的过程,也就是法律事实的判定过程。

一般来说,司法裁判首先需要对案件事实的法律归属问题进行关联性论证,以确定待判案件的事实情况符合相关法律规范的事实构成要件。这个过程是案件事实可被施以相应的法律效果的必经之路,具体表现为法官把已知的案件事实进行法律上的重要性考量,是法官对案件事实的不同方面在法律构成上的重要程度作出判断的活动,是法律适用中不可跳过的关键环节。作为裁判说理的重要内容,"它主要是为了打通事实与法律之间的屏障,解决案件事实能否归属于法律规则构成要件之下的说理难题"①。这实际上就是裁判者从事"事实解释"的过程,是把案件事实与法律规范事实构成要件进行调适和对接的理性思考,其目的是要确认案件事实的法律事实属性,证立待判案件的事实与法律规范的事实构成要件之间存在可关联性。之所以把这个环节称作法律事实的判定过程,是因为它把经过证据证明的案件事实转换为了法律中规定的法律事实,从而具备了法律事实的意义,并可被赋予相应的法律效果。② 从立法的角度看,法律事实是立法者通过法律规范设定的、能够引起法律关系变化的客观情况,而对法律适用而言,只有确认了待判案件的事实具备法律事实的属性,才能足以按照法律规范的设定适用相应的法律效果。

所以,经司法查明的案件事实都是实存的具体事实,在裁判活动中通过法律解释对事实进行法律上的评判与归属就成为法律适用的前提。"所有经法律判断的案件事实都有类似的结构,都不仅是单纯事实的陈述,毋宁是考量法律上的重要性,对事实所作的某些选择、解释及联结的结果。"③据此也可以看出,从某种意义上说,在司法裁判的法律解释场合,有关事实的解释或正是法律适用的逻辑起点,是裁判理由形成和构建的重要方面,借由法律解释所进行的有关法律事实的判定

---

① 黄泽敏:《案件事实的归属论证》,载《法学研究》2017年第5期,第74页。
② 由于法律规范的通常结构是"构成要件→法律效果","从构成要件引致法律效果的构造上看,构成要件与法律事实的功用完全相当,故构成要件就是规范层面的法律事实"。参见常鹏翱:《法律事实的意义辨析》,载《法学研究》2013年第5期,第9页。
③ [德]卡尔·拉伦茨:《法学方法论》,陈爱娥译,商务印书馆2003年版,第161页。

是裁判理由的构成性要素。也可以说,法律事实的判定也是法律解释的目标和任务,它旨在阐明某种特定案件事实为何能够被相关的法律规范所涵摄,昭示着法官所发现和选择的法律为何可以适用于当下的个案事实。也正是基于这个需要,法律解释在司法裁判中发挥着把具体案件事实归属到一般法律的功能,其不仅是事实与规范之间的沟通技艺,也是对法律的发现、选择及其适用正确与否的理性验证,所以不能交由法官"自由心证",而必须以理性的文字形式予以表现。① 也正如此,裁判说理必须能够展现法律解释中关于法律事实的判定情况,这种关于案件事实的解释陈述应当成为判决理由不可或缺的组成部分;而就指导性案例编撰而言,由于它构成案例指导下可用于参照的裁判标准,是指导性案例"以案释法"的实质要点,就理应在指导性案例的内容制作中得到重视。

2. 正当理由的开示

司法是以案件事实为根据、以法律规定为准绳进行纠纷解决的活动,其中的案件事实是经裁判程序确认的法律事实,而法律规定的内容即法律规范,是案件处理结论的规范依据和法律理由。从法律推理的角度看,法律适用也就是法官在案件裁判中运用法律理由形成案件处理结论的过程,法律理由可直接来源于法律条款的规定,然而,法律解释之所以成为法律适用中的一个必要环节,就是因为立法者创制的法律规范时常并不能够直接作为法律理由而用于法律推理。就司法裁判的规范依据而言,通过法律解释方法对既有的法律规定进行阐明,正是要把法律理由予以具体化,使之能够成为法律推理的大前提。法律解

---

① 参见黄泽敏:《案件事实的归属论证》,载《法学研究》2017 年第 5 期,第 74—75 页。

释也因此被视为一种具有延展性和创造性的裁判理由构建活动,其本质上是以正当理由解释法律理由的过程,目的是为判决结论提供正当理由。①

把法律解释当成为法律推理提供正当理由的活动,凸显了法律解释的论证功能,即它能够为法律规范的运用寻求正当理由,是获得判决正当性证明的重要手段。在此方面,还可以说,解释法律的方式决定了适用法律的方式:"在对具体个案的司法裁判中,法律是否得到正确或妥当的适用,需要通过有关的法律解释来证明。"②如果说法律规范需要解释才能适用,法律解释实际上就是法律适用正当理由的发现过程,通过法律解释方法的运用可以确定适用于具体案件的特定规范依据的正当性。这也表明,在法律规定出现必须解释的情况下,"解释法律不是为了澄清其字面意义,而是为判决寻找藏在法律规则中的正当理由"③。这样,法律解释是法官作出妥当的判决结论的依赖因素,司法裁判不是把事实证据与法律条文简单链接,而是综合运用法律理由和正当理由进行论证的过程。对司法判决和案例指导而言,④法律解释的价值就可显现为对司法推理中正当理由的开示:既然裁判结论是把法律规范适用于特定案件事实的结果,对法律的解释就是在一定范围内证明把抽象法律适用于具体个案的方式为正当,而法律解释的论点也就是这种适用方式的正当理由。

---

① 参见张保生:《法律推理中的法律理由和正当理由》,载《法学研究》2006年第6期,第87页。
② 张志铭:《法律解释学》,中国人民大学出版社2015年版,第50页。
③ 张保生:《法律推理中的法律理由和正当理由》,载《法学研究》2006年第6期,第87页。
④ 可以说,为了使案件可作为先例,就不仅要记载结论而且要记载得出结论的前提。See Jabez Fox, "Law and Fact", *Harvard Law Review*, Vol. 12, No. 8, 1898-1899, p. 550.

3. 裁判要点的表达

前已指出,提取和概括出专门的裁判要点是指导性案例编撰体例中颇具特色的内容,也是指导性案例具有参照作用的主要依托。然而,目前指导性案例裁判要点基本上还类似于大陆法系传统下发表在判决前面的"判决要旨",与我国既往的抽象司法解释也并无二异。这样的"判决要旨"虽然对法院判决根本法律思想的内容提供了非常简要抽象的说明,但却省略了基本的事实,或只予以提示,常常被作为独立精炼的规则来对待,并且在法律实务中像制定法规则那样加以使用,这已然成为"从案件到案件推理"的司法裁判不发达的重要原因。① 其实,裁判要点必须是对指导性案例中裁判理由的全面总结,裁判要点的撰述也需要切合判例纂辑的理念和范式,符合法律解释在解决案件事实与法律规范之对接问题上的弥合方案。"判例的纂辑应当更为清晰、更有说服力地展现事实与规范之间的关系,通过对缘由判决文本的再加工进一步阐释法律的内在意义,证立针对个案事实的裁判理由。"② 此种缘由所揭示出来的道理对指导性案例的编撰活动定然具有相当重要的启示。

法律适用因出现争议而需要被解释,指导性案例开拓了在抽象司法解释之外解释法律的方式,它确立了一套借助典型案例解释法律的机制,而裁判要点实际上就是对案件争议焦点所关涉的法律适用问题予以明确化而形成的具体判案规范。作为经过最高司法机构创制并发布的司法规则,指导性案例裁判要点已成为司法解释的一种载体,承载着对相关法律规范含义的理解和说明。作为案例指导运行着重依靠的

---

① 参见[德]茨威格特、克茨:《比较法总论》(上),潘汉典、米健等译,中国法制出版社2017年版,第474页。
② 王彬:《案例指导与法律方法》,人民出版社2018年版,第130页。

要素,从表面看,裁判要点是对案件审判中具体应用相关法律问题所作的明示,是后续类似案件裁判应当参照的准则;而就实质而言,裁判要点理当是对案例具体判决过程的浓缩,是整个生效判决"以案释法"情况的化身,其在内容上也该是对包括法律事实判定、法律解释论点及解释方法运用在内的整体裁判理由的表达。所以,运用法律解释及其具体方法形成、制作和表达裁判要点是在指导性案例编撰过程中使用法律方法的技术规范,是遵循科学的案例编写方法的重要体现。

三、避免再度解释:指导性案例编撰运用法律解释方法的愿景

与抽象性司法解释的制作不同,指导性案例编撰通过辑录详细的案件事实认定和裁判理由情况为同类案件的裁判提供参考坐标,其中由法律解释及其具体方法运用所构建的陈述为裁判规则的形成、论证和表达确立了准据。一般而言,判例中的法律解释及其方法运用不仅是对法律条款作出的解释,也必须能够适用到其他同类案件,它可被裁判同类案件的法官用于理解先例法院的思考过程,以探寻其中表达的法律见解及其理由和界限,获取相关法律规范在一定事实情景里的真实含义。职是之故,司法判例对法律解释及其方法的运用应以避免裁判规则和理由的再度解释为理想愿景。诚然,应当看到,在被类似案件司法遵循适用的过程中,判例也不可避免地甚至十分必要地需要被解释。毕竟,作为既定判决的判例与案件事实紧密相关,显现在裁判中的准则的适用范围如何以及能否适用于其他事例都会滋生疑义,况且法官在裁判中形成的裁判要旨相较于立法者制定的抽象规则也比较不能

预见未来可能适用的情况。[1]

所以,如果说法律解释的困难实际上是法律规范是否可适用于具体案件事实的困难,[2]那么,生效裁判对同类案件处理的参考价值更多地要集中在对实际案件事实与法律规范之间的适用关系进行精细解释方面,以便为同类案件的评判、类比和规则适用等奠定切合实质逻辑的基础。对以制定法的解释与适用为旨归的指导性案例来说,法律解释及其具体方法的运用不仅是指导性案例自身用以消除相关规范对某一特定事实适用之疑难的途径,而且构成了后续案件裁判发现、甄别并采用在类似疑难中相关法律具体意旨及根据的媒介,甚至任何与案例参照有关的对法律条文如何适用或案件事实如何定性的疑问,都可能因循指导性案例中的法律解释方案来解决。特别是结合案例指导制度统一法律适用的目的来看,指导性案例编撰对法律解释及其方法的运用就应以避免制定法规范在适用中的再次解释为圭臬,这也是指导性案例能够发挥规范性和权威性作用的重要缘由。

法律解释及其具体方法是司法裁判论证说理的基础性要素,而对法律解释方法的运用就是指导性案例编撰的主要技术支撑。指导性案例理当面向疑难案件才具有更大意义,它必须为法律规范(包括由其确立的裁判规范)的详尽解释铺设有益的路径和供应实质的理由。就此可以说,以切合司法裁判的过程和案例指导的目标为指向,圆满地思考并改进法律解释及其具体方法在指导性案例中的运用事宜,应该是指导性案例的编撰工作需要认真贯彻的目的性准则,这定然有助于提

---

[1] 参见[德]卡尔·拉伦茨:《法学方法论》,陈爱娥译,商务印书馆2003年版,第232—233页。

[2] See Brian Bix, *Law, Language and Legal Determinacy*, New York: Oxford University Press, 1993, p. 5.

升指导性案例"以案释法"的质量和实际参照效果。

其一,选拔较好地运用法律解释方法的生效裁判,避免案例编撰过程中的过多重述。作为纠纷解决的一种正式制度设置,司法裁判就是针对案件事实适用相关法律规范的活动,其关键步骤是如何解释法律条文并从中寻找到个案裁判规则,鉴于法律解释对于裁判的重要性,甚至可以直白地说"裁判就是解释"。[①] 法律解释及其方法的运用正是达成好的裁判结论的因素,其本身也是司法判决必不可少的组成部分。为案例指导制度选拔生效裁判是为了规范同类案件的司法实践,弥补制定法或司法解释的局限,而较好地运用法律解释方法的判决案例必定最能够为承担案例指导任务提供品质保障。较好地运用法律解释方法的既定判决往往会具有较强的影响力,甚至自然拥有事实上的司法指导价值,使这种判决上升为指导性案例也更容易产生制度上的规范作用力。指导性案例的编撰不属于典型的司法活动,很大程度上只是为编纂指导性案例而续写或重新撰写判决理由,[②]选拔较好地运用法律解释及其具体方法的裁判可以避免案例编撰过程中的过多重述,使指导性案例不失真实先例应有的效应。

其二,改善法律解释各种具体方法在指导性案例中的运用结构,强化不同解释方法对同类案件裁判理由构建的共同导向。从方法论上看,司法裁判对法律解释各种具体方法的实际运用可采取单一方式或累积方式:前者是指在少数案件中只有一种解释方法是强有力的,并具有决定性和充分的证明力;后者是指在多数案件中可以同时运用两种或两种以上的解释方法,不同的解释方法支持同一结论并形成效力和

[①] 参见王云清:《制定法解释中的想象性重构》,载《法律科学》(西北政法大学学报)2017年第3期,第50页。

[②] 参见牟绿叶:《论指导性案例的效力》,载《当代法学》2014年第1期,第115页。

证明力上的累积。① 目前指导性案例中文义解释方法的运用比例显然较高,这使得指导性案例编撰对法律解释具体方法的运用结构并不合理。尤其是从指导性案例的要求来看,无论是符合哪种条件的案例都应当致力于提供裁判理由方面的充分说理,②而全面运用法律解释及其方法进行释法说理才是成就指导性案例之指导意义的应有做法。对此意味着仅仅借助文义方法及其论点很难获得完满的效果,融贯地运用多种具体解释方法及其论点才是实现裁判理由合理构建的优选思路。这里不仅需要提高各种论理解释方法和社会学解释方法的运用比例,也需要强化不同的解释方法对法律解释结论以及裁判理由构建的共同导向。

其三,完善法律解释的各种具体方法在指导性案例编撰中运用的章法或程式。法律解释的各种具体方法不仅是阐释法律规范与案件事实之间关系的不同路径,为法律实际含义的确定提供了不同的解释论点,而且它们本身也各自包含着不同的操作规则,因此法官对不同具体解释方法的运用也要遵循着相应的步骤和程式。例如,进行体系解释就要遵守法律体系化的推定、明示排除其他、同类解释等多个规则,而确认体系解释的必要性、确定是否同属一个法律位阶、依据外在体系阐明法律文本等则是体系解释中的有关步骤。在司法裁判中,对于某种解释方法一定规则和程式的依循是法官获取相应的解释结论的根基,其往往展现于司法判决论证说理的文脉之中。案例指导制度若要更好地统一司法理念和裁判标准,那么完善法律解释的各种具体方法在指导性案例编撰中运用的章法或程式,则是值得尝试的创新之举。仅就

---

① 参见张志铭:《法律解释学》,中国人民大学出版社2015年版,第189页。
② 由于《最高人民法院关于案例指导工作的规定》第2条设定了成为指导性案例的五种条件,从这些条件来看,指导性案例都应当是需要充分展示裁判理由的案例。

指导性案例撰述的直接言辞表达来看,对能够产生不同效果的论理解释方法的运用就可以采用不同的提示措辞,如在运用体系解释确定存在法律漏洞时,可以表述为"经过对相关法律规范进行收集和整理之后,仍然缺失直接规定该问题的法条",在运用目的解释明确法条含义时,则可表述为"根据某法(或某法某条)所追求的目的"①,等等。

其四,突出法律解释方法的运用对法律适用争议焦点的回应和解决,彰显被选用的解释方法及其论点的优位性。在法律解释的过程中,由于不同解释方法的运用而得出不同的解释结论,并造成法律适用的复杂局面也是常常发生的现象。实际上,司法裁判经常是各种类型争议聚集的场域,包括对法律理解的不同在内的解释论点冲突正是诉讼各方争执的重要原因。在现实中,法官对某个特定案件的法律适用活动通常不仅要表达自己基于一定方法对法律的解释论点,更要消除纠纷当事人及其辩护人等在关于法律理解方面所提出的相反主张。司法判决一般记录了当事人诉称或辩称的事实情况及对法官的法律解释期求,而"法院认为"部分在确证法官的法律解释结论的同时也必须要回应有关法律理解的争论问题。由于解释方法只是形成法律解释结论的手段,司法实践也导不出任何关于解释要素顺位关系的结论,判决书要把在裁判依据之处包含的对判决起决定作用的方法行诸文字,告诉人们何种法律思考才刚好引向了最终的判决。② 同理,指导性案例编撰在运用法律解释方法对裁判理由予以阐述时也应当如此作为,既要鲜明表达法院解释法律的立场和理由,也要突出对有关法律理解不同论点的回应,以彰显法院出于不同考虑选择不同解释方法及其论点的

---

① 孙光宁:《法律解释方法在指导性案例中的运用及其完善》,载《中国法学》2018年第1期,第114页。
② 参见[德]卢卡斯·贝克:《方法论视角下的制定法解释》,钱炜江译,载陈金钊、谢晖主编:《法律方法》(第29卷),研究出版社2020年版,第9页。

优势。

其五,促进对法官运用法律解释方法的指导,使法律解释方法运用的技术指导与裁判要点参照适用的实体指导相协调。目前指导性案例的参照被定位在对裁判要点的参照,使得指导性案例更像是为法院提供一般司法准则的手段。事实上,案例的指导作用会自然地产生于司法裁判的过程和结构之中,司法判决不仅提供了指导其他类似案件裁判的规则,也提供了解决类似争议问题的法律方法。所以,指导性案例不仅是从实体上阐释和适用法律规范的范例,同时也应当是在技术上具体运用法律解释方法的范例。如果指导性案例仅限于促使法官对有关裁判要点的注意和适用,那么案例指导制度就只是一种"授人以鱼"的安排。要完善案例指导的制度设置及其功能,就要强化指导性案例作为司法先例所应有的"授人以渔"的意义。这就需要发掘包括裁判理由部分在内的整个案例的价值,让裁判理由承担起充分展示包括法律解释各种具体方法在内的法律方法运用的任务,促进法官在案件判决的生动图景中接受来自解释方法的指导。

第三节 指导性案例编撰对法律解释具体方法的运用

无论是被运用于法律文本的阐释还是案件事实的判断,法律解释在司法裁判中都是适用法律的具体方法,其对司法判决的形成及相应裁判案例的编撰发挥着不可或缺的作用。在裁判案例的编撰中运用法律解释具有正当性和必然性,它会使司法案例因其明确的说理性而具有约束力,让类似案件审判在法律适用上有一个可资参照的标尺以及具体表达的方式方法。① 法律解释在指导性案例编撰中的运用也有赖于此。诚然,对法律解释的运用实际地表现为对法律解释具体方法的运用,法律解释的每种具体方法都有其独特的思维指向和实践价值。指导性案例编撰运用法律解释也必定要落实在对法律解释的各个具体方法的运用。

一、法律含义的直接阐明与文义解释方法的运用

案例指导制度的直接功能在于通过案例进行释法以统一法律适用,指导性案例可以而且应当使用多种方式来实现这种功能。从已发布的指导性案例来看,对法律含义的直接阐明占据了指导性案例的多数情形,而对法律含义的直接阐明主要仰赖于文义解释的运用,这就决定了指导性案例编撰对法律解释的运用较多地偏好文义解释方法。从类型上划分,这类指导性案例常被归为直接释法型的案例。直接释法型指导性案例重在解决抽象规则与具体事实如何在语义层面上相对应的问题,其解释的结果也属于法律的应有之义。② 就这种类型案例的法律适用来说,法律条款的意思相对确定或争议不大,但是一定的案件事实是否应当归属于法律规定则存有一些模糊地带,其需要裁判者根据相应的法律关系,并结合案件的具体事实及其争议焦点等对法律的指涉范围进行语法上的确定,从而阐明要适用的法律规范的具体含义,

---

① 参见张弘:《行政判例制作中的法律解释》,载《北方法学》2011 年第 3 期,第 20 页。
② 参见资琳:《指导性案例同质化处理的困境及突破》,载《法学》2017 年第 1 期,第 144—146 页。

亦即按照对法律字面意思的通常理解方式来说明法律规范与案件事实之间的关系。

作为最具基础性的法律解释方法，文义解释按照法律条文用语的文义及通常使用方式来阐释法律的意义内容。① 文义解释在法律解释诸方法中一直被视为具有优位性，它"解释的对象是法律语词，所适用的方法是发现，姿态是对法律的服从，解释的结果没有背离可能的文义"②。文义解释方法强调的是从法律规范在一般语言文字中的通常含义出发阐释其意义，减少对边缘和不常见意义的阐释。在司法活动中，法官应当首先运用文义解释来阐述法律含义并说明法律规范与案件事实之间的关系，这既是维护立法者权威也是提高司法效率的需要，对于指导性案例来说同样如此。③ 文义解释方法在指导性案例中的运用较大程度地切合了指导性案例的法律适用性质，它也是指导性案例编撰制作裁判理由时应当使用的具有优先性的法律解释方法。指导性案例正是要尽可能地借助文义解释方法的功能和释法效果，以实现其在制定法规范的意义选择和确证方面对统一司法裁判尺度的重要价值。

从现实看，指导性案例编撰运用文义解释方法展示了法官如何直接依据法律规定对接案件事实的思维过程，它径直阐述对有关法律的理解和案件事实的定性，确定法律与事实之间的涵摄或归摄关系。指导性案例运用文义解释意味着要直接宣示法律概念的内涵及其所指向的法律事实的确切范围，它的目标不涉及脱离法律文本的规则延伸或

---

① 参见梁慧星：《民法解释学》，中国政法大学出版社1995年版，第214页。
② 陈金钊：《文义解释：法律方法的优位选择》，载《文史哲》2005年第6期，第144页。
③ 参见孙光宁：《法律解释方法在指导性案例中的运用及其完善》，载《中国法学》2018年第1期，第97—98页。

创制,却能够在法律思维或法律方法上引导类似案件裁判者如何适用法律规定。例如在指导案例13号中,针对被告人辩称的"氰化钠不属于毒害性物质"主张,法院运用文义解释对《刑法》"非法制造、买卖、运输、储存危险物质罪"条款中的"毒害性物质"进行了确定,即"国家严格监督管理的氰化钠等剧毒化学品,易致人中毒或者死亡,对人体、环境具有极大的毒害性和危险性,属于《刑法》规定的'毒害性'物质";同时,也是借助文义解释把被告人"擅自购买氰化钠的行为"认定为"非法买卖",即"'非法买卖'毒害性物质,是指违反法律和国家主管部门规定,未经有关主管部门批准许可,擅自购买或者出售毒害性物质的行为,并不需要兼有买进和卖出的行为"。[①] 这都是对法律规定自身应有之义的释明,对法律适用具有指导作用。

二、法律含义的有意延伸与论理解释方法的运用

在直接释明法律含义的指导性案例之外,通过对法律含义进行有意延伸以实现必要的规则创制,也是指导性案例在统一法律适用方面的重要追求。"司法造法"是这类指导性案例的主要特点,它是在既有法律规定不清晰、不明确并造成人们对法律适用理解争议很大的情况下,裁判者运用一定的法律方法对法律含义进行有意延展或填补,使案件事实与相关法律规范的关系得以合理确定,从而作出裁判结论。成文法制度下的"司法造法"显然不具有判例法体系"法官造法"的权限和功能,其更多是法官在适用制定法层面上对法律规范意思的创新性释明,由于这种案例的裁判过程对法律含义进行了符合一定要求或目

---

① 参见指导案例13号"王召成等非法买卖、储存危险物质案"。

标的延伸和续造，可被视为借助司法运作有意创制规则并促使法律生长的活动。所以，指导性案例能够也确实在生成法律的规则，在认定指导性案例最基本的功能在于适用法律而非创造法律的同时，也应该坦诚其在解释和适用法律意义上的规则生成作用。作为在具体个案场景中法律解释适用的结果，指导性案例是法律延伸或"弥散"意义上的"法律续造"的一种极为重要形态。[①]

从法律解释的角度看，使用一定的法律方法对法律规范的含义进行有意延伸，以达至法律条款在特定案件情境中的创新性意义，需要借助论理解释的具体方法。相较于文义解释立基于法律用语的字面含义，论理解释的依据是法律的立法目的、历史上的立法资料、法律的结构体系、事物的逻辑关系或合宪性要求等，而且给出相应充分的论证是解释者从事论理解释时应当担负的义务。论理解释方法弥补了文义解释的缺陷及其不能实现的释法目标，当文义解释出现复数结论、明显违反立法目的、导致法律体系的内在冲突甚或不合宪法等问题时，论理解释方法的运用就甚为必要，这对指导性案例（及其编撰）而言就更为如此。且不说指导性案例大多是符合一定条件的处理法律适用特殊问题的案例，案例指导制度的意图也是要更多地在复杂且争议较大的疑难案件上给同类案件裁判确立可供参照的统一标准，仅靠文义解释方法不足以全面和明确地阐述法律适用中规范与事实的复杂对接关系。因此，指导性案例编撰要展现多种解释方法在疑难案件中的运用，而文义解释只是为其他解释方法的运用提供最大意义范围。要具体阐释和确定特定法律规范的含义，就需要综合运用其他法律解释方法，否则会使指导性案例的裁判理由缺乏全面说理和论证，降低类似案件的法官研

---

① 参见张志铭：《司法判例制度构建的法理基础》，载《清华法学》2013 年第 6 期，第 106 页。

习和参照指导性案例的积极性,进而影响案例指导制度的实际效果。①

以目的解释方法的运用为例,在指导案例15号中,生效判决围绕争议焦点不仅判定了"川交机械公司、瑞路公司与川交工贸公司构成人格混同,应对川交工贸公司的债务承担连带清偿责任",而且依据《公司法》第三条第一款和第二十条第三款的规定对其作了解释。其中关于"公司的独立财产是公司独立承担责任的物质保证"、行为"严重损害了债权人的利益"、"违背了法人制度设立的宗旨"、"违背了诚实信用原则"等理由都是基于《公司法》立法目的所进行的说理和论证。② 再来看指导案例40号,判决认为《工伤保险条例》第十四条中规定的"工作场所"还应包括"职工来往于多个工作场所之间的合理区域",其对"工作场所"范围的扩大理解是从符合立法本意(目的)的层面阐述的;同时认为"如果将职工个人主观上的过失作为认定工伤的排除条件",就违反了工伤保险"无过失补偿"的基本原则,"不符合《工伤保险条例》保障劳动者合法权益的立法目的"。③

再就其他具体解释方法的运用来看,指导案例20号确立了"专利临时保护期内实施发明所得产品的后续使用不视为侵害专利权"的裁判规则,这个结论的形成过程被视为最高人民法院运用体系解释方法形成裁判理由的体现:生效判决主张"应当全面综合考虑专利法的相关规定"来对侵犯专利权行为进行认定,由此结合《专利法》第十一条、第十三条和第六十二条的规定认为,专利法虽然规定了申请人可以要求在专利临时保护期内实施其发明的单位或者个人支付适当的费用,

---

① 参见孙光宁:《法律解释方法在指导性案例中的运用及其完善》,载《中国法学》2018年第1期,第102页。
② 参见指导案例15号"徐工集团工程机械股份有限公司诉成都川交工贸有限责任公司等买卖合同纠纷案"。
③ 参见指导案例40号"孙立兴诉天津新技术产业园区劳动人事局工伤认定案"。

但对于专利临时保护期内实施其发明的行为并不享有请求停止实施的权利。①"欲寻词句义,应观上下文",正是体系解释方法运用的基本要求。另外,借助历史解释方法对立法资料的使用解释有争议的法律规定,②通过当然解释方法根据逻辑推论对法律规定不明确的情况进行解释等,也都可作为包括指导性案例在内的裁判文书说理开展论理解释的重要途径。

三、法律含义的社会考量与社会学解释方法的运用

社会学解释方法是法律解释方法体系中更具有特殊性的一种方法,它将社会学的方法运用于法律解释,"基于对社会效果的预测和考量,在文义可能的范围内解释法律条文的含义"③。社会学解释常被视为"法外求法"的解释方法,它倾向于倚靠对社会情况的分析而对法律的可能含义进行选择,即"对社会各方面的情况予以考量作出对社会有利的解释"④。与其他法律解释方法相比,社会学解释虽然最终也要建立在法律的可能文义基础上,但主要是从裁决的合理性出发,更关注社会利益、社会效应、公共政策、风俗习惯以及社情民意等法律之外的因素,将个案的法律适用与整体的社会政治、经济、文化相适应。⑤所

---

① 参见指导案例 20 号"深圳市斯瑞曼精细化工有限公司诉深圳市坑梓自来水有限公司、深圳市康泰蓝水处理设备有限公司侵害发明专利权纠纷案"。
② 相关研究可参见刘树德:《无理不成"书":裁判文书说理 23 讲》,中国检察出版社 2020 年版,第 129—131 页。
③ 任彦君:《刑事疑案适用法律方法研究》,中国人民大学出版社 2016 年版,第 38 页。
④ 刘士国:《科学的自然法观与民法解释》,复旦大学出版社 2011 年版,第 151 页。
⑤ 参见时显群:《社会学法律解释方法研究》,知识产权出版社 2019 年版,第 35 页。

以,法官对社会学解释的运用体现了司法裁判的社会导向作用。当对法律的理解出现复数结论时,以预测各种结论的社会效果为标准来权衡法律的解释方向就是社会学解释方法运用的一般程式,其实质是要考虑并寻求法律规范在社会效果中的应有含义。

　　案例指导的发展与指导性案例对社会学解释方法的运用似乎有着亲缘关系。这不仅体现在指导性案例作为判决本身对社会学解释方法的运用,还体现在案例指导的目标设定与指导性案例的遴选、发布和参照等都是把获取良好的社会效果作为重要依据。① 如果说指导性案例中对社会效果的裁判运用是发生在个案层面上的,而指导性案例的遴选及被后续案件参照则使社会效果的考量具有了规范效力,其基于各级法院的适用而得以广泛扩散。② 如此来说,无论是出于指导性案例自身通过社会学解释提出裁判理由的需要,还是出于案例指导运行过程对司法社会效果的追求,指导性案例编撰对社会学解释方法的运用都具有重要的价值。当然,作为法律解释的一种具体方法,社会学解释在指导性案例中的运用主要还是服务于从社会学角度对法律规范意思的阐明及裁判规则的构建,它是解决一定条件下法律适用疑难困境的重要门路,通过考察变动中的环境、社会需要和特定案件的具体情况等,能够为裁判规则的合理获得提供正当性证明。

　　从现实看,我国社会的转型发展与社会的司法治理之间存在着很大程度上的相向关系,在很多案件的裁判中,法院更容易将当事人争议的处理过程聚焦于协调相关法律与社会需求的关系方面,与严格追求

---

① 最高人民法院在其颁布的《〈关于案例指导工作的规定〉实施细则》(法发〔2015〕30号)第2条中就有意地指出:"指导性案例应当是裁判已经发生法律效力,认定事实清楚,适用法律正确,裁判说理充分,法律效果和社会效果良好,对审理类似案件具有普遍指导意义的案例。"这里强调了指导性案例应当是具有良好社会效果的案例。

② 参见孙光宁:《社会学解释方法在指导性案例中的适用及其改进》,载《上海政法学院学报》(法治论丛)2020年第3期,第48页。

合法性的形式主义司法相比,其更偏向对社会纠纷的实际妥善解决。①而对指导性案例的编撰而言,恰当地运用社会学解释方法对案件裁判理由中的法律解释论点进行展示,就可以为社会纠纷的妥当处理储备在实质上予以依赖的准据。举例来说,在指导案例89号中,根据全国人大常委会对《民法通则》第九十九条第一款与《婚姻法》第二十二条所作的解释性规定,该案的争议焦点在于,在父姓和母姓之外自创姓氏"北雁"是否属于"有不违反公序良俗的其他正当理由"的情形。法院对此判决认为,"倘若允许随意选取姓氏甚至恣意创造姓氏,则会增加社会管理成本,不利于社会和他人,不利于维护社会秩序和实现社会的良性管控",也会"造成对文化传统和伦理观念的冲击,违背社会善良风俗和一般道德要求"。② 从中便可以清楚地看出,基于维护社会管理和善良风俗的社会效果而进行的社会学解释成为该案裁判的主要理由。

法律规范经过解释变得具体清晰,成为能够适用于特定案件事实的有效法则,成为纠纷处断的裁判理由。司法判决的重要意义就在于,它通过法院的详细阐释和说明告诉了人们法律在一定的情形中的实际含义是什么。生效裁判就是司法判决的成例,也必然是法律解释的载体,承载着对有关法律规范具体意思的阐明和适用方法。作为成文法体制下使用司法判决的一种新形式,指导性案例若要不断改进和完善其追求的统一法律适用的功能,就必须获得包括法律解释方法在内的法律方法因素的技术支持,而在指导案例编撰中充分运用法律解释及

---

① 参见杨知文:《社会学解释方法的司法运用及其限度》,载《法商研究》2017年第3期,第56页。
② 参见指导案例89号"'北雁云依'诉济南市公安局历下区分局燕山派出所公安行政登记案"。

其具体方法,是增强指导性案例"以案释法"作用和提高其在"同案"裁判中参照适用效果的重要保障。可以说,综合、多元并有侧重地运用法律解释方法及论点,应被视为指导性案例编撰为同类案件形成统一裁判标准的根本方式。案例指导制度要想得到持续深入的发展,就需要在指导性案例的编撰活动中认真贯彻对法律解释方法的实际运用。对法律解释各种具体方法进行妥当运用的指导性案例,能够较好地为同类案件展示司法结论的获取过程和充分理由,必将对未来的裁判实践产生积极影响。

第五章
指导性案例中的案件事实陈述及其编撰

　　自案例指导的议题被提出以来,有关指导性案例的研究虽然对指导性案例的编撰事宜也有不少讨论,但大多注重从宏观角度对指导性案例的内容构成进行整体建构,有些微观的考察分析虽也多聚焦于指导性案例中的裁判要点及其制作方面,[1]不过对指导性案例中的案件事实(陈述)问题却鲜有专门的具体探索。其实,从学理上细致探讨指导性案例中的案件事实陈述问题,分析案件事实陈述在案例指导中的法理以及对指导性案例运用的意义,思考指导性案例案件事实的编撰方法,等等,具有重要的理论和实践价值。由于指导性案例展现了司法裁判的推理构造,从法律方法层面改进指导性案例的内容编撰,可以为完善和发展案例指导制度开拓新的路径,而重视指导性案例中的案件事实陈述及其编撰方法,则是使指导性案例内容更加合理化的重要支撑。由此,本章的核心问题是,案件事实陈述对指导性案例的运用如何重要?对此,以下将首先对作为陈述的案件事实进行厘定和阐明,接着

---

[1] 如汤文平:《论指导性案例之文本剪辑——尤以指导案例1号为例》,载《法制与社会发展》2013年第2期,第47—56页;朱芒:《论指导性案例的内容构成》,载《中国社会科学》2017年第4期,第109—127页;孙光宁:《指导性案例裁判要旨概括方式之反思》,载《法商研究》2016年第4期,第109—120页;吴建斌:《指导性案例裁判要点不能背离原案事实——对最高人民法院指导案例67号的评论与展望》,载《政治与法律》2017年第10期,第113—125页;等等。

以分析指导性案例效力的机制为线索,说明案件事实陈述在案例指导运行中的地位,然后重点讨论案件事实陈述怎样为指导性案例运用的法律推理提供实质根据,最后,以法律适用为视角就指导性案例案件事实的编撰在整体思路和布局方面提出一些建议。

第一节 案件事实的不同形态和作为陈述的案件事实

案件事实是法官据以作出司法结论的根据,任何司法裁判都是针对一定的案件事实来进行法律适用,没有案件事实也就无所谓司法判决。然而,案件事实在司法过程中呈现出不同的形态,它们对法律适用的作用也有值得区分的差异。要理解案件事实对指导性案例运用的重要意义,就需要对案件事实在司法活动中的不同形态进行分析。

一、案件事实的不同存在形态

1. 从纠纷事实到司法管辖的案件事实

从现代司法的原理看,法官要处理的案件事实是从具有一定事实的纠纷成为司法案件(case)开始产生的,无纠纷事实便没有司法案件;同时,案件是诉诸司法机构的纠纷,如果仅有纠纷发生而没有诉诸司法程序,也不会有司法裁判的案件。① 作为纠纷解决的途径之一,司法的

---

① 关于纠纷、案件及司法管辖的讨论,可参见 Elder Witt (ed.), *Congressional Quarterly's Guide to the U. S. Supreme Court* (2nd ed.), Washington, D. C.: Congressional Quarterly Inc., 1990, pp. 285-287。

对象就是案件,即司法是通过裁判案件来解决社会纠纷。根据纠纷事实和司法案件的这种关系,司法裁判的案件事实最早是一种纠纷事实,且它必须具备能够成为被司法处理的案件事实的条件,这是现代司法权启动的基本前提。就此说来,纠纷事实先于司法裁判本身而存在,但司法裁判的案件事实并非先于司法活动而存在,司法针对的案件事实是基于司法机构对纠纷事实的管辖而产生的。

关于纠纷事实如何能够成为司法管辖的案件事实,有关的司法理论将其概括为"案件的可裁判性",它既关涉纠纷事实必须满足的可通过司法予以解决的一定资质,也在根本上关涉现代司法权的运行边界和管辖范围。根据有关学者的论述,符合"案件的可裁判性"要求的纠纷(事实)应当兼具以下条件:(1)必须是实际发生的,且有具体和明确的争议。纠纷应当是真实存在和实质性的争议,涉及有相反法律权益的当事人的法律关系,并可以通过法院裁判得以解决。如果是臆想的并没有现实发生的事项,或者是假设的、抽象的分歧或争端,就不能被诉诸法院处理。(2)必须有对立的当事人,且当事人具备"诉讼资格"。纠纷应当是相互对立的至少两方当事人之间的争议,他们对纠纷处理结果具有足够的利害关系。当事人不得主张第三方的权利,也不能提出仅仅是不特定多数人所共有的"普遍性的不满"。(3)必须是非既往的。如果纠纷在被诉诸法院之时因发生了某些情况而使争议已得到解决,这就成为了既往,已失去裁判的实际意义。(4)必须不属于纯粹的政治问题。[①] 据此,能够提交司法管辖与裁判的案件事实应该是符合

---

① 参见吴英姿:《司法的限度:在司法能动与司法克制之间》,载《法学研究》2009年第5期,第112—113页。

一定条件的纠纷事实,①正是纠纷事实为案件事实的产生预备了相应的前提和可能性。

所以,纠纷事实是法律适用所要针对的案件事实的雏形,它揭示了司法权运作的事实界限,亦即,司法活动必须面对现实的纠纷展开,且这种纠纷作为一种事实能够成为法律上争讼的案件,它必须包含根据法律可以处理的具体权利义务关系,形成一种有关法律上利益的实质争议。从性质上看,纠纷事实是一种生活事实,是实际发生过的"原汁原味"的客观事实。② 在进入法院裁判的场域之前,纠纷事实就是一种发生在人们生活场域的客观事实,它作为案件的前身是一种本体意义上的客观存在,与人们生活的历史时空浑然一体,时空的唯一性决定了它的唯一性。③ 一个纠纷事实历经当事人的起诉(包括刑事案件中检察机关的起诉)就成为一个司法案件,它为后续案件事实的发现和证明提供了原始依据。

2. 司法认定的证据事实

纠纷事实一经法院立案便成为案件事实,案件事实就是法律适用的对象。然而,案件事实最初以当事人诉称和辩称的案情形式呈现出来,法官要给出裁判结论就需要先查明和确认案件事实的真实情况。一般来说,从方法论上看,对成文法制度来说,司法裁判的基本模式是

---

① 以民事案件为例,我国民事诉讼法专门设定了起诉必须符合的一系列条件。最新修订的《中华人民共和国民事诉讼法》(第十三届全国人大常委会第三十二次会议 2021 年 12 月 24 日通过,自 2022 年 1 月 1 日起施行)第 122 条规定,起诉必须符合下列条件:(一)原告是与本案有直接利害关系的公民、法人和其他组织;(二)有明确的被告;(三)有具体的诉讼请求和事实、理由;(四)属于人民法院受理民事诉讼的范围和受诉人民法院管辖。

② 参见孔祥俊:《论法律事实与客观事实》,载《政法论坛》2002 年第 5 期,第 87 页。

③ 参见杨贝:《论案件事实的层次与建构》,载《法制与社会发展》2019 年第 3 期,第 40—41 页。

形式推理逻辑的三段论,由此也表明,法官能够进行司法或法律适用的前提条件也是认定案件事实。在司法裁判过程中,法官因循诉讼程序和证据要求证明和确认的案件真实情况,可被称作司法认定的证据事实。

法官借助证据等认定案件事实的目的就在于要查清案件事实的真实情况,为法律的适用和争议的解决铺就客观的事实基础。案件事实之所以需要认定,是因为当事人所主张的事实情况并不一定就是案件事实的客观情况,并且双方当事人所主张的事实情况往往处于互相对立的状态,这就需要法官运用职权按照证据准则予以证明和确认。案件事实的认定需要按照诉讼法和证据法的规范及其法定的证据要求进行,必须符合一定的证明标准,并应当做到正确展示案件争执的事实状况。虽然有关的证明活动是一个比较困难的过程,但是在诉讼参加人及司法程序的追求与导引作用下,通过收集和审查事实在特定环境下所遗留的痕迹、物品等,通过证据规则对案件事实做出客观和准确的分析与判断是可以实现的。例如在"王志才故意杀人案"①中,合议庭对案件事实的认定就经历了一个从审查检察机关指控的案件事实到通过庭审核实证据而形成证据事实的过程,依据证据查明的"王志才持刀杀死赵某某"的事实就是证据事实。

案件事实的认定是一种程序性的活动,从证据到案件事实情况的推论是证成和确定案情的手段,②司法认定的证据事实就是参与司法活动的法律人运用证据就案件事实所作的证明和确认。就属性而言,证据事实一般可被归为客观事实的范畴,它是对过去发生的原始生活

---

① 参见指导案例 4 号"王志才故意杀人案"。
② 有研究认为,证据推理就是从已知的法律证据推导出可能案件事实的思维过程。参见熊明辉、杜文静:《在证据与事实之间:一种证据博弈观》,载《浙江社会科学》2019 年第 6 期,第 49 页。

事实的回溯和再现,是案件真实情况的一种客观浮现。证据事实就是要以生活事实(客观事实)为依托,意在还原已经客观发生的生活事实。① 当然,证据事实不是对过去发生的客观生活事实的完整再现,它只是以证据为依据对已发生的案件客观情况的部分还原,其与案件全部事实的关系好比衣服是对整块布料的裁剪和缝合。同时,证据事实又是一种经由证据推理而形成的关于案件的真相,它的客观性在于这种基于证据推导的事实状况的正确性,即其与案件的真实情况相一致。区分出司法认定的证据事实可以为从法律上评价和解释案件事实划定可能的范围或指明方向,并为其后形成据以作出裁判结论的要件事实奠定基础。

3. 司法认定的要件事实

形成证据事实只是表明法院对案件事实真相的掌握,而要完成法律适用的任务还必须对证据事实进行法律上的评价,以实现案件事实在法律上的归属。法官把证据事实与相关的法律规范联结,通过法律规范与证据事实之间的相互作用对案件事实进行具有法律意义的断定,就可以得到司法认定的要件事实。司法认定的要件事实是法官据以裁判的法律事实因素,是法官把已证明为真的证据事实划归到相关的法律规范之事实构成要件的结果。也可以说,司法认定的要件事实也是案件事实的一种存在形态,它是介于"生活事实"与"法律要件"之间的案件事实,是将客观事实与法律规范联系起来的中介;它是一种获得了法律评价的部分案件事实,毕竟并非所有案件事实在裁判上都具

---

① 参见孔祥俊:《论法律事实与客观事实》,载《政法论坛》2002 年第 5 期,第 86—89 页。

有法律上的意义,都需要予以法律规范与评价。①

从特性上看,司法认定的要件事实是按照法律调整的规范标准对一定案件事实进行筛选、评判、采纳、确定并赋予法律意义的产物。②质言之,"要件事实即以法律规范的构成要件为标准而对生活事实进行的重述和剪裁,正是法律规范的构成要件为这一重述提供了概念图式,从而使'原初事实'或'野性事实'得以向制度性的规范靠拢"③。如果说证据事实侧重通过证据对案件事实的真实性证明,更多是一种崇尚价值中立的自然科学意义上的发现,那么要件事实则侧重对案件事实与法律规范构成要件之间的关联性证明,是一种人文社会科学意义上的评价,甚至可能以价值判断为主导。④ 要件事实意味着某法律规范事先设定的法律事实已经成就,一定的法律关系据此产生或发生变化,案件当事人之间的法律权利和义务具有了相应的事实根据,作为法律规范结构要素的法律效果在现实的案件纠纷中也就此可被确定和发挥作用。

在法律方法论中,案件事实与法律规范的构成要件存在着符合与否的关系,司法认定要件事实就是围绕着判定它们之间是否具有符合关系而展开。司法认定的要件事实属于三段论法律推理的"小前提"范畴,而要件事实的形成过程就是裁判三段论中的"小前提"的构建过程。对此,法官应当在查明的案件事实与相关的法律规范构成要件之

---

① 参见胡学军:《在"生活事实"与"法律要件"之间:证明责任分配对象的误识与回归》,载《中国法学》2019年第2期,第245—249页。
② 司法认定的要件事实与法律规范中的事实构成要件并非同一概念,后者属于立法者创制的法律规范的逻辑结构要素,在法律推理中隶属于裁判三段论中的"大前提"内容。
③ 胡学军:《在"生活事实"与"法律要件"之间:证明责任分配对象的误识与回归》,载《中国法学》2019年第2期,第250页。
④ 参见黄泽敏:《案件事实的归属论证》,载《法学研究》2017年第5期,第77页;杨贝:《论案件事实的层次与建构》,载《法制与社会发展》2019年第3期,第51页。

间循环往返,既需要根据法律规范观照和解释案件事实,也需要借助案件事实理解和发现法律规范的真实意图,其中心问题是如何消除和弥合已确定的案件事实与相关法律规范之间的间隙,证成案件事实与法律规范的相互适应性。这正是整个法律适用的核心部分,司法裁判的关键也在于将具体的案件事实与抽象的法律规定进行联结。拉伦茨也指出,法律适用的重心不在最终的推导,"毋宁在于:就案件事实的个别部分,判断其是否符合(法条)构成要件中的各种要素"①。就此来说,要件事实并不是自始就主动地显现在法官面前,法官必须发挥主观能动性,对已认定的案件事实和相关的法律规范进行反复考虑,尤其要思忖证据事实在法律调整上的重要性和价值。② 仅当对事实与法律进行双向考量时,才能形成可取的要件事实。仍以王志才案为例,法官把已认定的证据事实"王志才持刀杀死赵某某"与《刑法》中有关"故意犯罪""故意杀人"等方面的规定加以联结,就形成了"王志才持刀杀死赵某某,是故意杀人"的要件事实,这个要件事实构成了法官裁判(定罪)推理的事实前提。

二、作为陈述的案件事实

作为一种制度性的纠纷解决活动,司法的任务及程序设计已经为案件纠纷的管辖、事实查明和法律认定预设了相应的准则和步骤。案

---

① [德]卡尔·拉伦茨:《法学方法论》,陈爱娥译,商务印书馆2003年版,第165页。
② 对于如何确定案件事实与法律规范之间的符合,以及如何运用法律方法形成要件事实,相关研究可参见黄泽敏:《案件事实的归属论证》,载《法学研究》2017年第5期,第74—92页;郑永流:《法律判断形成的模式》,载《法学研究》2004年第1期,第140—149页;张继成:《从案件事实之"是"到当事人之"应当"——法律推理机制及其正当理由的逻辑研究》,载《法学研究》2003年第1期,第64—82页;等等。

件事实在司法过程中表现为不同的形态,它们对应着司法裁判在不同环节的目标追求。对案件事实的不同存在形态,恩吉施(Karl Engisch)在其案件事实形成的方法论中给予了展现。关于如何形成法律适用之三段论推理中的案件事实前提,恩吉施分为三个构成部分来说明:(1)具体的生活事件,实际上已经发生的案件事实的想象;(2)该案件事实确实发生的确认;(3)将案件事实作如下判断:其确实具备法律的构成要件,或者更精确地说,具有法律的构成要件的构成要素。① 从这三个构成部分看,为了形成能够据以得出司法结论的案件事实依据,法官需要从其接手的实际发生的案件事实(生活事实)出发,实现对案件事实的查明和真实性确认,并完成对案件事实在法律上的评判和归属。在这里,原初的案件事实、司法认定的证据事实和要件事实依次出场。

其实,无论是司法管辖的原初纠纷事实,还是司法认定的证据事实和要件事实,都不仅是实际已发生的案件事实的现实表现形式,也更是一种经由司法活动而被建构出来的案件事实的表达形式。具体来说,一方面,从案件的原初事实到司法认定的证据事实、要件事实,都体现了案件事实自身所固有的客观性、经验性与独立性,其在内容上是客观的、实在的,具有本体意义上的存在的特质;另一方面,从诉诸司法的案件事实到司法认定的证据事实、要件事实,都已不是等同于案件客观事实本身的事实,而是司法活动的参加者借助逻辑、语言和制度规范等对案件客观事实所进行的有意建构和叙述,它们都是一种作为陈述的案件事实,具有认识论和叙事学上的意义和价值。就后者而言,司法中的案件事实是以作为陈述的案件事实形态而成为裁判结论的根据和理由的,在这个意义上,出现在司法结论获得过程中并以事实面目记载于裁

---

① 参见[德]卡尔·拉伦茨:《法学方法论》,陈爱娥译,商务印书馆2003年版,第160页。

判文书中的案件事实,就是作为陈述的案件事实。

司法裁判中的案件事实是作为陈述的案件事实,首先是由司法活动在案件事实形成方面所固有的建构本性决定的。案件事实是法官开展法律发现和法律适用的逻辑起点,只有针对具体的案件事实,法律规范才有被解释和实施的现实可能性。纠纷成为司法管辖的案件不但需要当事人积极行使诉权,而且在纠纷案件进入司法领域之后,也需要法官行使司法职权实施对案件事实的证明和评判,也只有在待处理的案件事实情况被查明和定性之后,法律适用才会落实。"事实不会长在树上,它们必须被调查和证明,有时事实会进入一个预先存在的模式,但有时会根据它们的配置设计一个模式,事实和法律一样晦涩,具有争议性和可塑性。"[①]在司法裁判过程中,围绕案件事实所进行的认定活动无一不体现了诉讼参与者的主观建构和复述,案件事实正是依赖于当事人和司法者的认知与陈述而在法律设定的制度框架下得以确认。案件事实并不是独立于人的主观和语言的自在物,相反,它必然要依附于人们的思维和语言,以陈述的形式得以创建、表现和记叙。

其次,司法裁判的每一步铺展都受制于诉讼过程对语言的运用,司法论辩的语用学性质也使案件事实的证明与判定在本质上是一种通过语言的再现和叙事活动,借此,案件事实已然完成了从作为存在的事实向作为陈述的事实的嬗变。即便是在以客观求真为导向的证据事实认定方面,通过证据证明案件事实也被视为法律事实主张的构建过程,法律证据既被看作案件事实认定的客观根据,也被看作一种建立在证据材料基础上的思维形式,它是案件事实推理和论证的前提,即已知为真

[①] Irving Younger, "The Facts of A Case", *University of Arkansas at Little Rock Law Journal*, Vol. 3, No. 2, 1980, pp. 346-347.

的命题或陈述。① 就此可以说,"法律审判中的所谓法律事实只不过是一种事实主张或主张事实罢了"②。所以,司法裁判过程中的案件事实,包括最后作为裁判依据的案件事实,"终究只是人们对于案件的一种陈述,并非案件本身"③,都是关于案件事实的某种观点。

最后,在法律适用的方法论中,构成司法推理的案件事实前提也是一种作为陈述的案件事实。法律逻辑学的原理认为,推理是由已知判断推出未知判断的思维过程,司法推理就是以已知的法律规范与案件事实作为前提推导得出裁判结论的活动,而无论是法律规范前提还是案件事实前提,都属于陈述或判断的范畴。这个被传统法律方法论称为"涵摄"的法律适用逻辑模式,正是通过处理法律规范这种假言语句与作为陈述的案件事实语句之间的归属关系,来完成对裁判结论的推演与论证的。诚如拉伦茨所言,尽管作为法律适用基础的涵摄推论看起来是将事实涵摄于法律描述的构成要件之下,但是,如果精确地审视就会发现,不是事实本身被涵摄(又如何能够呢?),被涵摄的毋宁是关于案件事实的陈述,涵摄推论中的小前提之出现的作为陈述的案件事实与作为生活事件的案件事实不同,后者是前者所指涉的对象。④ 至于司法裁判重心所在的要件事实的形成活动,本质上也就是为了作出此等关于案件事实的陈述,即"所谓案件事实是否归属于法律规则的构成要件,其本质不过是判断被描述的案件事实是否能够划归于构成

---

① 参见熊明辉、杜文静:《在证据与事实之间:一种证据博弈观》,载《浙江社会科学》2019 年第 6 期,第 43—48 页。
② 熊明辉、杜文静:《在证据与事实之间:一种证据博弈观》,载《浙江社会科学》2019 年第 6 期,第 48 页。
③ 杨贝:《论案件事实的层次与建构》,载《法制与社会发展》2019 年第 3 期,第 41 页。
④ 参见[德]卡尔·拉伦茨:《法学方法论》,陈爱娥译,商务印书馆 2003 年版,第 152 页。

要件的特定概念之下"①。由此,法官在裁判时认定和处理的那些案件事实就是被陈述了的案件事实。

三、案件事实陈述与指导性案例的效力机制

以上论述表明,案件事实是司法裁判的对象和依据,而司法过程中案件事实的形态是作为陈述的案件事实。作为陈述的案件事实是司法判决的构成要素,是判断法律适用指向与法律调整效果的起点或基本前提。作为从法院生效判决中选编出来的案例,指导性案例是整个司法裁判的成例,必定也要把案件事实陈述作为结构要素。指导性案例中的案件事实陈述正是指导性案例运用及对后续司法裁判具有约束力的现实基础。

案例指导制度的功能是通过典型案例的示范作用树立法律适用的统一标准,要实现这种功能就必须确定前后案件之间的关联性。与普通法法系背景下的判例制度不同,我国的案例指导制度运作需要以指导性案例的遴选、编撰和发布为前提。就效力和作用机制而言,普通法制度下的司法判决自动构成了后续裁判活动应当遵守的先例,遵循先例原则要求法院宣告的判决对其以后同类案件的裁判具有约束力,法官对案件事实同样明确的案件应当给出与先例相同的结论,先例中蕴含的判决理由就是裁判后案的规则。与此不同,在成文法制度传统下,法院的判决一般仅局限于对案件当事人产生效力,判决本身并不必然具有约束后案裁判的效力。

具体来说,在成文法制度下,法院的判决原则上只对案件当事人具

① 黄泽敏:《案件事实的归属论证》,载《法学研究》2017 年第 5 期,第 77 页。

有效力,其形成了一种针对诉讼双方之间争议的权威性解决方案,要求当事人必须履行相应确定的内容,在此之外,生效判决并不当然具有应当被之后裁判遵循的约束性效力。总体来看,成文法制度下的司法判决如若成为具有一定约束力的判例而被法官遵照适用,必须经过一定权威机构或专门程序的认可或确定。这也说明成文法制度下法院判决的效力与其作为判例的效力存在着一定的分野。在此方面,我国的指导性案例正是最高人民法院基于自身的权能和职责,按照事先设定的专门程序,从全国各级法院生效判决中遴选出来并经过编撰和发布的案例,经过此种程序确定的指导性案例就具有了被全国法院裁判"应当参照"的效力。这样,与一般的法院生效判决仅具有针对案件当事人的判决效力不同,指导性案例具备了作为一种判例可约束法院裁判的案例效力。①

从一般生效判决到具有参照效力的案例,指导性案例能够对后续案件裁判产生约束效力的机制就在于它揭示和确认了"同案同判"的自然之理,并使之规范化和制度化。指导性案例的效力机制就是立足于"同案同判"的要求,致力于构建"同案"之间的逻辑联系,以"同案"为基准确立统一的法律适用标准。"同案同判"的最基本含义是"同样的案件应当得到同样的判决",而所谓"同案"一般可理解为"同样案件"或"类似案件",它是以案情(即案件事实)为依据而对案件之间进行比较的结果,尽管"同案"的意义在哲学层面上面临着成立与否的追问,但是"同案"的概念对司法裁判而言具有重要价值,它蕴含着法律对人们行为调整的一般性与普遍性,昭示着法律适用的可重复性,以及司法所解决的纠纷冲突及其相应的社会关系的同等化或类型化。

---

① 有关判决效力与案例效力问题的专门论述,可参见本书第一章第三节相关内容。

通过选编指导性案例,要求各级法院审判相同或类似案件时"应当参照",案例指导制度的直接目标就是要让一些生效判决具备案例的效力,而指导性案例的这种效力机制就来源于从制度上所保证的"同案同判"的运作。司法判例制度的构建,应该紧紧围绕司法判例的作用展开,司法判例的作用即表现在既定判决对于后续裁判的影响力或约束力方面。[①] 指导性案例的效力机制也正是以"同案同判"的作用机理为要义,其中"同案"构成了"同判"的前提条件,案件事实之间的相关性和一致性是指导性案例具有实际约束力或"应当参照"效力的保障。由于"同案同判"有其自然的发生之理,所以,指导性案例正是一种把"同案同判"的机理予以确定化和规范化的制度设置。这也是案例指导制度最重要的意义,即使指导性案例目前不具有与法律一样的正式效力,维护"同案同判"也是它的直接目的。

指导性案例的效力机制表明,指导性案例直接指向司法裁判的个案情形,具有相同或类似的案件事实是指导案例产生约束力的条件,是指导性案例被后续案件裁判"应当参照"的根据。从指导性案例的内容构成看,案件事实陈述是法官判断待判案件与指导性案例是否属于"同案"的逻辑起点和分析基准,是指导性案例效力的方法论基石。

1. 案件事实陈述是"同案同判"原则能够被实际遵循的逻辑起点

指导性案例的运用遵循"同案同判"的原则,而对"同案"的识别和构建是法官运用指导性案例的关键所在。为了达到这个要求,需要法官以其中的案件事实陈述为逻辑起点进行案情方面的相关比较和确

---

① 参见张志铭:《司法判例制度构建的法理基础》,载《清华法学》2013 年第 6 期,第 96 页。

认,而案件事实陈述厘定了法官对待判案件与指导性案例是否属于"同案"的判断框架。指导性案例中的案件事实陈述不仅包含了对基本案情的叙述,更重要的是其内含了个案纠纷的争议问题,还有与特定案件争议解决直接相关的"关键事实",这些"关键事实"有时也就是法官在裁判该案件时所认定的要件事实。判断"同样案件"的基本比较点是案件的争议问题,法官需要指导性案例的目的是发现对处理待判案件争议问题有帮助的法律解决方案。如果指导性案例对相同或类似的争议问题提供了解决方案,那么这个争议问题就是联结两个案件的桥梁。在有些情况下,法官还需要在把握关键案件事实的基础上进行比较。① 也正是在此意义上,案件事实陈述为既有生效判决与后续相同或类似案件搭建起具有逻辑力量的联系,是"同案同判"原则能够被实际遵循和案例指导有效运行的保障。

所以,指导性案例以案件事实陈述为场景阐释对制定法的理解和适用问题,也就决定了案件事实陈述在指导性案例被援用时具有特别的地位。法官为了裁判新的案件去寻找指导性案例,试图从指导性案例中获得有关裁判的思路、理由和处理办法,而只有案件事实陈述才是引导法官识别指导性案例与待判案件是否"同案"并可否"同判"的首要媒介。例如在指导案例24号②中,案件事实的陈述就包括了:机动车与行人发生了交通事故,机动车驾驶人负事故的全部责任而行人无责,机动车在保险公司投保了机动车交通事故责任强制保险,行人因事故在医院治疗并发生医疗费、住院伙食费、营养费等费用,行人进行了司法鉴定,行人体质状况对其身体损害结果有可评估的影响,案件当事人

---

① 参见张骐:《再论类似案件的判断与指导性案例的使用》,载《法制与社会发展》2015年第5期,第140—141页。
② 参见指导案例24号"荣宝英诉王阳、永诚财产保险股份有限公司江阴支公司机动车交通事故责任纠纷案"。

之间的争议点,即残疾赔偿金可否按照司法鉴定意见中载明的"其个人体质的因素占25%"进行扣减的问题。法官唯有对这些事实陈述进行明确和把握,才能确定待判案件是否与该指导性案例属于"同案"。是故,从案例运用的方法角度看,法官要把指导性案例的裁判要点适用于待判案件,也只有在对指导性案例中的案件事实陈述进行把握和厘清之后才有可能。如若不然,在援用和参照指导性案例而为裁判时,将案件事实陈述置之不顾就根本不可能对指导性案例做到恰当地使用,案例指导制度的应有功能也终将被空置。

2. 案件事实陈述是进行案件相关性和一致性判断的分析基准

对于任何司法制度来说,判例的运用及其作用的实现都要有赖于后续案件与判例之间具有相当的逻辑联系。判例制度所含示的一种观念是,判例有助于判决的作出,法官在处理案件时应该考虑到早先那些基于多少是相同的案件事实而作出的判决。[①] 法官在裁判新案之初,特别是在认定了案件事实之后,全部的裁判理由并未形成,如果要寻找司法判例的帮助,最具可操作性的方式就是依照案件事实陈述是否相同或类似来甄别案件之间的关系。

我国的案例指导制度之所以能够发挥统一法律适用的功能,也是因为它着眼于构建个案裁判之间的相关性和一致性。如前所述,案例指导制度使具有典型示范意义的部分生效判决上升为具有一定约束效力的指导性案例,这是一种具有法律后顾性目标追求的制度设计,而指导性案例的援用和参照就取决于法官对待判案件与指导性案例之间相

---

① 参见[英]赖特勋爵:《判例》(上),张志铭译,载《比较法研究》1991年第4期,第55页。

关性和一致性的判断。在此框架下,案例指导制度运行必须倾向于解决好指导性案例与后续案件之间的关系问题,基于案件事实陈述而确立的案件之间的逻辑相关性和一致性,才是指导性案例对后续裁判具有"应当参照"效力的基石和决定性因素。

具体地讲,判断一个待判案件与某个指导性案例是否具有相关性和一致性,就是以作为陈述的案件事实为基准对有关的案件情节进行定量和定性分析。在一定范围上,对案件情节的定量分析是指从数量意义上对待判案件与指导性案例的事实进行比较、识别和断定;定性分析则是集中考量两个案件的事实情况在法律意义上是否具有同样的法律适用问题,以确认两个案件是否符合司法上的连续性与融贯性要求。对案件情节作定量分析,要以择定的指导性案例为基点,与待判案件在具体案情上进行比较,再结合具体的场合和所涉及的法律问题,通过比较确定相同点和不同点的相对重要性来作出案件是否相同或类似的判断;在定性分析时,也要紧盯着案件事实做文章,以案件事实的法律特性为线索,来确定两个案件的事实在整体上是不是涉及相同的法律问题,是不是属于同样法律性质的案件。[①] 正是在这种以案件事实陈述为基准,对前后案件之间的法律关联作出肯定性判断的驱使下,指导性案例出于制度要求和裁判者的倾向性跟随、仿照或借鉴等原因,产生了对后续裁判规范上和事实上的影响力,具有对法律适用的指导和拘束效用。

---

① 参见张志铭:《中国法院案例指导制度价值功能之认知》,载《学习与探索》2012年第3期,第67页。

第二节　基于案件事实陈述的指导性案例运用

指导性案例重在被援用和参照，得到司法裁判的运用是指导性案例的根本价值所在，也是案例指导制度实现其功能的前提。案件事实陈述是指导性案例效力的方法论基石，正是案件事实陈述在事实层级上维系着指导性案例与后案裁判之间的逻辑联系。指导性案例的运用在本质上是以指导性案例案件事实陈述为基础的法律适用活动，通过考察判例运用的法律推理模式，可以揭示出案件事实陈述其实也是指导性案例运用的实质理由。

一、司法判例运用的法律推理模式

对于司法判例的运用，不同的判例制度发展出不同的方法和样式。普通法制度中的遵循先例是司法的基本原则，先例中的判决理由对后来案件的裁判具有约束作用，法官不仅需要从先例的判决理由中提炼或概括出裁判规则，还要把待判案件的事实与先例的事实进行比较和判断，待判案件要想适用从先例中得出的裁判规则就必须与先例的事实构成相同或类似。从法律推理角度看，判例法推理过程涵盖了归纳推理、类比推理和演绎推理三种推理模式，其中，法官对待判案件事实与先例事实相同或类似的判断则属于类比推理。①

---

① 参见黄泽敏：《判例制度法律推理构成类型研究——兼与案例指导制度比较》，载《甘肃社会科学》2018年第3期，第160页。

在制定法传统下，司法判例的运用直接讲"同案同判"，强调的是判例为后续裁判提供解释和适用法律的范例，司法判例的作用与意义也是指向和保障"同案同判"的实现；①由于司法判例一般被看作解释和适用制定法的模范，判例的运用也是一种内置于从制定法规则出发的演绎推理之中的活动。司法判例所生成或体现的裁判规则被视为对制定法规则的具体解释，②并不具有可作为司法推理的独立前提的地位。诚然，法官要把司法判例中已适用的制定法规则（及其解释）和裁判结论运用到待判案件之中，也必须花费心思证明待判案件与司法判例的案件事实相同或类似。

其实，不论是普通法制度中的遵循先例还是制定法传统下的"同案同判"，由于司法判例都是针对一定情形的案件创造或形成了相应的裁判规则，这种裁判规则又能够被适用到之后相同或类似案件的司法中去，所以，判例运用主要就是围绕其中裁判规则的适用展开。凯尔森认为，判例是一个为之后类似案件裁判提供了模型的判决，作为判例它必须确立法律的一种新规则，正是由于判例确立了这种可被其他司法判决追随的法律的一般规则，类似案件能够以与判例相同的方式得到决定。③虽然裁判规则的适用是判例运用的目标，但是应该看到，法官必须事先完成一个不得不面对的论证任务，即对待判案件事实与判例事实同属一样或类似的情况予以证成。这就说明对案件事实的比较和确认是判例运用的前提，它决定了判例的裁判规则能否适用于待判案件的基本方向。其中主要的推理方法就是类比推理，也可以说，类比

---

① 参见张志铭：《司法判例制度构建的法理基础》，载《清华法学》2013 年第 6 期，第 97 页。

② See Neil MacCormick, Robert S. Summers(eds.), *Interpreting Precedents: a Comparative Study*, New York: Routledge, 2016, pp. 483-485.

③ See Hans Kelsen, "Will the Judgment in the Nuremberg Trial Constitute a Precedent in International Law?", *The International Law Quarterly*, Vol. 1, No. 2, 1947, pp. 153-154.

推理构成了司法判例运用的焦点或核心模式。

依据法律逻辑学,类比推理是一种"以例推例"的法律推理形式,即从一个案件到另一个案件的推理:按照类比推理的要求,确保既有个案与待决案件之间存在相似性是最为关键的步骤,因为类比推理的基础就在于事物或例子之间所拥有的相似性。① 所以,分析类比推理的内在结构及其环节就能展现司法判例运用的一般过程或模式。② 我国的案例指导制度也是以司法判决为载体给法官提供一定裁判规则的安排,相较于其他司法解释制度,其优势和创新之处就是借助案例裁判的形式来阐发制定法的意旨及其适用问题。同理而言,指导性案例运用的关键也在于,要通过类比推理方法来论证待判案件与指导性案例在事实方面的相同或类似。在案例指导制度下,摆在法官面前用来进行法律推理的前提除了完整的制定法规则和经证据证明了的案件事实外,还包括对应的指导性案例,并且证明待决案例事实与指导性案例事实是否类似,这成为案例指导制度下法律推理的论证重点。③

因此,在运用指导性案例时,要适用的制定法规则、已认定的待判案件事实以及与之对应的指导性案例裁判规则,都是法官进行法律推理业已确立的已知前提,欲要参照指导性案例把裁判规则适用于待判案件并赋予其同样的法律效果,其正当性就当然要取决于对两案之间符合"同案"的比判和证立。指导性案例的运用在技术和目标上都遵

---

① 参见陈景辉:《实践理由与法律推理》,北京大学出版社2012年版,第227页。
② 根据类比推理的简易形式,借助逻辑符号的表达可以说明这个过程:对于A对象具有a、b、c、d等特征,B对象具有a、b、c等特征,依据事实要点a、b、c就可以将A对象和B对象判断为相似事物,而d是A对象的另一个已知特征,由于使得A对象和B对象得以相似的a、b、c这些特征的存在,可以推断出d也可成为B对象应当具有的特征。参见李振江主编:《法律逻辑学》,郑州大学出版社2018年版,第214页。
③ 参见黄泽敏、张继成:《案例指导制度下的法律推理及其规则构建》,载《法学研究》2013年第3期,第40—44页。

循"同案同判"的原则,只要满足了案件事实上的相同或类似要求,指导性案例在待判案件中得以援引和参照就是可实现的。这种以类比推理为核心模式的案例推理为指导性案例的运用提供了方法论上的支持。总体来说,通过类比推理进行案件相同或类似的证明也就是基于案件事实的异同比较,只要在事实特征层面上断定两个案件相同或类似,就可以对待判案件适用指导性案例中的裁判规则。

由以上论述可以看出,指导性案例运用的主要问题是如何证明待判案件与指导性案例之间的事实相同或类似,而类比推理是解决这一问题的逻辑方法。既然案件事实陈述是法官判断待判案件与指导性案例是否属于"同案"的逻辑起点和分析基准,那么,案件事实陈述在案例运用的推理过程中是怎样作为具体根据被应用的呢?毕竟,相同或类似案件的司法判定并非只依照案情的形式对比,法官要实现对案件相同或相似的认证,必定要对之进行实质的考察和衡量。

二、案件事实陈述与"同案"的司法认定

对指导性案例的运用而言,通过对比待判案件和指导性案例中的事实要点,案件相同或相似与否从形式上大致也可以得到确定,但是表面上相同或相似并不当然就具有实质上的正当性。在指导性案例被援用时,尽管基本案情提供了从形式上比较其与待判案件是否相同或类似的事实要素,但这些事实要素并不能给予这种类比在法律适用上的正当性和权威性。因为司法裁判是针对具体个案是否为法律所适用,指导性案例作为法律适用的产物也是对一定的个案事实赋予相应的法律效果。有关案件事实的判断已不再限于对客观事件特征的把握,指导性案例作为整个裁判过程的缩影已然划定了其中的案件事实的类型

及其属性。所以,指导性案例和待判案件在事实层面的类比还必须需要实质理由来为之奠定正当性。

就类比推理的逻辑机制看,对于案件事实相同或类似的判断只需对案件之间的事实要点进行形式和数量上的比较即可完结。然而,更为精准而有实质性的思考认为,类比推理真正理性化和具有可靠性的根基并不决定于"以例推例"的推理形式本身和"是否相似"的判断结果,类比推理之结论的说服力其实集中于"已知相似性与待证相似性之间存在相关性"这个问题之上,后者才是类比推理的实质和可靠性的来源。由此,对类比推理的分析,应当从"相似性"条件转移到"相关性"条件,即已知相似性与待证相似性之间是否相关。[1] 因此,通过事实要点的形式比较所确定的相似性只是发动类比推理的可能条件,类比推理的可取性并不完全地取决于事实要点在数量上的一致性,更实质性地取决于事实相似要点之间必须满足的相关性条件。在法律的类比推理中,认定待判案件与先例具有相同或类似的事实,也就不能局限于仅对事实要点进行数量的比较,判例运用的可靠性和正当性也恰恰寓于对两案主要事实存在相关性的实质判断之中。

在司法实践中,法律推理的相关性条件是基于一定实质标准的逻辑联系而确立的,实践理由是建立相关性条件的实质根据。类比推理的理性化就是借助一定实践理由所拥有的正当性来实现理性化的任务,无论作为推理依据的前一个案例还是作为推理对象的后一个案例,之所以应当用同样的方式对待它们,是因为这两个案例处于同一实践理由之下,就连对两个案例是否有相似的判断,也是基于它们背后是否存在一个共同的行动理由这一点而作出的。[2] 在指导性案例的运用

---

[1] 参见陈景辉:《实践理由与法律推理》,北京大学出版社2012年版,第232—233页。
[2] 参见陈景辉:《实践理由与法律推理》,北京大学出版社2012年版,第246页。

中,断定待判案件的事实与指导性案例的事实具有相同或相似性因而要对它们进行"同判",其中的真实行动缘由也在于已内含在指导性案例自身之中的那些裁判理由,而指导性案例中的案件事实陈述正是在判决的事实要件层面上集中和表达了这些裁判理由,它为案件之间相同或类似的司法判定提供了实质根据。

前已指出,案件事实陈述并非只是对基本案情的一般描述,它作为一种陈述记叙了法官对案件事实的认定情况,包括对司法认定的证据事实和要件事实及其理由的陈述,尤其在形成据以作出裁判结论的要件事实方面表达了对该案事实的法律评价和归属情况。如果说制定法规则逻辑结构中的事实构成要件就是规范层面的法律事实,是立法者为落实法律规范的普适性,在特定目的引导下从具体生活事实中抽象出的事实类别模型,它作为可反复使用的立法素材,说明了在一定条件下会有法律上权利义务关系的发生、变更或消灭。[1] 那么,指导性案例中的案件事实陈述就是法官对本案进行法律适用时所形成的事实层面的法律事实,是法官为弥合制定法规则的事实构成要件与具体案件事实之间的差距,通过法律规则指引、规则理解和事实解释,并依靠特定逻辑安排和价值评价等而构建出的事实归属意义上的裁判根据。

由此可见,案件事实陈述不仅对事实的真实情况作出判断并作出陈述,而且对案件事实在法律规则适用中的定性问题进行回答并形成了命题,已经在明确案件事实的客观特性的同时也指明了案件事实的法律特性,实现了"将案件事实转述为法律术语"[2]。例如在指导案例

---

[1] 参见常鹏翱:《法律事实的意义辨析》,载《法学研究》2013年第5期,第6—9页。

[2] 英国学者尼尔·麦考密克在论述被其称为"定性问题"的疑难案件时指出,此类案件法律适用的难点问题是已被证实的某些初级事实是否属于法律规则中的次级事实,法官的选择实际上就是把案件事实转换成了法律规定的事实。参见[荷]伊芙琳·T.菲特丽丝:《法律论证原理——司法裁决之证立理论概览》,张其山、焦宝乾等译,商务印书馆2005年版,第81页。

23号①中,案件事实陈述既包括"孙银山在欧尚超市江宁店购买了已过保质期的香肠,要求欧尚超市江宁店向其支付过保质期香肠售价十倍的赔偿金"的基本案情,还包括对以下事实情况的认定:双方对孙银山从欧尚超市江宁店购买了已过期香肠的事实不持异议;孙银山购买香肠是实施了购买商品的行为,且未将所购香肠用于再次销售经营,他本人属于"为生活消费需要"而购买商品的消费者;欧尚超市江宁店作为食品销售者摆放并销售货架上超过保质期的香肠,此行为属于销售明知是不符合食品安全标准的食品;欧尚超市江宁店提出"孙银山明知食品过期而购买,希望利用其错误谋求利益,不应予以十倍赔偿"的主张。相对于《食品安全法》第28条、第96条,《消费者权益保护法》第2条等规定和该案裁判要点而言,这些判断显然都是案例中的案件事实陈述。

因此,在参照指导性案例时,法官要证明待判案件的事实与指导性案例的事实是相同或类似的,②在实质上就要仰赖于案件事实陈述所创设的标准和道理。指导性案例中案件事实陈述所展示出来的论证依据和评价准则,就是决定待判案件与指导性案例在事实方面是否同样的实质根据,亦即把待判案件与指导性案例列为"同案"的共同行动理

---

① 参见指导案例23号"孙银山诉南京欧尚超市有限公司江宁店买卖合同纠纷案"。

② 对于通过对比何种要点来判断待判案件与指导性案例的事实相同或相似,有关的研究成果并未形成共识(有关此方面的专门梳理分析,可参见雷槟硕:《指导性案例适用的阿基米德支点——事实要点相似性判断研究》,载《法制与社会发展》2018年第2期,第90页)。例如,张骐教授认为,确定类似案件的比较点就是确定案件的争议问题是否具有同类性,先例的争议问题体现为判决理由及实质事实(参见张骐:《论类似案件的判断》,载《中外法学》2014年第2期,第520页);王利明教授认为,案件之间存在相似性应当具有基本事实类似、法律关系类似、争议点类似和法律问题相似等特点(参见王利明:《我国案例指导制度若干问题研究》,载《法学》2012年第1期,第77—79页);黄泽敏等认为,裁判要点提供了事实的比较范围,但裁判理由是论证待决案件与指导性案例是否相同的实质理由(参见黄泽敏、张继成:《案例指导制度下的法律推理及其规则构建》,载《法学研究》2013年第3期,第52—53页);等等。这些观点都在一定程度上忽视了案件事实在司法裁判和指导性案例中的存在形态,没能从实质上把握作为陈述的案件事实的内容及其结构要素,没能完全地揭示出案件事实陈述对指导性案例事实认定和案例运用推理活动的实践价值。

由。虽然总体意义上对案件之间相同或类似的判定，需要对裁判理由涉及的事实问题和法律问题进行多方面的通盘考虑，但是单就事实结构层次的根据来讲，指导性案例中的案件事实陈述就为法官的案例推理供应了断定案件是否相同或类似的实质理由。从现实情况看，在法官查找和运用指导性案例为待判案件处理寻求可能帮助之时，法官对待判案件之事实情况的认定和判断一般已经完成，对待判案件和指导性案例属于"同案"的证明活动在很大程度上也就是在进行案件事实陈述的等置工作。

三、案件事实陈述与"同案"的可普遍化评判

　　案件事实陈述的特性及其在指导性案例中的意义表明，指导性案例不只是解释和适用制定法规则的范例，同时也应当是司法认定、形成和表达案件事实，以及法官建构裁判推理的事实前提的范例。可以说，指导性案例中的案件事实陈述既是一种描述性陈述，也是一种规范性陈述。作为描述性陈述，它记叙了案件事实的客观真相，是对有关案件事实及其争议情形的描写；作为规范性陈述，它也是评价性的，既提出了对案件事实情况在应然层面上进行评价和断定的标准，也蕴含和指示了对一定案件事实所可能给予的法律效果方向。就此来说，基于案件事实陈述援用和参照指导性案例，进而实现统一法律适用的目的，是在既定法秩序内实现法律的普遍调整与保障法律适用理性的要求和体现。如同普遍性是法律规则能够获得反复适用的基本条件和正当理由，基于案件事实而展开普遍评价也就是通过指导性案例落实"同案同判"的基本条件和正当理由。

　　我们知道，普遍性是法律规则的重要特征，普遍性意味着法律规则

是为具有相同事实构成的案件赋予相同的一定法律效果的标准。法律规则的普遍性是可普遍化原理在法律调整领域的应用和体现,它构成了法律推理的基本公理,即如果对法律构成要件中所指称的法律事实作出了某种价值判断或赋予了某种法律效果,那么对在所有相关特征上与它相同的个案事实也应作出相同的价值判断或赋予相同的法律效果。① 可普遍化原理包括前后递进的两层旨意:(1)一个描述性陈述基于其一定的事实要素而具有可普遍化特性,例如当人们说"a 是红的",必然意味着,对在所有相关方面类似 a 的任何其他对象,也同样应当说"它是红的"。(2)一个评价性陈述由于它的描述性意义也享有可普遍化特性,亦即,评价性陈述也具有可普遍化性,它建立在其描述性陈述要素之上。例如当人们把 a 称为"善(好)的"时,就意味着负有责任——对任何也拥有 a 这样事实特征的对象也同样要称之为"善(好)的";当人们说"我应当 R"时,就负有责任——对处于相同情况下的其他任何人也要说"应当 R"。②

可普遍化原理告诉我们,作为陈述的事实要素是一种判断和评价可被普遍化的实质要件,它也能够诠释法律判断及其普遍评价的内在机理,具有重要的实践价值。在司法领域,给予同样案件同样判决也是遵行可普遍化原理的要求和体现,它保证了判例推理的理性化运作。甚至可以说,正是可普遍化原理证成了判例运用的"同案同判"原则:"同案同判"原则之所以能够成立并被人们作为一项原则成为司法活动的要求,从根本上说还是因为人们在认识事物及实施评价时具有可

---

① 参见张继成:《从案件事实之"是"到当事人之"应当"——法律推理机制及其正当理由的逻辑研究》,载《法学研究》2003 年第 1 期,第 75 页。
② 参见[德]罗伯特·阿列克西:《法律论证理论——作为法律证立理论的理性论辩理论》,舒国滢译,中国法制出版社 2002 年版,第 81—86 页;王海明:《伦理学方法》,商务印书馆 2003 年版,第 366 页。

普遍化对待的理性。

在指导性案例的运用过程中,对与指导性案例事实相同或类似的案件,如果不能参照指导性案例给以相同的裁断和判决,在不存在更重要的理由的情况下当然就是一种违背基本正义的非理性做法。所以,基于对案件事实相同或类似的认知,对待判案件与指导性案例进行同样的事实断定和法律评价,并据此作出同样的判决结论,是人们理性的一般逻辑,也是司法制度良性运转的必然诉求。其中,指导性案例中的案件事实陈述就以其所具有的描述性意义和规范性意义,为案例运用中有关案件事实相同或相似的判断及其评价储备了可普遍化的经验要素,即据以进行可普遍化推理的实质事实因素。

分析来看,一方面,指导性案例中的案件事实陈述包含了有关本案案情的(可描述的)事实特征,它们是对待判案件进行事实认定时应予参考的信息要素。法官对待判案件中与这些事实特征相同的事实情况理应给出同样的断定和评价,这也是法官进行案例推理时认定案件相同或类似的应有内容(可普遍化原理的第一层旨意)。另一方面,指导性案例中案件事实陈述所包含的案情事实特征(有的已体现为经由法官所形成的事实判断),也是对待判案件进行有关事实的规范裁断和评价的理由,法官对具有相同或类似事实情况的待判案件也理应给出同样的法律价值评判,并赋予同样的规范意义和法律效果(可普遍化原理的第二层旨意)。再以指导案例 23 号为例,该案中关于"孙银山购买香肠且未将所购香肠用于再次销售经营,属于为生活消费而购买商品的消费者"的事实陈述,为以后法院要把具有此种事实特性的行为人也要断定为消费者提供了依据;关于"欧尚超市摆放并销售货架上过期的香肠,属于销售明知是不符合食品安全标准的食品"的事实陈述,则要求法官把商家销售货架上超过保质期的商品的情况也要认定为"销售明知是不符合食品安全标准的食品",而关于"销售者销售明知是不符合食品安全标准的食品,消费者购买后要求销售者支付所购商品价款十倍的赔偿金"的事实陈述,就得要求对处于相同情形下的案件也要给出与该案例相同的法律评价及裁判结果,即符合《食品安全法》的规定,人民法院"应予支持"。因此,案件事实陈述承载了法官对一定事实进行法律适用时所作出的判断和评价,待判案件能够援用和参照指导性案例的实质原因就来自指导性案例中案件事实陈述的可普遍化特性。

第三节　指导性案例制作中的案件事实编撰

指导性案例以实际的法院生效判决为蓝本,是一种具有很强的透明性和客观性形式的裁判成例。从我国司法实践看,由于过于倚重制定法的立法文本,对于案件具体事实的认定特别是通过联结个案事实与抽象法律规范形成要件事实尚缺乏有效的司法技术装置,其主要依赖于法官自身适用法律的能力,而忽视个案之间的细微差异可能会在法官自由裁量权的作用下被不当放大,造成法律适用结果的迥异和严重的"同案不同判"现象。[①] 对此,如果指导性案例编撰能够通过案件事实的陈述详细地展现司法裁判的事实处理过程,就可以更大限度地发挥指导性案例作为先例的示范作用,为同样案件的事实判定和评价确立更为精致的参照规准,更有利于减少法律适用的不一致现象。

---

① 参见于同志:《案例指导研究:理论与应用》,法律出版社 2018 年版,第 47 页。

一、案件事实编撰的整体思路及理念

指导性案例是以特定个案事实为对象的法院判决先例,尽管如此,指导性案例又并非完全等同于法院判决,而是以法院生效判决为"母本",后经过编撰而形成的新文本,它的构成内容得到了专门的制作。在从法院生效判决到指导性案例的转化途中,经由一定的修剪和编辑是每个指导性案例所必经的制作程序。指导性案例的内容制作有意地为今后案件树立可供参照的司法范例,这使得指导性案例编撰活动往往表现出不同于实际司法过程的政策制定导向。指导性案例的制作活动属于最高人民法院为了实现"同案同判"目的而进行决策的过程,是以司法的方式面向未来裁判以表达最高人民法院的观点主张的活动。[①] 可以说,这种借用案例的表现形式达到政策形成的目的,与最高人民法院其他形态的司法解释异曲同工。

然而,由于指导性案例的约束机制得益于其自身基于案件事实的法律适用逻辑所展示的内容框架,有关案件事实的内容构成也就占据了重要的位置,它影响着这种以案说法的模板能否建立清晰的事实判断坐标和相应的司法裁量基准。毕竟案件事实的内容构成不同,相关法律事实的认定和解释情境及其说理指向也会存在差异,指导性案例中裁判标准的规范意义也会不尽相同。因此,案件事实编撰是关涉指导性案例内容框架的重要事宜,其甚或从根本上影响着指导性案例运用的具体走向和规范效力。这样,指导性案例的内容制作必须重视有关案件事实的撰述,结合本章的主题来说,就是要重视对指导性案例中

[①] 参见朱芒:《论指导性案例的内容构成》,载《中国社会科学》2017年第4期,第111页。

案件事实陈述的编撰。案件事实陈述是指导性案例中关于事实认定、法律解释与适用的具体语境,对此,从本质上说,重视案件事实的编撰就是要以回归司法裁判过程为要义和取向,为指导性案例形成并建构出具有充实性内容的案件事实陈述。

当然,指导性案例的内容制作不能简单地被归为对案例体例及结构要素的编排,其应当以整个指导性案例的内容构成为视野,实现对案例实质要素的编撰。以回归司法裁判过程为要义和取向进行案例编撰,正是以切合司法裁判的场景为目标,从法律适用的角度对指导性案例施以与司法推理过程相符的内容撰述。如此,在案件事实的编撰方面,指导性案例的内容制作就应该以重述原有裁判过程对案件事实问题的认定和处断为准则,使裁判后续案件的法官能够在法律推理的逻辑框架中明晰地获得可资比较的"事实—规范"关系要素,尤其是司法认定的要件事实及其论证。正如有研究所论,指导性案例在制作方面必须兼顾司法原本解决既有案件纠纷的职责与政策形成作用这两方面的制度需要。要保持指导性案例具有真实案例的属性,就要接受"母本"裁判文书所载案件事实的拘束,即在"要件—效果"框架中寻找和确定这些案件事实中存在的法律关系及其相关事实要件,同时在接受事实关系不可增减的基础规则之上,构建裁判理由时需要尊重和接受"母本"裁判文书所载理由的主干逻辑框架。[①] 就此而言,指导性案例的案件事实编撰就绝非只从要点上保留案件的全部事实情况,而实际上是从言语行为意义上完整地重现案件事实陈述的形成与构建过程,使案例中的事实对待问题兼具实体与程序的双重价值。

所以,为构建具有充实性内容的案件事实陈述,指导性案例的编撰

[①] 参见朱芒:《论指导性案例的内容构成》,载《中国社会科学》2017年第4期,第127页。

就要去试图复现司法判决的事实处理过程,这仍然是一种通过专业思维及语言对案件事实的梳理和整理工作。"在判决的事实部分出现之'案件事实',是作为陈述的案件事实。基于此项目的,事件必须被陈述出来,并予以整理。"①对一般裁判活动来说,为了形成最终的案件事实陈述,围绕案件事实的不同层次和形态而展开的司法认定各项作业,无疑均具有司法的属性和法律适用的实质价值。在此方面甚至可以认为,任何特定案件的最终判决更多地要取决于司法者对案件事实所作的特性判定和类别认知。② 指导性案例是对法院生效判决的改编,若要具备司法判决的完整结构并健全地展现案件事实的司法处理要义,其中的案件事实陈述就不仅应当记录案件事实发生的客观状况,也应当阐明法官对案件事实的法律归属及其在法律适用意义上的判定,特别是要体现司法过程把案件客观事实与法律规范构成要件进行关联之后所确立的法律事实,指明案件事实在法律调整方面所应当被赋予的蕴意。

二、指导性案例编撰对案件事实陈述的完善

从已有指导性案例的体例及内容结构看,案件事实的陈述不限于甚至主要不是"基本案情",而更多地集中体现于"裁判理由"部分。要理解司法裁判对案件事实问题的审理、处断与认定等过程及其成立原因,就需要细致地发掘"裁判理由"所表述的论证内容。联系本章前述内容可知,案件事实陈述诚然构成了司法判决结论作出的理由要素,尤

---

① [德]卡尔·拉伦茨:《法学方法论》,陈爱娥译,商务印书馆2003年版,第160页。
② See Richard A. Wasserstorm, *The Judicial Decision: Toward A Theory of Legal Justification*, Stanford: Stanford University Press, 1961, pp. 18-20.

其是其中认定的要件事实及其说理其实就是裁判推理赖以成就的重要前提依据。本着改进和补强现实的目的,指导性案例的编撰理应围绕案件事实所形成的法律适用过程进行精细操作,进而在案件事实陈述的重构方面实现合理的规划和布局。

第一,基本案情部分的叙述应当彰显案件中的纠纷事实争点。指导性案例中有关案件基本事实情况的描述主要是由基本案情部分来展现的,基本案情的内容就是要告诉人们案件发生的实际状况,它是人们把握案件性质的直接材料。基本案情大多采用直陈的方式对发生于具体当事人之间的纠纷事实进行记录,有时也通过复制或剪辑双方当事人诉称和辩称的内容予以制作。关于基本案情的叙述更接近于对已发生的案件本身的再现和载明,虽然它与司法认定与构建的案件事实还存在较大差距,其对案件发生和发展的白描式叙事却是司法形成法律事实的出发点。在实质构成方面,基本案情的内容不能简化为对某种拟制事件的速写,其应当满足陈述某个具体存在的充实性,尤其要能够引导人们发现实际的纠纷事实争点。

具有明确而实际的事实争点是诉讼案件的重要特性,也是法官进行司法活动所应解决的焦点问题。就此来说,指导性案例关于基本案情的叙述就应当彰显案件中的纠纷事实争点,这也是后续法官为从事类案比较而查找相关争议问题的主要凭据。从已发布的指导性案例看,基本案情的内容仅反映了案件发生的事实情况以及原告和被告的主张,就算把法院审理查明的情况记叙包括在内,如果不借助对裁判理由等部分的分析,也让人不易读出案件的争议问题。再看指导案例24号,基本案情就没有彰显该案的争议问题,只有通过裁判理由部分对原告个人体质状况对交通事故所致伤残存在一定影响的定性回答,才能推断出该案事实中的争点其实是:计算残疾赔偿金时是否可以按照原告作为受害人的个人体质状况"损伤参与度"作相应的扣减。这个事实争点的存在是判断案件相同或类似的关键依据,而对此争点的处理正是该指导案例为今后"同案"裁判提供的主要解决方案。

　　第二,法院查明的事实情况记叙应当围绕司法认定的证据事实展开。面对不同(甚至完全对立)的案件事实主张,法院必须查明并确认真实的案件事实状况,也只有在纠纷的事实真相被确定后才可能进行法律上的评价。法院查明案件事实最终表现为对案件真实情况的司法确认,也就是经由证据审核而对证据事实的裁判建构。证据事实是法院在查明案情时依靠证据及其推理对案件事实进行证明而获得的事实结论。由于证据事实的认定是司法裁判过程必经的重要环节,而且具有独立的价值,指导性案例中的案件事实陈述就不应该缺少对证据事实的观照和表达。指导性案例的案情叙事较多地包含司法认定的证据事实,也是案例指导制度能够统一法律适用和规范法官自由裁量权的应有之义。证据事实的成立是案件事实得以在正确的方向上被建构的关键所在,也只有在证据事实的视域下,法律方法论上的"事实与规范相适应"才能被理解,因为证据事实决定了可适用的法律规范的范围。① 所以,记叙法院查明的事实情况应当紧密地围绕司法所认定的证据事实进行,而不只是单纯地叙述已经清楚的案件的来龙去脉,或重复案件当事人在事实问题上都无异议的情况。

　　第三,裁判理由中的事实判断应当详尽地阐述对具体事实的解释。证据事实的产生使案件事实具有了真相,而对事实真相进行具有法律意义的判断是法律适用的必然要求。在证据事实的基础上对案件事实进行法律上的认定,也是案件事实认定的重要内容,而且只有把已证实

---

① 参见杨贝:《论案件事实的层次与建构》,载《法制与社会发展》2019 年第 3 期,第 47—48 页。

的案件事实转变成法律上设定的相应事实,法律适用才能够真正实现。在这个过程中,法官对案件事实的最终法律判断实际上立基于对可分解的多个具体事实问题的法律断定。这其实就是一种对案件事实构成中的具体事实结合法律的相关意旨给以解释和认定的活动,它回答了案件的具体事实在法律调整上的定性问题,并且这些解释和认定为作为法律推理的要件事实前提的形成奠定了基础,也当隶属于法官据以裁判的事实理由。

裁判中的事实判断应当详尽地阐述对具体事实的解释,这在事实问题存有很大争议的案件中更为重要,因为其需要用一系列混合论证或者附加论证来作进一步的证立。[①] 著名的例子就是荷兰"电力案",针对被告人盗用电的事实,法院的判决专门对电是一种财物作了详细的解释和论证:电是一种有价值的东西,某种有价值的东西是财产,而财产就是财物,且是《刑法》上盗窃罪条款所保护的财物。[②] 在指导案例23号中,法院也是先把原告从超市购买香肠的事实认定为购买商品的行为,而且是为生活消费需要的行为,解释和论证了原告是消费者的这一事实;同时还解释并认定了,被告摆放和销售货架上超过保质期的香肠是销售明知是不符合食品安全标准的食品等事实。由此也能看出,只有对具体事实的判定和解释给以详细阐述,才能更好地为案件整体事实的最后判断与认定准备充分的条件和依据。对判例运用实践来说,关于案件具体事实的解释与说理无疑可以对同类案件的甄别和确认发挥积极作用,指导性案例的编撰较多地吸收这样的论证也是应然之理。

---

① 参见[荷]伊芙琳·T.菲特丽丝:《法律论证原理——司法裁决之证立理论概览》,张其山、焦宝乾等译,商务印书馆2005年版,第182页。
② 参见[荷]伊芙琳·T.菲特丽丝:《法律论证原理——司法裁决之证立理论概览》,张其山、焦宝乾等译,商务印书馆2005年版,第184页。

第四,裁判理由的事实构成表达应当明确展示依据相关法律规范形成要件事实的论证。对具体事实的解释和断定为构建案件的整体要件事实提供了组织结构要素,法官在判决书中最终确定的要件事实才是得出裁判结论的事实近因。要件事实的形成说明了一定案件事实是符合相关法律规范事实构成要件的法律事实,要件事实就是在法律适用时可被"涵摄"的案件事实。为形成和构建要件事实,法官的核心任务是论证案件事实与相关法律规范之间的符合性,对于这种符合性的肯定判断就产生了关于要件事实的陈述。要件事实是法官把案件整体事实向相关法律规范进行终局归属的结果,这尽管是一种法律与事实的双向交流活动,但最终确立的是关于案件事实的认定,已然属于裁判理由中的事实构成。[①] 在指导性案例中,明确表述关于要件事实的构建及其论证,其实就是展示法官为裁判推理准备作为小前提的案件事实陈述的情形。这又表明了指导性案例的编撰在结构上理应按照裁判事实认定的理路设计,对案件事实的微观论证更能让指导性案例承担起"同案同判"的功能。

综上所述,指导性案例可被参照的效力机制在于,法官要根据对指导性案例案件事实的把握,来识别和断定"同案"进而达成"同判"。案件事实是法律适用的对象,是任何司法判决都必定具备的构件,而出现在司法过程和判决结果中的案件事实是一种作为陈述的案件事实,指导性案例中的案件事实陈述也即如此。作为案例指导运作的方法论基石,案件事实陈述在事实层级上维系着指导性案例与后案裁判之间的

[①] 有学者就指出,判例意味着一案的判决效力及于其后的其他"同类"案件,识别后案与作为判例的案件之间的类似性就成为适用判例的基本前提,这一功能是由裁判文书直接承载的,而识别案件的依据就是裁判理由部分的"事实",但目前司法实践中普遍发生法官的事实认定逻辑链条断裂的现象,甚至由证据认定直接跳转到支持或否定诉讼请求的裁判结论。参见傅郁林:《在案例中探寻裁判的逻辑》,载《人民法院报》2012年2月1日,第8版。

逻辑联系,不仅为案例运用的法律推理提供了认定同样案件的实质理由,而且为同样案件的可普遍化判断和评价储备了实质事实因素。指导性案例是以专门选拔和编撰的方式产生的,指导性案例的编撰活动应当对案例内容的撰述进行合理的方法选择,而在案件事实方面,需要以有益于发挥案例的参照效力为宗旨,以能够较好地指导后续裁判发现和确定同样的案件事实为指向,构建出具有充实性内容的案件事实陈述。可以说,以法律适用的方法论原理和技术模式为圭臬,在内容上不断完善指导性案例中的案件事实陈述,或许是我国案例指导迈向更加理性化发展的可取之路。

第六章
指导性案例的裁判要点及其编撰方法

指导性案例裁判要点的存在彰显了案例指导制度作为成文法背景下司法制度的本质和特色,无疑能够对我国法院的法律适用和司法发展产生重要影响。目前关于指导性案例本体问题的研究已有不少涉及对裁判要点的分析与审思,特别是在裁判要点的性质、类型和内容编写等方面有较多的讨论。从特征上看,裁判要点是从作为先例的裁判理由中派生和抽取而来的,其必须准确地反映案例的判决要旨和理由要素,具有客观性;同时,裁判要点又不等同于案例本身,它是指导性案例编撰者对先例中的关键理由进行再加工或创造而形成的新作品,又具有主观性。[①] 所以,如何进一步恰当地认识指导性案例裁判要点的特性及其编撰法理,进而通过寻求相应的完善举措促进中国案例指导制度的不断发展,就成为值得继续思考和研究的重要问题。既有的研究对指导性案例裁判要点制作等基本法理的回答,多局限于从把裁判要点本身作为判例规则与参照标准的角度展开,在一定程度上忽视了从指导性案例场景的法律适用视角出发,这就给从司法语境中合理厘定裁判要点的属性,并从法律方法维度思考裁判要点的提炼和编撰等带来了一定的阻碍。由此,本章尝试从法律适用与法律解释、审判管理等

---

① 参见刘风景:《裁判摘要的原理与制作》,载陈金钊、谢晖主编:《法律方法》(第八卷),山东人民出版社2009年版,第171页。

的关联中来找寻指导性案例裁判要点的有关法理,继而以之为贯穿,从法律方法论的层面对裁判要点的编撰问题作出探讨。

第一节　裁判要点:从法律适用到司法规范

作为指导性案例来源的生效裁判案例都是法院针对一定个案事实适用成文法律的产物,是我国制定法体系下法律适用的结果。依据一定的条件和通过一定的程序,个案生效裁判被选拔为指导性案例后,最高人民法院概括出其中的判决理由,并把它们上升为可被类似案件审判参照的、具有一般性的裁判要点,表现出最高司法机关宣示审判标准的新姿态。理解和剖析指导性案例裁判要点的性质,既不能离开从事法律适用活动的个案生效裁判,也不能忽视最高司法机关的相关职权及其规则创制行动。

一、法律适用、司法裁判与裁判规范

指导性案例作为生效裁判案例,都来自法院具体的司法裁判实践,这在成文法制度背景下来说就是法院适用制定法的事例。法院的司法裁判是法律适用和法律实施的重要场域,是行使司法权的法官针对特定的案件真实事实,寻找并适用立法者创制的法律规范的活动,在这里既定存在的法律规范是法院审理和判断案件的权威依据,是法院解决案件纠纷中争议的标准。我们常说司法权的本质是判断权,它的含义就在于"司法判断是针对真与假、是与非、曲与直等问题,根据特定的

证据(事实)与既定的规则(法律),通过一定的程序进行认识"①。案件事实的查明及其真实性的确定基本上是一个运用证据及其规则进行判断的过程,而在认定的案件事实基础上寻找能够据以裁断事实是非曲直的法律规范并进行判断,就是法律适用的核心过程。司法裁判的内容聚焦于以事实为根据和以法律为准绳,其中的关键也在于基于案件事实发现并适用相关的法律规范,并对案件事实与法律规范之间的逻辑关系进行确证,以得出解决案件纠纷的答案。

所以,司法裁判是一种围绕着事实和规范而展开的专业性判断活动。如果从法律方法的角度看,这种法律适用主要表现为一种以案件事实和法律规范为前提的演绎推理。法律推理在整体上是一种演绎性过程,这是成文法国家对司法裁判的基本制度设置:由于立法者通过法律规范已事先设定了一般情形的事实应当赋予怎样相应的法律效果,司法者在确定了待审案件的事实之后,就可以把个案的具体情形与法律规范设定的情形进行判断和对接,然后通过演绎推理确定相应的结论。换言之,正确或理性的司法裁判必须首先要满足依法裁判的目标,就此我们也将司法裁判在本质上理解为一种法律推理,亦即举出规范性理由和事实性理由来支持最终得出的具体判决。② 这种法律适用的原理可以说已经成了人们的一种共识,并被作为成文法制度下司法裁判的法律方法论基础。

从以上可以看出,依据权威性法律规范的演绎推理正是法律适用的一般模式,法律适用从内容上说就是法律规范的适用,作为法院和法官的职责,依法裁判通常意味着要将判决结论建立在已事先公布并有

---

① 孙笑侠:《司法权的本质是判断权》,载《法学》1998年第8期,第34页。
② 参见舒国滢、王夏昊等:《法学方法论》,中国政法大学出版社2018年版,第169页。

效的一般性法律规范之基础上。既然如此,根据立法者颁布的法律规范裁判案件为什么还会有适用法律上的差别呢？这也恰是能够彰显包括我国案例指导制度在内的以制定法为传统的司法判例制度意义的问题。对这个问题的回答,就有必要引入疑难案件的概念。法律适用的一般模式只是刻画了简易案件的司法推理情形,即已认定的案件事实与既有的法律规范能够明确地相互对接,通过直接的演绎推论就能得出裁判结论。然而,疑难案件的存在是司法裁判经常面临的现实情形。所谓疑难案件,一般就是指对法律内容的理解存在困惑以及法律适用存在困难的案件,具体个案事实与法律的要件事实能够达到完全对应是一种比较理想的情形,除此之外,在法律的要件事实与个案的事实构成这两端分别增添或者改变一些要素就会使二者丧失完全对应的关系,从而使一个案件变成疑难案件。[①]

在案件裁判的语境中,一般法律规范与具体个案事实不能天然地对称,通常来说包括但不限于以下方面的原因:(1)法律并非完美无缺,在复杂多样的现实生活面前常常会疏漏不周;(2)法律语言本身具有不确定性,特别是会因语境的不同而出现歧义或模糊;(3)现代生活的急剧变化使得立法会有"大刀阔斧"的政策倾向,这必然会加剧法律自身的开放性;(4)法律适用者在理解法律时不可避免地带有自己的"成见",其和法律的关系不会是一种简单的反映与被反映的关系。[②]由此,在疑难案件裁判中,作为司法者的法官必须对立法者制定的法律规范与待判的具体案件事实之间的对接关系进行处理,作为这种处理的结果,就是形成了专门针对个案事实进行裁判的具体规范,这种具体

[①] 参见孙海波:《裁判对法律的背离与回归:疑难案件的裁判方法新论》,中国法制出版社2019年版,第34页。

[②] 参见张志铭:《法律解释学》,中国人民大学出版社2015年版,第1页。

规范以可供适用的一般法律规范为基础或框架,以弥合一般法律规范与具体案件事实之间的裂缝为目标,成为最终对案件作出裁判结论的决定理由,此即裁判规范。

对于法律规范与裁判规范的区分反映了人们对法律适用实际场景认识的一种细化:裁判规范是对法律规范的进一步具体化,它的内容源自一般的法律规范,是司法者专门针对案件的具体情形而生成的个别规范。在简单案件中,由于案件事实与相关的法律规范可以直接实现对接,也可以说可直接适用的法律规范也就是得出案件处断结论的裁判规范;而在疑难案件中,司法者就必须首先通过一定的方式或运用一定的方法建构出裁判规范。以法律方法论的话语来说,"作为法律推理之小前提的案件事实很多时候并不能精确地依法律之规定而发生,而作为法律推理之大前提的法律规定也并不总是清晰、确定的,它有时存在着语义上的模糊而有待解释,有时存在着漏洞而需要借助价值判断予以填补"[1]。据此可以认为,裁判规范可被理解为由一般法律规范衍变出的个案规范,主要表现在由法官制作的判决书中。法官裁判案件应在判决书中详细说明理由,而说明理由最主要的就是法官根据所认定的法律事实和法律规定对裁判规范的形成过程加以详细说明。[2]

因此,把指导性案例作为个案裁判案例来看,指导性案例定然也是司法场合运用法律规范对具体案件事实进行裁判的体现,其并没有改变依法裁判的场景和法律适用的固有语境。案例指导制度以指导性案例为抓手致力于统一司法裁判尺度,正是发挥了指导性案例作为真实法律适用先例的优势,是利用司法判例的一种新形式。也正由于此种

---

[1] 孙海波:《裁判对法律的背离与回归:疑难案件的裁判方法新论》,中国法制出版社2019年版,第34页。

[2] 参见陈金钊:《论审判规范》,载《比较法研究》1999年第3、4期,第342页。

缘由,我国的案例指导制度从性质上有别于普通法法系国家的判例制度,在后者的制度传统中,司法判例与"法官造法"具有必然的联系,而且司法判例本身在遵循先例原则的要求下可成为与立法机关的制定法相对的正式法律渊源,即判例法。也是在这个意义上,指导性案例最基本的价值功能就应该定位于适用法律,而非创制法律,其以对制定法的解释适用为指向,是制定法规范在具体个案裁判场景中的具体化,或者说是制定法延伸意义上的"法律续造"。[①] 职是之故,指导性案例裁判要点作为从个案生效判决中提炼出来的法律意旨,首先就应被理解为针对具体事实情形的裁判规范。

二、法律解释、司法解释与司法规范

在个案的法律适用场合,疑难案件的存在要求法院要为案件纠纷的解决积极构建裁判规范,在此过程中,一般的法律规范经由法官的法律解释等活动变得具体详细,尤其是解决了抽象的法律规范与个别案件事实之间的对应关系,厘定了相关法律规范对具体个案的调整意义。由于解决法律规范与案件事实相互适应的活动在广义上都可被视作法官运用司法权进行法律解释的过程,通过考量具体司法场域的法律解释原理,可以进一步地说明裁判规范的特性和意义。指导案例的裁判要点在最初的生效判决中以个案裁判规范的面貌生成,法理或方法论机理也在其中得以体现。毕竟,在案件裁判情境中,法律解释是法律适用的前提,法律解释的作用或目的是恰当地适用法律,一般化的法律条文只有通过解释才能展开并变得适当精确,才能与生活中真正发生的

[①] 参见张志铭:《司法判例制度构建的法理基础》,载《清华法学》2013年第6期,第104页。

具体个案事实实现对接,从而成为案件处理的规范依据。

从法律解释的视角看,形成裁判规范的意义不仅在于为具体案件找到判决的正当理由或依据,更在于把一般的法律规范变得实际有效,使其成为真正的行为规则或纠纷解决标准。没有到法律适用的场景,或许人们总是认为法律的含义是明确的,而对于司法裁判者而言,恰恰就是在讨论一般法律规范对某个案件事实是否适用时,制定法的文字变得有疑义或产生了可争辩性。法律解释的必要性或目的,就是要在具体的法律案件中探求承载着一定意义的制定法规范的真实意思,它将已包含于法律文字之中但被遮掩住的意义"分解"、摊开并予以说明,使之变得可以被理解。[①] 可以说,司法裁判场域的法律解释以阐明要适用的制定法规范为任务,其解释的目标就是追寻制定法规范所包含的真实法律意旨。该种场合的法律解释以具体案件事实为理解和说明相关法律规范的背景或语境,把立法者制定的抽象法律规范转换为可以适用于当下案件情形的裁判规范。在此意义上说,裁判规范其实也就是法官通过法律解释而获得的制定法条文对一定案件事实所具有的规范含义或内容。

所以,从法律适用的实际场景来看,面对待决案件,司法者通常要先运用法律解释的方法在法律文本中探求可直接作为裁判依据的"意思",[②]作为这种"意思"的陈述就形成了可供案件判决使用的裁判规范。与机械地直接适用法律的方式相比,法律解释肯定是一种具有创造性的工作,它是为了解决具体案件的法律适用问题而进行的,其处理和纠正了法律实施中法律规范与案件事实的偏离问题,由此所构建的

---

① 参见[德]卡尔·拉伦茨:《法学方法论》,陈爱娥译,商务印书馆2003年版,第193—194页。

② 参见沈健州:《民法解释选择问题的分析框架:以或有期间概念为分析范例》,载《中外法学》2019年第4期,第1077页。

裁判规范也肯定是一种凝结了制定法规范与特定事实对应关系的更为具体的判断或准则。由此出发理解生效判决中的裁判规范,就可以更加明确裁判规范存在的功能,其借由法律解释的实践导向性体现出来,是司法者对制定法文本意义的一种理解与选择:裁判规范本身是对制定法规范的解释和明细化,表达了司法者对相关法律适用的一种见解,其对法院就某种案件的判决具有决定性的意义,是裁判说理脉络中的核心理由。因此,把裁判规范与法律解释相关联,可以更好地理解裁判规范的形成,进而恰当把握指导性案例的裁判要点作为个案裁判规范对法律适用的作用。

需要进一步看到的是,虽然指导性案例的裁判要点在本原上属于生效裁判案例中的裁判规范,但是,在我国成文法传统的司法制度下,作为司法机关的法院在审理案件时多限于要服从立法机关构建的法律体系,个案生效判决中的裁判规范并不就当然成为后续案件审判所应当参照的裁判要点,它不拥有能够自动生成可反复适用的普遍性司法规范的机制。① 在我国的法律框架中,要把审判领域的个案裁判规范上升为具有一般意义的司法规范,往往只有仰赖最高法院的司法解释职权才能实现。各级法院个案生效判决中的裁判规范能够被提炼为指导性案例的裁判要点,也恰是沿袭了最高人民法院通过行使最高司法权从事司法解释的这种既有机制。

从指导性案例的效力来源上看,裁判要点作为一般性司法规范被参照适用,在性质上应等同于最高人民法院的司法解释。从目前法院系统创制一般性司法规范的权力来看,最高人民法院选编和发布指导

---

① 从广义上讲,司法规范不仅指法官裁判案件时所依据的规范,也指司法者在司法过程中或从事司法活动时所应遵循的程序规范。本章主要是在前一种意义上使用这个概念。

性案例并制作裁判要点,裁判要点被赋予应当参照的效力,并被要求当作裁判理由在法院判决文书中引述,这种效力的源泉就在于最高人民法院的司法解释权。按照普通法法系的制度,司法判例具有正式法律渊源的地位,先例中的判决理由对后续同样案件的司法裁判具有权威性的约束力,而成文法国家的司法制度一般并不承认判例具有当然的正式法源地位,但并不否认司法判例在裁判规则生成方面的意义。指导性案例应该说是我国司法体系下利用判决先例的一种新样式,其裁判要点恰是最高审判机关发展出的具有一定效力的普遍性司法规范。"这个提炼新文本的过程与解决个案纠纷为目的的一般司法活动不同,是以为今后审理同类案件制作规范为目的的过程,是以司法的方式面向未来裁判活动来表达最高人民法院的观点主张的活动。"[①]它定然不是创制法律的性质,却包含最高法院司法解释的机制。

在我国,司法解释权只属于最高司法机关。最高人民法院通过对指导性案例的选编和发布,并把其中属于判决理由的关键部分制作成裁判要点,实际上起到了肯定其明确或具体化相关制定法规范的作用,是把生效判决中的法律解释提升为具有权威性的司法解释。根据相关规定,我国最高人民法院的司法解释有"解释""规定""规则""批复"和"决定"五种具体形式,它们都是最高人民法院对属于审判工作中如何具体应用法律的问题所作的解释。[②] 司法解释大多采用类似法律的抽象性条款的方式,一经发布即具有反复适用的一般法律效力,特别是

[①] 朱芒:《论指导性案例的内容构成》,载《中国社会科学》2017年第4期,第109—110页。

[②] 《最高人民法院关于司法解释工作的规定》(法发〔2007〕12号)中列举了四种司法解释的形式。最高人民法院审判委员会于2021年6月出台了新的决定,把"规则"增加为司法解释的一种形式,即"对规范人民法院审判执行活动等方面的司法解释,可以采用'规则'的形式"。参见最高人民法院印发的《关于修改〈最高人民法院关于司法解释工作的规定〉的决定》(法发〔2021〕20号)。

"对在审判工作中如何具体应用某一法律或对某一类案件、某一类问题如何应用法律制定的司法解释",与指导性案例裁判要点的性质定位甚相切合。另外,关于指导性案例释法的性质,也可以从指导性案例的体例结构中看出来,因为每个指导性案例都在裁判要点之后列出了涉及的"相关法条",这就表明最高人民法院其实已经自觉地将指导性案例定位于"以案释法",案例指导实质上就是一种司法解释机制,指导性案例是最高法院在既有的抽象司法解释体系之外,又创制出的一套通过典型案例解释法律的方式。[①] 可以说,指导性案例的裁判要点已然体现了最高法院的释法目标追求,指导性案例的选编及其裁判要点的颁布就是最高人民法院借助具体案例而整合出的表达司法规范的新形式,并以此宣示相关的具体应用法律的标准。

三、审判管理与指导性案例及其裁判要点

作为司法改革的一项重要措施,创立和运行案例指导制度最重要的目的就是统一法律适用,解决由于"同案"不能"同判"所带来的司法不公问题。从案例指导的实际来看,指导性案例的选编、公布以及使用要求等专由最高人民法院负责部署和组织实施,而就指导性案例自身的要素来说,它也为各级法院审理类似案件从多方位提供了法律适用的模范。从这些角度来审视,指导性案例实际上是最高人民法院在法院系统实行自上而下的审判管理所借助的一种手段。在此方面,指导性案例成为最高法院实施审判管理的具体载体,而裁判要点则是对指导性案例这种载体核心内容的专门浓缩或凝练。

---

① 参见于同志:《案例指导研究:理论与应用》,法律出版社2018年版,第113页。

1. 通过指导性案例的审判管理：功能与定位

从案例指导制度设计之初开始，指导性案例就被赋予了鲜明的问题指向和现实针对性。在最早提出建立案例指导制度的《人民法院第二个五年改革纲要（2004—2008）》中，重视"指导性案例在统一法律适用标准、指导下级法院审判工作"等方面的作用是对指导性案例功能目标的基本要求。在最高人民法院正式推行案例指导工作的文件中，"总结审判经验，统一法律适用，提高审判质量，维护司法公正"被作为开展案例指导的基本目的。① 可以说，案例指导制度以指导性案例为物质基础，借助指导性案例的选编、发布和参照活动，要实现的基本目标就是围绕着统一法律适用的任务展开，而实现统一法律适用的目标，所要解决的问题体现在提高审判质量和维护司法公正方面。能够通过指导性案例达至这些目标的机制就在于，指导性案例是一种可以提供法律适用标准并能指导具体审判工作的载体。文件上的这种解读也切合于案例指导制度在功能上所必须面对和解决的我国司法现实问题。从现实背景考察，案例指导制度产生于最高人民法院亟须解决我国法院审判差异问题的需求之下，是最高司法机关针对由于各种原因造成的司法审判不一以及由此引发的司法不公等所采取的有利举措。

所以，实行案例指导制度的初心就已彰显了最高人民法院要通过指导性案例从事司法审判管理的目的或价值追求。如之前所论，推行案例指导制度或指导性案例追求的价值目标就是"同案同判"，这也从最为直白的意义上回答了"为什么"要有指导性案例的问题。② 由此也可见，案例指导是作为统一法律适用标准、指导下级法院审判工作的管

---

① 参见《最高人民法院关于案例指导工作规定》（法发〔2010〕51号）。
② 参见张志铭：《中国法院案例指导制度价值功能之认知》，载《学习与探索》2012年第3期，第66页。

理手段,被最高人民法院所认知和使用,在制度设计上,其侧重监督与规范司法权的行使,在决策层面上被视为推进司法管理规范化的重要步骤。① 促进各级法院"同案同判"或者说统一法律适用,就是案例指导制度所要致力于实现的最重要任务。案例指导制度实际上设置了审判管理的一种机制,它是最高司法机关运用司法案例统合、规制以及监督全国各级法院审判工作的一种方式或创新。指导性案例能够从正式制度上承载着落实审判管理的功能,这也是指导性案例对审判管理的积极意义所在。

当然,把司法案例作为统一法律适用的机制并就此发挥审判管理的作用,是任何类型的判例制度都应当具有的功能,其一般要借助先例对后续类似案件裁判的约束力来实现。由于我国的司法案例只是法院适用制定法规范的结果,并不具有对后案裁判的自动约束效力,推行案例指导制度,把指导性案例专门作为对类似案件审判具有约束效力的可参照案例,实际上就是在制度上将符合一定条件的生效裁判转化为可正式使用的判例,使其承担统一法律适用的职责。就此方面来看,我国的案例指导工作是以指导性案例的专门选编和公布以及裁判要点的有意制作等为前提或依托,在指导性案例发挥指导效用的裁判实践场合必须以指导性案例的内容(尤其是指导性案例提供的裁判要点及其他裁判标准)为基准,这使我国的案例指导运行在统一法律适用的审判管理方面兼具行政和司法活动的双重色彩。

具体来说,一方面,我国的案例指导制度采用的是具有明显的行政化性质的指导性案例产生方式,这是在法院行使案件审判职能之外又

---

① 参见于同志:《案例指导研究:理论与应用》,法律出版社2018年版,第105、107页。

有的专门创制判例的活动,①即各级法院按照规定报送符合条件的生效裁判案例,最后经过最高人民法院的筛选和审批,作为个案判决的案例才能成为具有参照效力的指导性案例,并要求全国各级法院在审判类似案件时予以引用。而就指导性案例的裁判要点而言,它是通过最高司法机关的案例编撰行为而制作的司法裁判准则,是由特定机构根据生效判决中的裁判理由对裁判规范所进行的专门概括和表述。指导性案例不同于最高法院直接审案作出的裁判文书,而是将下级法院已生效的裁判文书经整理、编辑后进行提升而形成新的文书,它是以前者为基础经过修改提炼的文本,体现的是最高人民法院的认识和主张。②所以,案例指导怎么看都是法院系统内部自上而下的一种行政化的审判管理活动。

另一方面,把指导性案例作为审判管理的工具或手段,在对象上指向法官的自由裁量权。法官的自由裁量权其实是法律适用中必不可少的因素,任何司法判例制度都具有规范法官自由裁量权的价值,我国的指导性案例也需要甚至更加明确地正视对法官自由裁量权的约束。创建案例指导制度的目的在于统一法律适用,而统一法律适用的关键在于规范法官审判的自由裁量权。指导性案例通过规范法官自由裁量权的运用来发挥审判管理作用,"它所针对的是裁判者之间的差异,以及这种差异性对法律适用所可能造成的不利影响"③。最高人民法院之所以要把指导性案例的确定和发布作为自己专属的一项任务,就是为

---

① 例如有研究就明确表示,中国法院的指导性案例在生成上主要依赖最高人民法院的司法外权力。参见宋晓:《判例生成与中国案例指导制度》,载《法学研究》2011年第4期,第58页。
② 参见朱芒:《论指导性案例的内容构成》,载《中国社会科学》2017年第4期,第109—110页。
③ 张志铭:《司法判例制度构建的法理基础》,载《清华法学》2013年第6期,第109页。

了要针对性地筛选出在典型意义上涉及法律适用标准与法官自由裁量权的案例,把其作为具有示范作用的裁判,要求法院在类似案件中与之保持一致,以落实"同案同判"的原则,解决司法不统一所带来的不公正司法的问题。指导性案例本身是法律适用的典范,特别是其中的裁判要点凝结着生效判决中的司法经验和智慧,"通过对这些理性知识和经验的承继,使具有典型意义的司法裁判的影响力能够延伸到其他案件中,从而对同类案件所涉及的事项和主体发生作用"[①]。由于法院在审判类似案件时主要就是依靠或利用裁判要点参照指导性案例的判决,裁判要点在统一法律适用和规范法官裁量权中的地位就不言而喻。

2. 裁判要点的审判管理作用

以上讨论表明,指导性案例不仅是最高人民法院从事司法解释的一种形式,也是最高法院进行司法审判管理的载体,其在功能上定位于统一法院系统的法律适用活动,并以法官的自由裁量权为规范对象。应该看到的是,这种范式的审判管理并没有直接把法院的具体案件审理活动作为规制目标,而是借助发挥案例指导的制度作用促使法官达到对同类案件裁判标准的一致遵守,以提高法院审判质量。这也可以说是一种依靠程序而为的审判管理模式选择,是符合案件审判规律的办法。这种审判管理方式或机制的优势就在于,它摆脱了就每个具体案件的审判过程而进行直接管理的观念与行动,把审判管理寄托在司法判例能够有效发生指导意义的制度设置上。也可以说,把指导性案例作为审判管理的载体或工具,正是围绕着指导性案例自身的规范作用而展开的。

指导性案例能够对法官的自由裁量权有限制和拘束作用,主要表

---

① 于同志:《案例指导研究:理论与应用》,法律出版社2018年版,第152页。

现在指导性案例所提供的相关法律问题解决方案对类似案例的处理产生明显的影响力,尤其是指导性案例裁判要点所显示的主张更是在规范意义上对法官如何适用法律具有约束力。虽然学界对于指导案例中的哪些内容才是具有约束力的要素问题一直存在争论,但不可否认的是,裁判要点在指导性案例发挥约束力方面居于显而易见的重要位置。从审判管理的需求出发可以认为,最高法院选编和公布符合一定条件的指导性案例,是希望能够通过这些指导性案例在法律适用方面对全国的法院和法官起到指导作用,即使是对法律争点的阐述也应当由最高法院进行甄别与筛选,并在裁判要点中予以体现,因此指导性案例约束力的载体主要是裁判要点所确立的相关内容。① 甚至从判例的应然性上来看,也只有在判决理由部分中能宣示新的法律原则或规则的案例才能成为判例,而实践中推行案例指导制度时在案例之首所增加的裁判要点正是这样的内容。②

宏观地讲,指导性案例裁判要点的审判管理作用,将基于裁判要点本身的特性、内容要素以及制度上的安排而至少表现为释法权威性、方法可复制性和程序控制性等这些方面的特点。

首先,裁判要点的释法权威性促使法官倾向于遵从指导性案例裁判依据的约束。指导性案例不同于同其他类型的司法判例制度,但它们之间最具相似性的地方就是它们对类似案件审判的影响力或约束力集中体现在从案件裁判的理由中生成了可以被再次适用的一般性司法规则。在指导性案例中,裁判要点正是这种一般性司法规则的存在形态,裁判要点之所以在案例的约束力方面具有更重要的意义,就是因为

---

① 参见李友根:《论指导性案例的约束力范围》,载《苏州大学学报》(哲学社会科学版)2011年第4期,第67页。
② 参见周佑勇:《作为过渡措施的案例指导制度——以"行政[2005]004号案例"为观察对象》,载《法学评论》2006年第3期,第139页。

它代表着指导性案例中释法的权威性。这种释法的权威性促使审理后续案件的法官不得不考虑其包含的裁判依据的价值和重要性。指导性案例由最高人民法院遴选而出,虽然它不具有正式法源的效力,但是,在揭示法源的坐标横轴上,如果以司法即法的适用为原点,那么"法源"之"法"就可以转换为适用于个案的确切的法律规则,法源问题就成为法官从何处获致这些法律规则的问题,也即是"裁判依据"的问题。① 指导性案例尤其是裁判要点展示的是最高司法机关对相关制定法的特别主张和见解,这种主张和见解不仅依赖于最高司法机关的权威而具有普遍约束力,而且在一定程度上也分享着其所解释的制定法条文(即相关法条)的权威性,对权威性准则的依从而进行审判在这种语境下至少是遵照司法理性的迫切要求。

其次,裁判要点确定的司法方法具有可复制性,引领法官的裁判进路趋于一致。尽管指导性案例的裁判要点具有较高的抽象性,但它是按照法律适用的逻辑从生效裁判的判决理由中抽取并编撰而成的司法要旨,在内容上包含了对案件事实和相关法律规范的理解和阐释,是把基本案情与制定法条文相互归属和确证的结晶。由此可知,裁判要点在内容要素上其实已经确定了某类案件的司法方法,这种司法方法的结构也暗示了裁判要点几近就是案例裁判本身的缩写。如此,裁判要点具有可参照性就不仅在于它是实质性的司法规范,也在于它是司法方法运用的范例,可被审理同类案件的法官进行复制和比照利用。从这一点也可以说,指导性案例参照制度自身就兼具了司法方法性管理的职能。中国的司法指导工作不仅是法律性的,而且是管理性和方法性的:"指导性案例"的建立不只是在某个案件的审判之前有了生动形

---

① 参见赵磊:《商事指导性案例的规范意义》,载《政法论坛》2018年第2期。

象的参照标尺,实质上也是最高司法者对何种疑难情况下需要权威的解释,解释的方法如何运用等进行演示,以及对法律用语解释的边界进行设定。下级法院遵循指导性案例也是学习最高司法者所倡导的司法方法,遵循宪法赋予最高司法者的有权解释。只有司法的方法统一了,法官自由裁量权才能有可靠的保障。① 所以,指导性案例裁判要点的指导性有很多部分属于司法方法指导,它有利于引领法官在裁判思路和法律方法运用方面达到趋同的效果,以实现审判管理的目的。

最后,裁判要点援引的程序控制性对法官司法标准的选择形成了制约。虽然指导性案例都是遴选自各级法院所作出的个案裁判案例,但只有经过最高人民法院审批和确定后的案件才能具备指导性案例的资格,其裁判要点也经过了专门的提炼和撰写,并由最高人民法院审判委员会讨论决定后统一公布。在我国,案例指导制度已经成为一种由上而下的"法律见解控制机制",通过这种控制体制,最高法院审判委员会试图解决"同案不同判"和下级法院"裁量差异过大"的问题。② 指导性案例不仅在效力上得到了最高司法机关的自我确认,而且其裁判要点被要求在各级法院的类案审判中"应当参照",③这意味着已从程序上对裁判要点的使用问题作出了规范性要求,法官有义务在判决书中引述相关指导性案例的裁判要点。甚至有主张强调,指导性案例的裁判要点不仅应当作为判决理由来援引,而且应当具有判决理由中的排他性效力。④ 从审判管理的意义上看,如果法官在审判中使用了指导性案例及其裁判要点,或者法官在审判中对当事人提出的先前案

---

① 参见陈灿平:《从司法方法性管理视角发展案例指导制度》,载《人民法院报》2006年11月9日,第5版。
② 参见雷磊:《指导性法源地位再反思》,载《中国法学》2015年第1期,第282页。
③ 参见《〈最高人民法院关于案例指导工作的规定〉实施细则》第九条规定。
④ 参见黄泽敏、张继成:《指导性案例援引方式之规范研究——以将裁判要点作为排他性判决理由为核心》,载《法商研究》2014年第4期,第39页。

例没有予以采纳,都应当在判决文书中说明:在前一种情形中,上级法院可以有效地对下级法院判决的合法性进行审查,而在后一种情形中,其应当成为当事人重要的上诉事由,并且为上级法院审查下级法院的行为是否属于对指导性案例的正当"偏离"提供线索。[①] 这就表明,指导性案例裁判要点构成了法官所必须面对的可能司法标准,是各级法院审判同类案件不能直接跳过而务必考量的裁判准则,这诚然对法官司法标准的选择形成了制约。

第二节　指导性案例裁判要点的类型

在案例指导制度下,指导性案例裁判要点的存在及其运用必然具有法律性和管理性的双重属性。就其作为最高法院确定的司法规范而言,裁判要点是法院在审理类似案件并进行法律适用时应当参照的裁判准则,代表着最高司法机关从制度上对制定法规范的解释或延续;就其作为最高法院统一裁判活动的载体而言,裁判要点是法官在裁断疑难案件时行使司法裁量权的准绳,代表着最高司法机关从体系上对案件审判质量的管理。就内容而言,裁判要点是指导性案例中最具关键性的部分,是指导性案例的"灵魂所在",[②]裁判要点将生效裁判文书中最为核心的法律意旨抽象、提炼出来,就是在向法官和公众宣示某种审判规准。进一步从类型化角度认识裁判要点的特性和价值,并从方法

---

① 参见雷磊:《指导性法源地位再反思》,载《中国法学》2015年第1期,第286—287页。

② 参见于同志:《案例指导研究:理论与应用》,法律出版社2018年版,第150页。

论的层面分析其形成的基本路径,有利于拓展对裁判要点改进和发展的想象空间。

　　法律规范的概括性和社会的复杂性造就了法律适用的多样性,由此也必然导致了疑难案件的复杂性和多样性。通过指导性案例来推动法律的统一适用,就是要把其中解决疑难复杂情况的法律适用成例选拔为具有样板和标准意义的事例,让它们具有影响力和规范作用。当生效裁判案例上升为指导性案例之后,裁判要点从法官判决的裁判理由中被提取和抽象出来,以相当于司法解释的面貌呈现为具有可参照效力的一般性司法规范,成为指导性案例核心内容的展现。法律适用的复杂性和多样性也必然从不同的层面成就了指导性案例裁判要点的多样性。

　　指导性案例并非法律适用的普通案例,而是具有一般性的指导价值的案例,体现了法律适用所遇到的一些不同寻常的情况及其解决方案。从指导性案例的遴选条件来看,我们就已经知道,最高人民法院最希望选拔和制作符合以下条件的案例来从事裁判指导工作:(一)社会广泛关注的;(二)法律规定比较原则的;(三)具有典型性的;(四)疑难复杂或者新类型的;(五)其他具有指导作用的案例。从通常意义上说,社会广泛关注的案例一般是指在社会上引起了强烈反响,产生了广泛的社会影响的案例;法律规定比较原则的案例是关涉到相关法律在适用时如何细化问题的案例;具有典型性的案例是指针对某些法律调整领域或在法律适用的某些方面存在代表性意义的案例;疑难复杂案例则是指在案件处理尤其是法律理解问题上出现复杂难题,具有决疑作用的案例;新类型的案例是指随着社会发展而出现了法律适用新情形的案例。当然,这些条件主要是从案件所具有的一般实体性特征上来看的,据此也有研究把指导性案例的类型归纳为五类,即影响性案例、细则性案例、典型性案例、疑难性案例和新类型案例,并认为它们之间存在交叉重合性。①

如果从法律适用的方法论角度审视,这五种类型的指导性案例都可以在统合的意义上被理解为法律适用存在疑难问题的案件,即在方法论意义上不能直接适用法律进行司法推理的疑难案件。具体来看,指导性案例遴选条件所要求的法律规定比较原则的案件、疑难复杂或新类型的案件,通常也应当是法律适用出现疑问或争议的案件,而社会广泛关注的和具有典型性的案件以及其他具有指导作用的案件,也定然是产生了法律适用的特别情况的案件,需要从法律适用的疑难角度去解决。这正如有研究所论,影响性案例具有社会影响力,但并非所有具有社会影响力的案件都能成为指导性案例,关键还是在于这些影响性案件是否存在产生规则的可能性。有些案件虽然社会影响力很大,在一个时期被社会广泛关注,但如果其引起的关注重点并不在于这些案件所涉及的法律问题,那就不能成为指导性案例。② 所以,符合这些条件的案件相对来说都应该是在法律适用方面存在一定疑难问题的案件。一般可根据法律规定进行直接推理的简单案件,由于没有任何争议的法律问题,往往不会成为社会广泛关注或具有典型性的案件(可以成为其他意义上的社会广泛关注或具有典型性的案件)。

由此,对指导性案例裁判要点的类型化把握,主要应该专注于对指导性案例通过裁判理由来解决司法裁判中不同疑难问题的观察,以及由此而形成的裁判要点对法律适用的价值或作用差异。也就是说,对裁判要点的类型化分析应该在认识法律适用疑难种类及其解决方式多

---

① 参见陈兴良:《案例指导制度的规范考察》,载《法学评论》2012 年第 3 期,第 119—121 页。
② 参见陈兴良:《案例指导制度的规范考察》,载《法学评论》2012 年第 3 期,第 120 页。

样化的情况下,根据指导性案例在解释和具体化法律规定方面所具有的不同价值,对裁判要点的基本类型进行区分与厘定。由于指导性案例裁判要点都是法官通过作为司法构成性活动的法律解释而构建出的裁判规范,因而指导性案例及其裁判要点都体现了对相关法律的解释目标或者说以某种法律解释为任务。所以,以指导性案例中的法律解释对相关法律规定的解释效果为依据,对裁判要点进行类型上的划分,可以较为直观地反映不同类别裁判要点的作用和价值。换言之,如果所有的裁判要点都可被看作法律解释的实际情形,那么,依照裁判要点对相关制定法条文的解释是进行了直接的意思展示还是进行了专门具体化的含义释明,抑或是进行了补充法律漏洞意义上的内容续造,可以将指导性案例的裁判要点划分为直接展示法律规范意思的裁判要点、具体释明法律规范含义的裁判要点和补充续造法律规范内容的裁判要点三种类型,并以此区分指导性案例的不同类别。

一、直接展示法律规范意思的裁判要点

直接展示法律规范意思的裁判要点是对已适用的法律规范的意思结合案件事实进行直接说明和展示的裁判规范,它是对一定案件情况直接适用相关的制定法条文的结果。只要有法律适用就会有对法律意思的理解和说明,把抽象的法律适用于社会现实生活必然涉及对法律的解释。[①] 从法律解释的效果上看,此种裁判要点并没有对作为法律条文内容的法律规范实行主观解释,只是对法律条文的固有含义基于具体案情的语境进行意思上的陈述或展开,也可以说是对相关法律规

---

① 参见张志铭:《法律解释学》,中国人民大学出版社2015年版,第1页。

定在一定情形下适用之后的一种转换性陈述。当然,也并非说此种裁判要点并没有法律解释的论点,它可被理解为最直白层面上的关于法律内容的阐说,是把案件事实和相关法律规范径直对接的展现。也正是在这种意义上,人们常把这种类型的裁判要点当作是对法律条文的直接引用或重述,①把形成这种类型裁判要点的指导性案例称作为宣法型指导性案例,②其虽然在法律理解和事实判断上没有任何争议,却在适用法律条文裁判案件方面具有典型和示范意义。在已公布的指导性案例中,属于直接展示法律规范意思型的裁判要点在数量上不多。例如,指导案例4号"王志才故意杀人案"和指导案例12号"李飞故意杀人案"的裁判要点都是对《刑法》第五十条第二款的专门适用。③ 从中可以得见,作为对《刑法》"限制减刑"规定之意思的直接展示或复述,它们结合不同案情形成了仅在表达上存在差异的规范性内容。

二、具体释明法律规范含义的裁判要点

具体释明法律规范含义的裁判要点是运用法律解释的不同方法,在对相关法律条文的含义进行具体化阐明中形成的裁判规范,其目的是要解决有关普遍性法律规范与具体案件事实如何实现对接的疑难问题。当制定法中的法律概念或一般化规定过于抽象、含混不清或模棱两可时,法官就要诉诸法律解释来阐明法律规定与案件情形之间的关系,以完成法律适用的任务。从法律解释的效果上看,此种裁判要点是

---

① 参见瞿灵敏:《指导性案例类型化基础上的"参照"解读——以最高人民法院指导性案例为分析对象》,载《交大法学》2015年第3期,第90页。
② 参见资琳:《指导性案例同质化处理的困境及突破》,载《法学》2017年第1期,第144页。
③ 参见指导案例4号"王志才故意杀人案"、指导案例12号"李飞故意杀人案"。

用既有的法律规定从事具体的释明或伸展工作,但其仍然是从描述性和解释性的层面理解与适用法律,解释的结果也没有超出法律文义的核心边界。就具体方法而言,此种裁判要点的形成有赖于司法者恰当地使用狭义的法律解释方法,包括文义解释、体系解释、历史解释、目的解释、社会学解释和合宪性解释等。所谓狭义的法律解释方法,就是在待决案件已有法律规定的情况下,在法律的可能文义范围之内来确定法律文本含义的各种具体解释方法。可能文义范围体现了严格适用法律的要求,也是立法者对司法者所授权的可以自由裁量的范围。各种狭义解释方法虽然程序和手段各有不同,但是都以文义解释为前提,且最终都要确定法律文本的文义。①

具体释明法律规范含义的裁判要点是要借助法律解释方法使法律规定在现实生活情景中变得具体有效。它们的特点在于将制定法条款在文义范围内进行阐述并使之明细化,以澄清过于晦涩或不易理解的法律规范的意思。也可以说,此种裁判要点实际上是法官结合个案情况对制定法条文的特别理解和说明,是法院根据案件的法律关系、法律事实以及争议焦点等对法律规范意旨所进行的具体阐释。这种类型的裁判要点在指导性案例中处于常态,在数量上也最多。以指导案例3号"潘玉梅、陈宁受贿案"为例,该案裁判要点对《刑法》第三百八十五条第一款关于受贿罪的规定作出了具体阐释,即"合办"公司受贿、低价购房受贿、掩饰受贿退赃都属于"索取他人财物"或者"非法收受他人财物"的情形,"承诺谋利"属于"为他人谋取利益"的情形。②

---

① 参见王利明:《法律解释学》,中国人民大学出版社2011年版,第68—70页。
② 参见指导案例3号"潘玉梅、陈宁受贿案"。

三、补充续造法律规范内容的裁判要点

补充续造法律规范内容的裁判要点是在法律规定出现漏洞或者由于法律规定不合理、不明确或存在冲突等造成了不能涵盖案件新情况之时,法官对法律条款采取了超越可能文义范围的"解释"而形成的裁判规范。此种裁判要点的重要性在于,它补充了法律未能规定的情况或通过续造法律的内容填补了法律调整上的空缺。从法律解释的效果上看,此种裁判要点就是要创制出可适用于一定案件情形的新的法律规范,它与相关法条的规范性内容相比已然是一种续造。按照司法裁判的原理,存在法律漏洞的客观事实带来的直接后果是,法官无法依据制定法中的特定具体规范对特定的争讼案件进行裁判,[①]裁判依据的欠缺已使狭义的法律解释无从应对。所以,需要对法律规范的内容从事补充性续造,也主要是在仅凭借狭义的法律解释方法不能得出妥当的解释结论时出现的,此时不对法律进行超越文义的续造就很难为待决案件提供裁判依据。当然,此种裁判要点虽然是以补充立法的缺失为导向,但也仍然是法官依据一定的解释方法与规则从事法律适用的作品。甚至可以说,其与狭义的法律解释的区分并非绝对,毋宁应视它们为同一思考过程的不同阶段:狭义的法律解释的界限是可能的文义范围,超越这种界限而仍在立法者原本的计划、目的范围内对法律进行续造,在性质上乃是漏洞填补,广义而言也运用"解释性"的方法。[②]

补充续造法律规范内容的裁判要点在本质上起到了创制新的法律

---

① 参见王利明:《法律解释学》,中国人民大学出版社2011年版,第202页。
② 参见[德]卡尔·拉伦茨:《法学方法论》,陈爱娥译,商务印书馆2003年版,第246页。

调整的作用，在现实中对规范法官的自由裁量权具有更大的意义。由于法律存在漏洞，在确定案例指导制度之前，法官面对这类案件要么请示上级法院或最高人民法院，要么根据法律原则进行个案的漏洞补充，前者可能使得法官完全丧失了司法能动性，而后者由于法官缺少必要的法律方法的训练，可能导致法官对自由裁量权的滥用，造成"同案不同判"的问题。[1] 这种类型的裁判要点在指导性案例中的数量也不少，尤其在民商法领域的指导性案例中居多。例如在指导案例 23 号"孙银山诉南京欧尚超市有限公司江宁店买卖合同纠纷案"中，该案裁判要点就是补充续造了《食品安全法》原九十六条第二款规定的内容，[2]即"不论其购买时是否明知食品不符合安全标准"，消费者都"可以向生产者或者销售者要求支付价款十倍的赔偿金"。指导案例 24 号"荣宝英诉王阳、永诚财产保险股份有限公司江阴支公司机动车交通事故责任纠纷案"的裁判要点也是对相关法律条文内容的补充续造，[3]它明确地解答了原本在法律上没有规定的"交通事故受害人体质状况对损害后果的影响"是否属于"可以减轻侵权人责任的法定情形"这个问题。

第三节　指导性案例裁判要点的形成与编撰

从指导性案例的编制要求和既有体例来看，裁判要点是指导性案

---

[1] 参见资琳:《指导性案例同质化处理的困境及突破》，载《法学》2017 年第 1 期，第 146 页。
[2] 参见指导案例 23 号"孙银山诉南京欧尚超市有限公司江宁店买卖合同纠纷案"。
[3] 参见指导案例 24 号"荣宝英诉王阳、永诚财产保险股份有限公司江阴支公司机动车交通事故责任纠纷案"。

例所确立的概括性规则,是指导性案例能够发挥统一法律适用功能的实际文本基础,各级法院在援用指导性案例审理类似案件时也被要求应当参照并引述裁判要点。[①] 如果说裁判要点就是指导性案例中对类似案件审判具有指导意义或拘束效力的司法规范的话,那么案例指导制度就一定蕴含着以法律适用及其方法运用为线索的示范效应,因而裁判要点才能够理所当然地被宣告为具有参照效力的具体适法规准,并在指导性案例的纂辑、适用和援引活动中据有独特的地位。

一、裁判要点形成与编撰的基本理念

如前所论,统一法律适用是创建和运行案例指导制度的初衷。从目前的实践来看,案例指导制度的存续需要以对指导性案例的持续性选拔和编撰为条件。指导性案例是在法律适用方面具有代表性和示范性的案例,因而能够发挥统一裁判尺度的作用。指导性案例的核心内容表现在作为其体例要素的裁判要点之中。裁判要点就是指导性案例主旨的概括性表达,是最高人民法院通过特定编撰程序对个案生效判决中的裁判规范的确认,是具有应当参照效力的一般性司法规范。同时,指导性案例及其裁判要点是最高司法机关在法院系统实施审判管理的一种载体,裁判要点就是落实这种审判管理的集中方案,它能够提供约束类似案件裁判的准绳以规范法官的自由裁量权。所以,从性质上看,裁判要点作为指导性案例的精华部分,既是从事司法解释的一种形式,也是实现审判管理的一种手段。

就案例指导的运行框架来说,无论是要发挥司法解释的效力效果,

[①] 参见《〈最高人民法院关于案例指导工作的规定〉实施细则》(法发〔2015〕130号)。

还是产生审判管理的功能价值,裁判要点的生成和适用都不能游离在(与法官的法律适用活动密切关联的)法律解释及其方法之外。个案裁判中的法律解释是司法活动的构成性内容,或者说是司法的制度性功能,是法律条文真正能够被适用于具体案件的前提和媒介。指导性案例作为特殊类型的判例,当然也要发挥法律解释这种制度性功能,并且在任务上要创设裁判规范,因为它的主要意图在于为嗣后案件的解决提供模板,而不在于解决其本身的纠纷。① 裁判要点是指导性案例中真正有拘束力的部分,而指导性案例实质上是以案例的方式,将裁判中与法律解释和适用有关的因素加以细化规定,进一步缩小法官自由裁量权使用的空间和幅度。② 可见,法律解释对于指导性案例的重要作用就是,法律解释是将指导性案例中被适用的制定法规范进行阐释和具体化的作业,指导性案例裁判要点也要以法律解释的机理和路径进行呈现,使其既表现为一种个性化适用法律的方法,又具有可在类似案件中加以复制援用的效应。

可以说,法律适用、法律解释—司法解释与审判管理是从全方位上把握指导性案例及其裁判要点属性的基本场域或语境,尤其是法律适用的情境和图景从动态上揭示了指导性案件裁判要点的功能创新和作用机制。因此,作为从个案生效判决中提炼出来的裁判规范,指导性案例的裁判要点在一定意义上讲就是法律适用自身或其体现,是法律解释规则及其方法运用的结论,其在经由最高法院的专门编选和发布程序而上升为一般性司法规范之后,分享了司法解释的效力,并担负着审判管理的任务。也正是在这种层面上,指导性案例具备了司法判例意

---

① 参见雷磊:《指导性法源地位再反思》,载《中国法学》2015 年第 1 期,第 281 页。
② 参见姚辉:《民事指导性案例的方法论功能》,载《国家检察官学院学报》2012 年第 1 期,第 14 页。

义上的先例的价值和作用,①可以被划归为广义的司法判例的范畴。而裁判要点作为特定案件事实同相关制定法规范相融合的结晶并能够约束同类案件的审判,所体现的正是判例的含义,或者说它就是判决理由的代称。②

据此,在指导性案例中,恰当地把握裁判要点所应具有的多维度价值和意义,是有效发挥案例指导功能的一个重要基础,而准确地从案例的裁判理由中归纳裁判要点并给以合理地编撰和表达,已成为案例指导制度发展中的一项不可或缺的重要工作。由于裁判要点的形成和被参照都要得益于指导性案例中基于法律解释及其方法所建构的规范性内容,如何有结构地表述有关法律适用的推理模式和法律解释的操作要点,在裁判要点的编撰过程中也就占据了重要的位置,它影响着指导性案例这种以案释法的判例使用方式能否建立起合理的司法判断坐标和准确的法律适用基准。所以,指导性案例的编撰活动应当斟酌对有关裁判要点构成内容的撰述。对此,需要从个案裁判场景的法律适用视角出发,以还原法律解释的过程和方法运用为取向,以细致地复现或展示裁判理由对规范与事实关系的判断根据及论证路径为要义,为案例指导实践建构出具有充实性内容的裁判要点。

---

① 例如有研究认为,"判例……确切地说,是指一个判决中所含有的法律原则或规则,对其他法院以后的审判具有约束力或说服力"。参见张骐:《判例法的比较研究——兼论中国建立判例法的意义、制度基础与操作》,载《比较法研究》2002 年第 4 期。

② 例如在普通法司法制度中,遵循先例所说的"先例",准确地说是指构成裁判依据的判决理由。如果说一项判决有什么权威的话,那权威就是判决理由,是判决所体现的一般规则。参见[英]赖特勋爵:《判例》(上),张志铭译,载《比较法研究》1991 年第 4 期,第 58 页。

二、裁判要点形成的两种基本路径

指导性案例裁判要点既直接指向司法裁判的具体个案情形，又有意确立了同类案件法律适用的一般标准。从总体上说，指导性案例的意义就在于对法律适用的各种疑难情况给出示范性的解决方案，而其中的裁判要点正是对这些解决方案的集中表述，它们都是法官在案件审判中进行法律解释的具体体现。如前所述，指导性案例作为个案生效裁判是法律适用和法律解释的产物，其间必然包含了法官对所适用的制定法规范的理解和阐释，这些理解和阐释又体现为法官在案件事实场景中把规范与事实进行相互连接的说理和论证。无论是哪种类型的裁判要点，都表明了相关法律规范在某种案件事实面前所应当具有的真实含义，都展现了被适用的法律条文针对于一定事实情况而言的法律具体意旨。可以认为，裁判要点的属性与内容构造昭示了法律解释的真正要义，切合了法律适用的规律性要求。

从法律方法论的层面看，确定要适用的法律规定对某种特定案件事实的意义，才是法律解释的主要任务或真正要义。因为对法律条文而言，只有与具体案件相关的部分才是重要的，而对具体案件而言，只有与法律条文有关的部分才是最重要的。一个法律规定应对一个待判或处理的事实加以阐释并予以具体化，也由于这个缘故，真正的法律解释问题与其说是由法律条文自身，毋宁说是由应去或拟去处理的案件所引起的。[①] 也正如此，立足于个案生效裁判实践，以真实案例为背景宣扬法律解释的结论，并使之成为具有参照价值的司法规范，已成为指

---

① 参见黄茂荣：《法学方法与现代民法》（第五版），法律出版社2007年版，第303页。

导性案例裁判要点的优势或创新之处。所以,可以从法律解释的规范与事实关联性角度来考察裁判要点形成的基本路径,以更好地认识裁判要点生成和制作的法理。

法律解释的直接对象是需要适用的法律条文,而解释的目标就是探求法律条文中表达的法律规范的意思,在这个活动中司法者必须有效地实现规范与事实之间的相互连接。根据法律解释学的原理,在具体个案的法律适用过程中,对法律条文的解释可以有两种不同的进路,即文本阐释和事实剪裁:前者是直接就所适用的法律条文从文本上进行阐释,然后将阐释的结果与个案事实情况相连接;后者则是不直接就所适用的法律条文的文本作出阐释,而是就有关的个案事实进行区分、剪裁,然后将事实与法律条文相连接;同时,在实际的法律解释过程中,二者往往会被并用。[①] 从思路上看,文本阐释主要表现为借助于对法律文本含义的阐发来涵摄已经认定的个别案件事实,而事实剪裁则表现为借助于对案件事实的认定、取舍和评价,将有意义的事实归属于相关的法律条文。如果说文本阐释是以延展法条用语的范围为凭据,力图将法律构成要件中所指陈的要素覆盖到当下案件的事实情况,那么事实剪裁就是以理清事实对象的特性为依托,力图把当下案件的事实情况投放进法律创设的构成要件中。例如在使用文本阐释时,可以通过把法律条款中规定的"人"在文本上解释为"法律上的人应当包括了自然人和法人",并用其涵摄有关公司为当事人的案件情况;而在使用事实剪裁时,则是通过理清和裁截案件中的"秘密、移置财产、使其脱离原来的监督,归自己所有"等事实信息,并把其归属为法律规定的"盗窃行为"构成之中。当然,文本阐释并不是对法律条文进行"削足

---

① 参见张志铭:《法律解释学》,中国人民大学出版社2015年版,第21页。

适履"式的应用,剪裁事实也不是对事实要素施以随意去留的安排,二者都是司法者有意拉近规范与事实的关系并最终能把它们对接在一起的门路。

诚然,无论是文本阐释还是事实剪裁,都是一种运用法律思维把法律条文与案件事实相互观照并在它们之间往返审视的过程。这其实也是在司法裁判中形成法律判断的活动,既要将规范具体化,也要将事实一般化:将规范具体化就是把规范向个案下延,看其是否能满足个案的要求,甚至在既有规范不能或不能完全适应事实时,去创立新规范;将事实一般化就是把个案向规范提升,看其是否存在规范中行为构成规定的要素,判断者在对事实的描述中总是联系到规范来选择事实,排除与规范无关的事实。① 在整体的逻辑框架下,区分文本阐释与事实剪裁两种路径的目的就在于要为裁判规范的构建确立相对明确的判断着眼点,它们作为法律解释思维的不同方面决定着人们关于法律理解和适用的具体朝向。所以,尽管文本阐释与事实剪裁在逻辑上实际上是一样的,但是二者的区分是大量法律活动所通常需要的,并存在重要的法律原因。② 毕竟,就解决问题的方式而言,文本阐释的路径说明了法律条文如何被解读才能对法律应调整的事实情况起到规范作用,事实剪裁则说明了案件事实如何被认识才能以法律为标准而对其进行处断。

在指导性案例中,法官通过对裁判理由部分的构建,作出了对相关法律条文与该案事实关系的判断,这些判断过程大都体现为以文本阐

---

① 参见郑永流:《法律判断形成的模式》,载《法学研究》2004 年第 1 期,第 147 页。
② 之前的章节提到,麦考密克把司法裁判可能面临的其中两类疑难案件问题划分为"解释问题"和"分类问题",大致也相当于本书此处所说的文本阐释和事实剪裁问题。他还指出,法律活动中需要这种区分的法律原因与法院上诉程序中对法律问题和事实问题的不同对待有关。参见[英]尼尔·麦考密克:《法律推理与法律方法》,姜峰译,法律出版社 2018 年版,第 112—114 页。

释或/和事实剪裁的路径展开,而裁判要点的形成脉络亦在其中。司法裁判的本质是对个案适用法律在面对各种疑难情形时,法官不得不通过解释法律以获取裁判理由。① 裁判要点就是从指导性案例的裁判理由中提炼出来的,对案件裁判中法律解释过程及其结论的定型化,它正是沿袭着法律规范与案件事实的某种涵摄或归属关系而把其中的解释要旨进行规范化和条理化。

例如,指导案例30号的裁判要点先对《反不正当竞争法》第二条中的概念条款作了阐释,即"反不正当竞争法并未限制经营者之间必须具有直接的或具体的竞争关系,也没有要求经营者从事相同行业",然后把该案件的事实情况涵盖进来,即"经营者之间具有间接竞争关系,行为人违背反不正当竞争法的规定,损害其他经营者合法权益的,也应当认定为不正当竞争行为"。② 又如,指导案例27号"臧进泉等盗窃、诈骗案"的裁判要点则是把"利用信息网络,诱骗他人点击虚假链接而实际通过预先植入的计算机程序窃取财物"的事实归属为《刑法》第二百六十四条所规定的"秘密窃取公私财物",又把"虚构可供交易的商品或者服务,欺骗他人点击付款链接"的事实归属为《刑法》第二百六十六条所规定的"采用虚构事实或隐瞒真相的方法"。③ 由此也可以看出,文本阐释和事实剪裁分别代表着对规范与事实开展关联作业的两种不同思路。因循文本阐释和事实剪裁的两种基本路径,指导性案例裁判要点的形成要能够以法律条文与案件事实的不同逻辑关系为框架,具备解决不同案件争议问题的问题意识,把对法律适用具有裁判

---

① 参见王洪:《逻辑能解法律论证之困吗?》,载《政法论坛》2019年第5期,第61—62页。
② 参见指导案例30号"兰建军、杭州小拇指汽车维修科技股份有限公司诉天津市小拇指汽车维修服务有限公司等侵害商标权及不正当竞争纠纷案"。此处以该案第2个裁判要点为例进行说明。
③ 参见指导案例27号"臧进泉等盗窃、诈骗案"。

规范价值的法律解释结论陈述出来。

三、指导性案例编撰对裁判要点的完善

无论如何,裁判要点都是指导性案例的核心内容。从已公布的指导性案例的内容和体例上看,裁判要点一般都是从裁判理由中抽取或概括出来的重要观点,是对案件裁判结论最具决定性作用的判断。裁判要点居于指导性案例前面的突出位置,其后直接对应着相关法条,这种安排显然对指导性案例的参照援引具有重要的提示作用,也有利于人们对指导性案例的核心主张进行认识和检索。不过,从目前来看,裁判要点在内容和形式上都更接近于以立法语言表述的法律规范,在现实中也往往被当作通常的抽象司法解释对待,这使得裁判要点不能最大限度地实现以原本案例为存在的功能。"从指导性案例的表述方式看,如果以制定法来比喻的话,'裁判要点'大致相当于法条,是最高人民法院希望表达的规范性内容的外在表现。"[①]甚至有研究认为,很多裁判要点并没有使法官真正了解和认识如何适用法律问题,进而影响了指导性案例在司法实践中的接受程度。[②] 就此,本着使裁判要点在结构上更易于被识别和参照的目的,接下来对指导性案例裁判要点的改进和完善在整体思路与布局方面提出一些建议。

第一,裁判要点的概括需要围绕案件中的法律争议展开,以揭示对案件争点的法律处理或阐明对法律适用疑难的解决方案为主旨。司法裁判处理的是案件争议适用法律,这种争议对法院管辖的案件而言是

[①] 朱芒:《论指导性案例的内容构成》,载《中国社会科学》2017年第4期,第113页。
[②] 参见孙光宁:《指导性案例裁判要旨概括方式之反思》,载《法商研究》2016年第4期,第109页。

具体的和明确的,涉及有相反法律权益的当事人的法律关系,具有真实性的纠纷问题。① 作为生效裁判案例,指导性案例定然是针对某种具体争议问题作出了定论,并给出了裁判理由作为解决方案的论证。裁判要点是对整个指导性案例主要内容的提炼,它以裁判理由为主体进行概括必须突出案例的法律适用及其确立的裁判规范,其中必然要围绕案件中的法律争议展开。案件中的法律争议既包括对法律自身的理解的争议,也包括通过法律对案件事实进行评价和定性所产生的争议,它们都事关对相关制定法条文如何解释的问题,是法律适用中需要正视和解决的疑难所在。无论哪种性质的判例制度,都是由裁判理由构成判决的根据,而对先例中内含处理法律争议要点的判决理由进行提炼才能构成真正意义上的判例要旨。裁判中确立的法律见解如若不是与案件的争议解决密切相关,一般也不能成为先例的裁判理由,也不可能被作为对同类案件审判具有约束力的裁判规范。

所以,裁判要点的概括需要明确反映司法裁判对案件中法律争议的处理结论和论证理由,这是指导性案例能够具有司法判例价值的重心所在。如果说指导性案例裁判要点就是依据裁判理由而有意表达的司法准则,其具有的规范性意义就在于它是一个包含了法律解释或适用论点的命题,那么该论点也一定是与案件法律争议问题的处理有着直接的关联。这样,"从指导性案例中抽取裁判要点时应有问题意识,应当围绕诉讼参与各方所争议的主要问题进行,以说明和解决法律争议问题为依归"②。从已有的指导性案例上看,不少裁判要点就是对裁判理由观点的直接剪贴,虽然回答了案例中的法律争议问题,但是绕开

---

① 参见吴英姿:《司法的限度:在司法能动与司法克制之间》,载《法学研究》2009年第5期,第112页。

② 于同志:《案例指导研究:理论与应用》,法律出版社2018年版,第154页。

相关争点的正面陈述就只像是面向未来的一般性立法,使人们若不查阅基本案情或裁判理由的话,就并不容易知道裁判要点在案例中所要解决的疑义。例如,为反映对案件争点的法律处理,对指导案例30号裁判要点的概括或可以调整为:"经营者之间是否必须具有直接的竞争关系或从事相同的行业,反不正当竞争法并未限制和要求。经营者之间具有间接竞争关系,行为人违背反不正当竞争法的规定,损害其他经营者合法权益的,也应当认定为不正当竞争行为。"[①]

第二,裁判要点的著述应尽可能地包容裁判理由的完整结构,尤其要融合有关法律与事实两部分的解释要旨。裁判要点是对裁判理由的总结,而裁判理由是法官针对案件争议给出的法律上的处理方案及其准据,其必然包括了对法律规范意思的阐述和有关案件事实的法律评价与认定。从法律方法的角度看,裁判理由实际上就是一个以法律适用的推理结构讲述法律与事实的融合关系的说理过程。它既要对法律规范的具体含义进行阐发,也要对案件事实的法律认定情况予以说明,还要对把法律适用于该案事实的结果作出归结,不仅如此,阐释法律和认定事实往往交织在一起。所以,从内容上看,裁判要点的编撰应尽可能地包容裁判理由的完整结构,这是一项专门浓缩裁判理由中有关法律文本的解释与案件事实的法律定性及相关结论的活动,尤其是其要精致地融合有关法律与事实两部分的解释要旨。只有如此,才能把裁判要点打造成为具有指导意义的案例司法规范,而不是使其仅成为与抽象的成文法规范并无差异的条文。在此方面,裁判要点的提炼更要倾向于结合案件的个案事实进行,要让法官对裁判要点的参照能够从中发现可以对比的基本案情信息,否则就无法帮助后案法官判断案例

[①] 此处仍以该指导案例的第2个裁判要点为例。

事实与待判案件事实之间的关联程度。①

作为适用法律的成例,我们的指导性案例是在认定事实、解释法律和作出法律决定方面的典型事例,②而作为具有指导作用的司法规范,裁判要点就是对指导性案例在这些方面的裁判理由的集中使用。要求裁判要点尽可能地包容包括案件事实认定在内的裁判理由的完整结构,也是引导法官在援引时能够以案件事实为基础来考量指导性案例适用程度的需要。因为只有裁判要点较为完满地融合了法律与事实之间的适用要义,才能让法官较好地判断所适用的法律在一定事实情形下的疑难指向,并以裁判要点的事实含量判断其对类似案件的可参照范围。因此,裁判要点编撰需要把裁判理由中的实体要素及其推理结构进行完整提取,以较好地展现裁判要点可作为判例本身的价值和意义。当然,通过案例编撰工作实现这样的追求并不是容易的事,以至于有学者反而认为,指导性案例中具有指导性的部分应当是判决中所确立的法律观点,或对有关问题的法律解决方案以及对该观点或该方案的法律论证,而对于在案例之前配编"裁判要点"一类的东西则需要格外谨慎。③

第三,裁判要点的内容不能忽视法官根据相关法律规定形成案件事实的规则,必要时应该单独设置有关案件事实陈述的要点。承接上一条的论述,生效裁判案例的判决理由在弥合被适用的法律规范与该案事实的关系时,既包括了法官对相关法律条文含义的阐释,也内含了对案件事实的法律评价和认定。然而,对案件事实的法律评价和认定

---

① 参见王彬:《案例指导与法律方法》,人民出版社 2018 年版,第 144—145 页。
② 参见张志铭:《司法判例制度构建的法理基础》,载《清华法学》2013 年第 6 期,第 105 页。
③ 参见张骐:《试论指导性案例的"指导性"》,载《法制与社会发展》2007 年第 6 期,第 46 页。

也必然是一个具有法律意义的案件事实的形成过程,这是一种把已通过证据证明为真的原初案件事实转换为符合法律规定的案件事实的活动。这也是一个隶属于整体的法律解释过程中的事实论证或事实解释环节,这个环节的任务就是:把经证据确定的案件事实归属到相关法律规范的事实构成要件之中,若能证明待决的案件事实与相关法律构成要件所指陈的要件事实特征相符合,就可以把案件事实归属在该法律的事实构成要件之下,从而得出相应的法效果。① 司法裁判中案件事实具有逐渐分层的特性,这里的案件事实才真正是与相关的法律规范实现相互连接,并最终构成司法推理的事实前提的案件事实。经此转化,具有法律意义的案件事实得以形成,原初的案件事实就成为可据以裁判的法律事实。

在实际的司法裁判中,法官根据相关法律规定形成案件事实的活动其实是为法律适用确立可以针对的案件事实的陈述过程。并非所有的案件事实都可以成为法律适用的对象,司法裁判既要确定法律意义的具体范围,也要形成法律所可欲规制的案件事实范围。与法律规范中的"事实"不同,个案的事实完全是具体的、有棱角的和不规则的,不会依法律之规定去形成自己的形状,法官的责任就是在法律规范中的"事实"和个案事实间建立关联,并论证此种关联的合理性。② 这正如拉伦茨所论,在判决的事实部分出现的"案件事实",是一种作为陈述的案件事实,基于此项目的,事件必须被陈述出来,并予以整理。法官通常以"未经加工的案件事实"为工作的起点,将对最终的法律判断不生影响的个别情事进行排除,并应该追问所有和法规范的判断有关的

---

① 参见黄泽敏:《案件事实的归属论证》,载《法学研究》2017年第5期,第81页。
② 参见李红海:《案例指导制度的未来与司法治理能力》,载《中外法学》2018年第2期,第508页。

情事,借此使终局的案件事实只包含全部在法规范的适用意义上有意义的实际事件的构成要素。因此,最终的案件事实是思想加工处理后的成果,处理过程已包含法的判断。① 对指导性案例的裁判要点而言,根据相关法律规定形成案件事实的部分显然具有独立的价值,它是裁判者考虑了法律上的重要性后对案件事实所进行挑选、解释与连接的结果,也是法律解释的一种具体形态,当属裁判规范的范畴,具有规范法律适用的作用。

第四,裁判要点的叙事需要根据其阐释法律的不同类型有针对性地展现对法律解释具体方法的运用,使裁判要点也能体现法律解释方法运用的规则。裁判要点的原型既是法官针对具体案件事实所形成的裁判规范,也是法官对所适用的制定法规范从事法律解释的结论,其本身也当具方法论上的示范功能。就此而言,指导性案例既是法官作出事实认定和解释、适用法律的典型案例,同时也理应是法院在司法推理和法律解释活动中运用法律方法的模范案例。指导性案例对同类案件审判的指导性也应表现在对法官运用法律方法的指示和引导作用,特别是从审判管理的角度看,指导性案例在实现对法官法律方法运用的规制方面具有重要的现实意义。前已指出,裁判要点在生效裁判案例中的形成就是法官运用法律解释具体方法构建规范与事实对接关系的过程,每种类型的裁判要点最初都储藏在法官运用法律解释等方法所获得和确立的裁判理由要素之中。由于裁判要点其实也大多是指导性案例中对相关法条的法律解释,所以,裁判要点的叙事可以有针对性地展现出对法律解释具体方法的运用。

具体解释方法是法官进行法律解释时可供选择的手段或路径,任

---

① 参见[德]卡尔·拉伦茨:《法学方法论》,陈爱娥译,商务印书馆2003年版,第160—161页。

何司法裁判中皆包含了法官对法律解释方法的选择与运用的经验,而当某一裁判成为指导性案例时,寓居在指导性案例当中的法律解释方法就具有了独特的价值。如果把裁判要点作为某种(些)具体解释方法运用的载体或表现方式,它就可以兼顾法律解释具体方法运用规则的内容。[①] 在目前情况下,既有指导性案例的裁判要点也确实已体现了对法律解释具体方法的运用,然而,应当看到的是,这种表现仍然是基于法官法律解释行为而自然伴生的结果,并非指导性案例编撰工作有意获取和运用法律解释方法的自觉性活动。尤其在复杂的案例中,如果裁判要点仅揭示作为结论的法效果而不说明所采取的具体解释方法,那么就有可能引起争议。因此,最高法院归纳裁判要点要注意考察法官或其他主体的"主体间"理解差异:假如大家对某法律条文的意义在"不假思索"的理解层面上的认知非常一致的话,当然无需解释;假如差距较大,理应明确所运用的法律解释的方法。[②] 对此,裁判要点的撰述要有意识地摄取指导性案例裁判理由中法官对法律解释具体方法的运用,并因循相应的解释方法,选择裁判要点的论证形式。

[①] 参见姚辉:《民事指导性案例的方法论功能》,载《国家检察官学院学报》2012年第1期,第13—14页。

[②] 参见张骐、胡兴东等:《中国司法先例与案例指导制度研究》,北京大学出版社2016年版,第253—254页。

第七章
非指导性案例的"指导性"
与案例指导制度的发展

  自最高人民法院出台《关于案例指导工作的规定》和公布第一批指导案例以来,法院案例指导制度在我国正式运行已有十多年的时间。这些年来,各界对指导性案例问题的广泛研讨,显示了人们对以指导性案例为观念与线索的法律适用活动的思考和创新,促发了理论上对具有特定身份的生效判决案例及其作用的不断聚焦。然而,这在一定程度上忽视了一般生效判决所可能具有的指导价值或意义,使得既有司法秩序内案例指导的自发性作用未能彰显。事实上,与案例指导制度对生效判决案例的专门运用相比,任何司法判决都不仅具有作为判决自身的效力,也可能发挥作为裁判先例的引导作用,并对司法实践产生深刻的影响。既定司法判决的指导作用是一种普遍存在的法律现象,并对司法案例制度的构建具有自在的、原生的促进功能,甚至在一定层面上,正视一般生效判决对后来案件审判的指引或参考价值,可以借以更好地阐释和改进案例指导的制度化安排。因此,有意地关注并思考一般生效判决对司法实践的指导作用将具有可期的理论与实践意义。

  本章尝试从普遍原理上对司法判决的指导性问题进行研究,并使用非指导性案例的概念指称不具有指导性案例身份的一般生效判决,①且在主题上区别于案例指导制度下有关指导性案例的参照适用。以下要探讨的核心问题是:非指导性案例对同类案件裁判的"指导性"如何可能?或者说非指导性案例在何种向度或意义上对司法实践具有指导性?下面将采用综合分析的方法,首先界定出非指导性案例的"指导性"之要义,考察非指导性案例具有指导作用的价值正当性与制度基础,然后基于"同案同判"的法理就非指导性案例指导作用的实现机制予以阐明,接下来对依据非指导性案例进行裁判的法律方法及其条件作出论述,最后立足相关的比较,就推进我国案例指导制度改革与发展的整体规划进行总结性思考。

第一节 对非指导性案例"指导性"的界定与承认

案例指导制度是我国成文法体系下运用司法判决的一种新形式,一般生效判决被选拔为指导性案例之后具有对后续类似案件裁判的指导性。根据创制案例指导的规范性文件之规定,统一法律适用是案例指导制度的基本目标,在法院的类似案件审判中对指导性案例"应当参照",这是在案例指导的制度定位中对指导性含义的期求,它赋予了指导性案例对司法审判的规范约束力。在此方面,指导性案例的指导

---

① 从话语色彩上看,"非指导性案例"本身带有否定的性质,作为基本概念或许并不理想,也可以用"普通案例"等代替。尽管如此,本章的讨论有意与"指导性案例"相对应,故倾向于坚持使用该名称。

性意味着其对法律适用的权威性和普遍性,昭示了指导性案例的重要性质。指导性案例的这种权威指导和约束力,与实施案例指导制度的目标密切相关,是从规范层面对裁决案例参照运用的专门设定。指导性案例的权威性至少包含两层意思,即发布机关在法律地位上的权威性,以及案例本身所体现出的在解释、丰富和发展法律方面的学术、法理上的权威性,它们是指导性案例具有普遍性效力的基础。① 就此可认为,权威性和普遍约束力是理解指导性案例之指导性的基本坐标。

相较于指导性案例所具有的指导性内涵的制度创设,一般生效判决作为正式体制上针对一定纠纷事实裁断的司法成例,也自然具有实际上的模范或标本作用,从而使其指向类似案件审判的场合,催发出对裁判活动的指导性。从词义上看,"指导"的意思就是"指示教导""指点引导",②在案例指导的语境中,"指导"的含义则丰富地包括了"参照""参考""指引""指使""示范""启发""遵循"等内容,甚至还涵盖了"监督"和"管理"的意蕴。不同于制度层面将指导性案例之指导性进行权威化和规范化的追求,非指导性案例固定了生效判决的自身价值和影响/作用力,由其发展出的对司法活动的实际指导性在应用范围和程式上包含了司法实践的自在机制。在这个层面上,一般生效判决就并非纯粹的法律适用结论,相反,它们对类似案件的审判也发挥着不容忽视的指导效用。也可以说,除却指导性案例之指导性在权威和规范上的约束力性质,非指导性案例在分享司法案例的"指导性"作用方面可谓当仁不让,对司法裁判构成并非可有可无的影响性因素。

---

① 参见张骐:《试论指导性案例的"指导性"》,载《法制与社会发展》2007 年第 6 期,第 40 页。
② 参见中国社会科学院语言研究所词典编辑室:《现代汉语词典》(第 7 版),商务印书馆 2016 年版,第 1685 页。

一、对非指导性案例之"指导性"的界定

在一般意义上说,任何法院所作出的生效判决都形成裁判的实例,具有真实存在的事实属性,而由于司法裁判是一种反复进行的类型化的认知和实践活动,既定生效判决自然会形成对后续司法的事实上的影响力。[①] 从实质上看,非指导性案例的"指导性"就源自司法裁判的固有功能和特性,展现为在解决案件纠纷及其法律适用过程中处理同类案件时的指示和引导效应。[②] 由此,非指导性案例借助生效判决的本来作用和功能,以对审判实践的现实影响力为主旨,必然会对类似案件的司法裁判产生相应的指导价值。

归结起来,至少可以从三个方面或维度对非指导性案例的"指导性"予以界定或刻画,即事实影响力效果、被惯习性仿照适用和说服性行动理由,借此就可以厘定出一般生效判决(作为司法案例所具有的)对同类案件裁判的指导作用和地位。

1. 效果上的事实影响力

事实影响力的概念可被用以描述并非应然或规范层面上的对事物的改变或作用力量。比起指导性案例已然具有的规范约束力,非指导性案例的"指导性"就表现为一种事实影响力。一般来说,规范约束力属于正式制度上的效力范畴,制度性权威会对司法裁判产生规范约束力,也就是说,作为一种应然约束力,法官在司法裁判中"应当"去适用

---

① 参见张志铭:《司法判例制度构建的法理基础》,载《清华法学》2013 年第 6 期,第 93—94 页。

② See Lon L. Fuller, "The Forms and Limits of Adjudication", *Harvard Law Review*, Vol. 92, No. 2, 1978, p. 357.

法律渊源，而这里的"应当"又与"法律义务"的概念相联系，表现出法律上的强制性要求。① 依此说法，要求法院以"应当参照"的方式接受指导性案例的指导，就意味着其必然要产生与法律义务相关联的效果，它"明确地"给法官增加了一种对指导性案例的注意义务，并通过一定的实体及程序性惩戒规则加以保障，如果背离了也将依照法定程序撤销、改判或者再审改判等。② 区别于指导性案例的规范约束力，事实影响力指的是一般生效判决因符合一定需求或客观上被后续的裁判活动所接受或遵循，从而对案件的司法处理产生了实际的作用力量。非指导性案例对后续裁判的效用就表现在事实上的影响力，它们作为司法活动的产物必然可以被其后类似案件的审判得以实际地参考运用，这是从效果上对非指导性案例之"指导性"的基本价值认识。

2. 适用上的被惯习性仿照

如果说指导性案例的指导性是一种权威性的制度要求，那么非指导性案例的"指导性"就呈现为一种适用上的被惯习性仿照。司法裁判是依照法律的要求适用法律以解决社会纠纷的活动，它需要对当事人提起的争点和论点作出裁决。③ 同指导性案例一样，任何生效判决都承载了对一定情形的纠纷事实的法律解决方案，这就使得任何裁决案例都可能对同类案件的司法实践具有示范和参考作用，这本是案例指导的应有之义。既定判决适用法律时"所包含的各种标准、具体参照点和权威性依据等，无疑具有'类推'意义上的规范价值"④。在现实

---

① 参见雷磊：《指导性案例法源地位再反思》，载《中国法学》2015 年第 1 期，第 276 页。
② 参见于同志：《案例指导研究：理论与应用》，法律出版社 2018 年版，第 183 页。
③ 参见张志铭：《法律解释学》，中国人民大学出版社 2015 年版，第 130 页。
④ 王国龙：《自由裁量及裁量正义的实现》，载《上海政法学院学报》（法治论丛）2020 年第 4 期，第 84 页。

的司法进程中,法官出于惯习性的思考或行为倾向,总会考虑或遵从在先的同类判决方式或方法,①从而使法院在任何案件中已形成的既定判决都能被惯习性地仿照适用。顾名思义,仿照就是按照已有的方法或式样去做,可以说,被惯习性地仿照适用是一般生效判决承担事实上的判例功能的基本途径,也可被界定并描述为案例指导的一种显现方式。与制度的明文创制相比,惯习性仿照并不那么确定却更具实践性,甚至在一定条件下可以为相关事项的制度化提供途径。

3. 行动上的理由说服性

在成文法传统的司法制度下,一般生效判决通常仅具有判决的效力,而不具有自动产生规范约束力的案例的效力,但它们并不失被司法者有意识运用的作用机理。除了上述原因,既定判决往往具有行动上的理由说服性而被法官在类似案件的审判中予以坚守,从而产生实际上的指导性。从形式层面看,当存在既定的法院裁判案例时,法官基于对案件事实的前后可比性认识通常倾向于对既定判决进行复制或沿袭,不背离既往的成例确实具有很强的行动上的理由说服性。遵循前例即满足行动上的理由说服性,而且循例不需要作出额外的解释;相反,破例则需要作出更多的解释和权衡,需要显示更强劲的理由。② 从实质层面看,任何生效判决中的理由要点都可能构成对法院具有影响力的裁判依据材料,这种哪怕仅是说服性的材料一旦获得司法者的认

---

① 根据社会学家布迪厄(Pierre Bourdieu)的理论,惯习或习性是"持久的、可转换的潜在行为倾向系统",它作为实践活动的生成和组织原则起作用,使实践活动能够客观地适应自身的意图,而不是服从某种规则的结果。参见[法]皮埃尔·布迪厄:《实践感》,蒋梓骅译,译林出版社2012年版,第74页。惯习能够把过去的经验综合起来,依靠对于各种框架的类比性的转换,使千差万别的任务的完成成为可能。参见[美]戴维·斯沃茨:《文化与权力:布尔迪厄的社会学》,陶东风译,上海译文出版社2006年版,第116页。

② 参见陈绪纲:《先例·革命·改革》(代编后小记),载《北大法律评论》(第5卷·第1辑),法律出版社2003年版,第285页。

可信服就可以被自觉地加以采用。① 相较于指导性案例可以提供相对权威的裁判依据(准权威性),一般生效判决作为非指导性案例则可以定位于说服性的裁判依据材料,并据其实质上的理由说服性对同类案件的司法审判产生说理上的示范性指导意义。

从直白意义上看,非指导性案例的"指导性"就表现为一般生效判决作为既定裁判案例对后续案件司法的实际指引或影响这样一种现象。以上从说明性的角度界定了这种指导性的要义,接下来将对非指导性案例具有指导作用的价值正当性与制度基础展开分析。

二、司法裁判与既定判决指导的价值正当性

通常地讲,生效司法判决对后续裁判的作用主要体现在为类似案件提供解释与适用法律的示例,这种作用在既定判决被沿承和仿照时拥有价值正当性。就原理来说,司法案例的作用是一种与法院裁判活动相伴而生的事情,无论是具有权威性的判例还是一般法院作出的普通判决,其发挥作用的正当性都与司法裁判的性质和功能密不可分。从司法的过程或结构看,法官运用法律与事实进行裁判给人们以解决争议的答案,然而,司法并不是简单机械地适用法律,即便是在以立法为中心的成文法制度中,法官也需要将抽象的或者不清楚的法律规范给予具体的解释。由此,司法判决的作用不仅在于解决特定当事人之间的纠纷,也在于它记载了审判活动的过程并宣示了裁判者对法律的理解和说明,给人们提供了更为确定的行为预期。在人类长期的司法

---

① 张志铭教授按照对裁判者制约和影响的力度,把司法裁判所依据的材料区分为权威性、准权威性和说服性三种,并认为指导性案例可以定位于准权威性依据。参见张志铭:《司法判例制度构建的法理基础》,载《清华法学》2013 年第 6 期,第 103—104 页。

历史中,对既定判决的价值认知已自然地造就了广泛存在的尊重先例的观念与实践。

具体而言,既定判决对法律的解释与宣告使法律适用更加具有明确性和确定性,因循司法先例从事裁判具有相当程度的合理性。任何法律条文都是对所涉事项的概括表达,抽象的法律规范与具象的社会生活总是出现不能对接的缝隙,法律的模糊性、不周延性、滞后性等更是让疑难案件的存在颇为常见。司法案例以法院个案裁判的形式存在,通过对特定案件事实场景的把握将相关法律进行具体化的阐明,生成对法律适用的一种稳定认识,具有可被参考或模仿的价值。① 也正因如此,个案裁判最关键的功能是双重例示效果:一方面,对裁判者而言,为了避免以自身偏好取代法律上的判断,要求他们应当尊重既有的案件裁判结果,可以约束司法的自由裁量,由此任何个案裁判都必然是面向过去、着眼未来的;另一方面,对社会民众而言,任何个案裁判都在将抽象的法律具体化的同时表明了未来应当遵守的具体公共行为准则是什么,裁判者将如何处理他们可能卷入的同类纠纷,因此个案裁判给了社会民众相应的合理期待。②

所以,依循既定判决进行裁判在很大程度上可以实现法律适用的连续性,保障法律的明确性、确定性和可预测性,其本身也体现着对司法经验的尊重,是实现法律调整的安定性的必然需要。尤其在现代法治社会,法院真正代表了法律的形象,司法在一定意义上构成了法治运行体系的核心环节,司法裁判的直接功能在于解决纠纷,而司法裁判的

---

① 凯尔森就指出,虽然没有法律赋予一个司法判决具有约束力的先例性质,但是只要该判决被认为是随后类似案件裁判的一个有价值的范例,其就有一定的机会被其他判决所遵循。See Hans Kelsen, "Will the Judgment in the Nuremberg Trial Constitute a Precedent in International Law?", *The International Law Quarterly*, Vol. 1, No. 2, 1947, p. 164.

② 参见陈景辉:《案例指导制度与同案同判》,载《光明日报》2014年1月29日,第16版。

特点却在于如何解决纠纷。① 参照作为司法活动成果的生效判决就为司法功能的延续和统一奠定了基于司法自身的观念基础,有利于消除法律适用中的随意性和擅断性,维护法律有效运行的秩序。"被人们普遍承认的支撑遵循先例预设的理由是法律的确定性和可预见性。人们越确信法院会遵循既定判决及其思路,就越会在将来的行动中依赖类似判决。人们越能依靠这样的判决,对法律指引行为的可靠性的信心就越强,而对法律的信心越强,就越能强有力地主张公正,反对恣意妄为。"② 于是,无论是否实行所谓的司法判例制度,既定判决在法院裁判中的指导作用都有值得期求的价值基础。

不仅如此,司法裁判以公正和平等为根本的价值诉求,而立足于既定的个案裁判以确立同类案件之间的同等处理,是任何司法活动都应当积极追寻的重要目标。在此方面,任何司法判决都具备直接明显的促进"同案同判"的作用,这也必然促使人们对一般生效判决之指导性的肯定与承认。在裁判实践中,法官缘于对平等司法的追求和信赖,自发地把既有的生效判决作为模板,也正是保障个案裁判的品质和实现司法公正的目标性需求。把平等观念引入法律领域,就产生了案件的类型化审判原则,即每个案件都不应该被孤立地、个别地裁断,否则司法就不可能公正,而接受先例指导意味着遵循案件的类型化审判原则,这有利于落实同等情形同等对待的司法要求。③ 可以认为,正是因为对司法公正的不断寻求以及由这种姿态所产生的效应,赋予了一般生效判决暨个案裁判的实际影响力。

---

① 参见雷磊:《法教义学与法治:法教义学的治理意义》,载《法学研究》2018年第5期,第65页。

② 转引自张志铭:《司法判例制度构建的法理基础》,载《清华法学》2013年第6期,第98页。

③ 参见于同志:《案例指导研究:理论与应用》,法律出版社2018年版,第45页。

三、非指导性案例产生指导作用的制度基础

对非指导性案例"指导性"的界定和价值分析表明,司法判决的实际作用或影响可以说是有其自然生成的机理或机制。作为既定的裁判成果,一般生效判决对于后来的审判具有事实层面的指导性,揭示了司法活动中一种与生俱来的跟随服从和主体理性选择的道理。除了价值正当性,考察司法系统的制度特性可知,非指导性案例产生指导作用的原因有更为重要的制度基础。从因果关联上看,既定判决固有指导作用的发生与统一的司法管辖权制度、法院的审级构造制度和法官的职业共同体制度等有着密切的关系。①

首先,统一的司法管辖权制度是生效判决具有指导作用的体制保障。司法管辖权是法院从事包括审理和判决案件在内的行为的权限:从裁判者角度看,司法管辖权是审判权的基础,审判权通过对管辖权的分配而特别授予;从受裁判者角度看,只有将具有可裁判性的事项提交法院,才能够使纠纷通过司法途径获得解决。② 司法管辖权不仅解决了应该把什么样的社会冲突纠纷纳入法院裁判管辖的范围问题,③也划定了法院与其他国家机构之间对于管辖可由国家介入的事项的职能分工,同时包括有司法权的法院之间在管辖具体案件方面的

---

① 参见张志铭:《司法判例制度构建的法理基础》,载《清华法学》2013年第6期,第98页。
② 参见傅郁林:《民事司法制度的功能与结构》,北京大学出版社2006年版,第173页。
③ See Elder Witt (ed.), *Congressional Quarterly's Guide to the U. S. Supreme Court* (2nd ed.), Washington, D.C.: Congressional Quarterly Inc., 1990, pp. 285-287.

职责分工。① 统一的司法管辖权制度是在一国范围内对案件进行整体化司法处理的制度编排,它设定了诉争的案件应被相应的司法组织及程序进行裁断的职权及其限度。统一的司法管辖权制度的根本目的是实现司法领域法制的统一,在该制度下,各个法院的裁判活动必然会注意其对社会纠纷处断的权责划分,诸如案件判决的既判力也会倾向于协调法院系统的一致行动。在发动司法判决案例的作用方面,统一的司法管辖权制度就为生效判决的遵照运用准备了体制和程序上的保障。

其次,法院的审级构造制度为既定裁判产生影响力提供了组织依靠。法院的审级制度是指法院在纵向组织体系上的层次划分,以及案件经过几级审理后判决即发生法律效力的制度。② 法院的审级构造由围绕上下级法院关系而设定的一系列程序机制和技术规范组成,是现代司法在内部组织层面的重要内容。审级构造制度使裁判活动在不同法院之间实行等级设置和职能分层,并要求案件经过一定的层级审理即为终结,其包含了通过规范的上诉程序来实现上级法院对下级法院的监督,为案件审理安排了组织结构上的稳定次序和纠错途径。③ 审级构造制度框定了不同层级法院之间在案件裁判上的任务划分和等级差别,虽然这种结构关系从根本上有别于行政部门上级对下级的控制机制,但基于上诉审查程序而形成的监督关系也使得下级法院不可避免地要在意上级法院的影响。所以,面对案件判决的多重考量,在一个统一的司法管辖权制度下,基于法院审级构造的原则,下级法院在审判

---

① 参见傅郁林:《民事司法制度的功能与结构》,北京大学出版社 2006 年版,第 174—175 页。
② 参见沈德咏主编:《中国特色社会主义司法制度论纲》,人民法院出版社 2009 年版,第 213 页。
③ 参见杨知文:《现代司法的审级构造和我国法院层级结构改革》,载《华东政法大学学报》2012 年第 5 期,第 4—7 页。

中必然会重视上级法院先前的同样或同类判决，从而依赖法院的组织结构形成既有裁判的纵向影响力或约束力。①

最后，法官的职业共同体制度使司法案例的遵循活动具备群体意识。在法官职业共同体制度构建的背景下，法院对案件的审理和判决都需要有适当的依据及充足的理由支持，法官的立场和见解体现在裁决说理的过程中，其必须使当事人、其他法官乃至整个法律界接受。②处于职业共同体中的法官具有一种潜移默化地趋于一致的行动逻辑，在对待司法案例的态度方面，他们也会做到尽量在现实审判中遵循自己先前制作的生效判决，更会自觉自愿地关注同级法院甚至下级法院的司法案例，注重与那些富有名声的同行的判决保持某种一致。司法案例获得自发运用的活动背景也即如此，即判例无论出自哪一级、哪一个法院，当待决事项与其具有可比性时，会自然成为认知和处理待决事项的重要参照，如需作出与判例不同的处置方式或主张相异的观点，法官必须持有更具说服力的理由。③

一旦认识到司法制度本身对生效判决具有自然衍生的意义，非指导性案例对法律适用的指导效应就找到了存在的充足制度基础。这其实也是人类司法判例制度演进和发展的最为重要的原因或规律。例如在英国普通法的发展历程中，遵循先例制度的真正定型是19世纪法律改革对先例原则进行强化的结果：针对此前法院设置复杂与等级体系不完善、各法院管辖权模糊、法律适用和诉讼程序混乱、法律贵族供给不稳定，以及上议院并非终审上诉法院等问题，以颁布和实施《司法

---

① 参见张志铭：《司法判例制度构建的法理基础》，载《清华法学》2013年第6期，第99—100页。

② 参见[荷]伊芙琳·T.菲特丽丝：《法律论证原理——司法裁决之证立理论概览》，张其山、焦宝乾等译，商务印书馆2005年版，第3页。

③ 参见顾培东：《判例自发性运用现象的生成与效应》，载《法学研究》2018年第2期，第79页。

法》《上诉管辖法》等为标志的英国法律改革通过重塑法院体系,确立审级制度,改进上诉法院的设置,以及建立"同行评议"的法律贵族选任机制,等等,实现了司法的统一性、权威性与正当性,并以法律贵族的专业化和职业化为基础,使先例原则得到强化。① 这种结果正是以建立了统一的司法管辖权体系、法院审级制度为依托,并以法官职业共同体的形成为动力。

第二节 非指导性案例"指导性"的实现及其方法

一般司法案例具有指导性,需要通过法官对既定判决的实际关注与运用获得实现。从共识角度看,既定判决在案件审判中的运用也较为直接地体现为法官对"同案同判"的构建。由于案例指导的操作在理论和实践上都可以切实地归结为"同案同判",对"同案同判"性质和功能的论证也是对既定判决指导作用的进一步确认,非指导性案例"指导性"的实现机制也正有赖于此。在司法审判中,"同案同判"究竟意味着怎样的性质和要求,也是事关非指导性案例对后续裁判影响力及具体指导效用的关键问题。对"同案同判"性质与功能的分析可以在更为积极的意义上为非指导性案例的运用提供证成,可被视为对一般生效判决指导作用给予支持的强主张:如果说"同判同判"是法官必

---

① 参见王婧:《1873年英国司法改革与上议院司法权的变迁》,载《上海师范大学学报》(哲学社会科学版)2018年第3期,第75—82页。

须遵守的司法准则,那么非指导性案例对后续裁判拥有影响力和"指导性"就具备有章可循的实现机制。

一、"同案同判"与非指导性案例"指导性"的实现

从法官的角度看,"同案同判"作为一项要求并非可有可无,它应被当作司法裁判的结构性内容或构成性准则,依此,法官就该按照这种具有规定性意义的要求从事审判活动,并以此实现对既定判决的恰当运用。也可以说,"同案同判"在一定程度上构成了司法之所以是司法的要件特征或结构依据,是法官在裁判时不应放弃的一种本源性标准。就司法自身的存在及意义而言,就如同被动性、中立性是司法的固有规律或特性,"同案同判"作为裁判准则既是实现司法公正的重要保障,也是司法活动具有组织性、连续性和正当性的内在组合要素,甚至是司法所特有的适用法律解决案件纠纷的原则。对此,正如本书在第二章的相关所述,可以从司法职业的伦理责任、司法裁判的法律标准以及司法论证的拘束条件等方面进行论述或求证。

1. 司法职业的伦理责任

前已指出,任何职业都以职业伦理为不可或缺的构成要件并要求所有成员予以遵守。职业伦理是公共道德的特殊形式,是职业群体的产物,带有群体的特性,而且职业伦理越发达,它们的作用越先进,职业群体自身的组织就越稳定、越合理。[①] 现代司法作为职业活动的性质自不待言,司法工作需要特殊的专业技能,法官也是一种特殊的职业群

---

① 参见[法]埃米尔·涂尔干:《职业伦理与公民道德》,渠敬东译,商务印书馆2015年版,第5—9页。

体,正因为如此,司法需要特殊的职业伦理与之匹配,这种伦理类型以法官道德为核心,关注的是法官职业的伦理特质或道德属性。① 司法伦理由一系列对法官行为进行有意控制的道德准则组成,是基于司法本身的内在特性而形成的群体守则,更是与法官的职业行为和专业活动密切关联的责任规范。毫无疑问,司法伦理使法官负有相应的道德义务或伦理责任,并在很多方面影响甚至规定着司法目标的实现方式。

司法伦理事实上就是法官应当遵循的一套约束其行为的准则。对法律纠纷来说,判决必须是由法官站在对各方当事人都中立、公平的立场上经由公正的程序,遵从法律和良心作出的,从中就可以引出法官伦理的一些重要原则,如在审判中的法律忠实性、独立性、公平中立性以及保持公正的义务,而为了保证法官满足这些要求,除了法官的身份保障和其他各种法律制度外,最终极的保证还是来自法官的良心及内心的自觉和自制。② 作为司法公正的形式,"同案同判"至少在道德义务的层次上成为司法伦理责任的一种要求,并能得到来自多方面与此有关根据的支持。例如,司法裁判是一种指向他人的公共判断,这决定了法官的审判行为既需要限制个人偏好又需要提供理由,"同案同判"既可以要求法官必须限制个人的偏好,不能随意背离既有的生效判决,又可以成为法官所依赖的理由,以借此说明自己的法律判断是有依据的。③ 所以,司法裁判是与"同案同判"有紧密关系的公共判断,"同案同判"就与公开、中立等要素一样作为公共性的组成部分而成为司法的伦理责任。

---

① 参见王申:《司法职业与法官德性伦理的建构》,载《法学》2016 年第 10 期,第 125 页。
② 参见[日]森际康友编:《司法伦理》,于晓琪、沈军译,商务印书馆 2010 年版,第 286 页。
③ 参见陈景辉:《同案同判:法律义务还是道德要求》,载《中国法学》2013 年第 3 期,第 58 页。

2. 司法裁判的法律标准

司法裁判针对案件争议权威地解决纠纷,它以适用法律为取向,对案件的处断和决定必须符合法律的标准。从方法论上看,依据立法者创制的法律规范进行裁判是司法处理的根本方式,也可以说,依法裁判就是司法活动的本质和标准形式。尽管如此,现代法律并非总具有解决案件争议的标准内容,这就使严格地从逻辑上直接演绎已不完全是司法审判的直观体现和思维方法。如今疑难案件在法律适用中已占据十分核心的地位,[①]需要不断地处理疑难问题成为对法官审判的常态要求。

在疑难案件的背景下,法律适用具有弹性的空间,法官的自由裁量权得以扩张,[②]司法裁判成为实践推理的应用形式,依法裁判的标准也面临着相应的变化或转换。就此来看,对疑难事项进行裁决是内在于司法审判之中的,并因此对司法过程构成了根本的规定性,而且,法律系统若要承担维持社会交往的"规范性预期"功能,必须保持最基本的内在同一性,因而需要对法官裁断疑难案件时的恣意性进行限制。[③]面对疑难案件,法官既不能回避、拒绝,更不能恣意,应当更加反省法治的真挚和规范性司法的重要意义,要把立论与技术建立在维护法治精神及价值的基础之上。[④] 当法官遭遇疑难的根本性困境时,他至少可以诉诸两个资源:一个资源就是立法,另一个资源则是过去的判决。而后者的意义表明,"同案同判"是法律系统保证自身内在同一性最基本

[①] 参见孙海波:《裁判对法律的背离与回归:疑难案件的裁判方法新论》,中国法制出版社2019年版,第28—31页。

[②] See Marisa Iglesias Vila, *Facing Judicial Discretion: Legal Knowledge and Right Answers Revisited*, Dordrecht: Springer, 2001, p. 69.

[③] 参见泮伟江:《论指导性案例的效力》,载《清华法学》2016年第1期,第34页。

[④] 参见杨知文:《基于后果评价的法律适用方法》,载《现代法学》2014年第4期,第35页。

的方式,成为司法裁判"不可放弃的要求"。①

所以,"同案同判"作为司法的过程性要素,原本就内置于司法裁判的推理结构之中。在一定层面上看,"同案同判"就是司法自身的构成性准则,尤其是法官审判疑难案件的法律标准,这意味着它已经是一种法律义务。按照构成性准则的特征,"同案同判"在逻辑上甚至要先于法官的具体裁判行为而存在,因为它不仅要调整行为,更旨在创造行为和型构实践。它在司法活动该如何进行的原则方向或组织架构上给出了宏观的指示,即应当照顾到前后裁判的一致性,保证法律能够以一以贯之的方式在持续性的裁判过程中被适用,而一旦放弃了这一准则,审判活动便有可能偏离其内在性质所规定的方向。② 与依法裁判作为司法的一般法律标准具有切合性,"同案同判"就在不能直接适用法律的疑难案件审判中扮演着明确规范性司法准则的角色,具有司法裁判的法律标准地位。

3. 司法论证的拘束条件

司法针对案件纠纷作出判决,在本质上也是一种法律证立或论证。司法裁判的最终目标在于获得一个正确的或理性的法律判决,司法论证就是举出规范性理由和事实性理由来支持最终得出的具体判决。就方法来看,司法论证涉及法律决定正确的标准和达到正确结论的方式,所以,无论是在严格依法裁判还是凭借实质考量获取个案正义的场合,司法论证都要符合一定的规范性要求,遵守相应的证明规则及拘束条件。由于司法论证是法官在裁判过程中运用司法职权从事的公共活

---

① 参见泮伟江:《论指导性案例的效力》,载《清华法学》2016 年第 1 期,第 34—35 页。

② 参见孙海波:《"同案同判":并非虚构的法治神话》,载《法学家》2019 年第 5 期,第 147—148 页。

动,能够产生具有法律效力的判决,有关司法论证的规则及其拘束条件往往被视作使法律决定具有正确性和正当性的必要保证,它们使裁判证明可以充分、理性地进行,并避免出现武断和恣意的论辩。

在法律论证视域中,"同案同判"可作为司法结论证立的一个重要拘束条件,这尤其体现在超越依法裁判层次而进行的个案判决论证中。正如在疑难案件中,司法必须符合一定的规范基础与制度安排,个案裁判把"同案同判"作为司法论证的拘束条件也实属应当。如果把"同案同判"视作个案裁判中实践推理的一种规定性结构或程序,那么,法官在日常的司法实践中特别有义务给予过去的判决以所谓的"万有引力",必须借助于这种具有规定性的基本结构进行论证。[①] 有关的法律论证理论也表明,司法判例适用的基础是可普遍化原则,它为"同案同判"的理念确立了根据,故此,"当一项判例可以引证来支持或反对某一裁决时,则必须引证之"就成为司法论证的一般规则;[②]同时,引入论证负担规则对由判例所产生的论辩可能空间进行限制也应当被视为合理的,即"谁想偏离某个判例,则承受论证负担"[③]。这显然是对"同案同判"原则作为司法论证拘束条件的一种规则式表达。

二、司法裁判运用非指导性案例的法律方法

诚然,把"同判同判"作为司法的构成性准则是支持非指导性案例发挥指导作用的强主张,但其也并非一种没有限度的要求。"同案同

---

① 参见泮伟江:《论指导性案例的效力》,载《清华法学》2016 年第 1 期,第 32 页。
② 参见[德]罗伯特·阿列克西:《法律论证理论——作为法律证立理论的理性论辩理论》,舒国滢译,中国法制出版社 2002 年版,第 338 页。
③ [德]罗伯特·阿列克西:《法律论证理论——作为法律证立理论的理性论辩理论》,舒国滢译,中国法制出版社 2002 年版,第 341 页。

判"的逻辑已包括了"不同案件不同判决"的诉求,不可否认存在着偏离"同案同判"的正当理由,这些理由一旦获得充分说明,司法判决的差异化就是可以理解的。[①] 在"同案同判"准则的牵引下,法官应该如何接受作为既定判决的非指导性案例的指导,仍然需要配套的法律方法来解决。非指导性案例之"指导性"的实现,虽然有时表现为对生效裁判案例的隐性趋从,但在本质上是法官在同类案件审判中能动地仿照既定判决的活动过程。从裁判方法的角度看,基于法律推理的操作必然是保证司法案例运用具有合理性、正当性的技术支撑。

任何司法裁判都贯穿着对一定法律推理方法的使用,司法本身就是判断和推理。法官正是使用和依靠法律推理方法完成了对法律的适用,判决结论的得当与否在很大程度上也取决于法律推理是否有效。根据所凭借的法律的形式不同,司法裁判中的法律推理可被划分为不同的类型。具体来看,法律基本存在于三种形式之中:第一种即由专门机关制定,用成文法的形式固定表达的法律规则;第二种形式即案例,法律存在于一个具体的案例中;第三种则是以政策、道德或政治价值等原则性的形式表达出来,以灵活而抽象的提示传给人们法的精神和原则。三者虽然在不同的法律制度中占据着不同的位置,但它们也经常同时存在于同一个法律秩序之中。[②] 与这三种形式的法律相对应,法律推理就可以分为三种类型,即依据规则推理、依据案例推理和依据原则推理。[③] 很显然,依据案例推理是其中引人注目的一种法律推理类型。

---

① 参见张超:《论"同案同判"的证立及其限度》,载《法律科学》(西北政法大学学报)2015年第1期,第23—24页。
② 参见於兴中:《法治与文明秩序》,中国政法大学出版社2006年版,第209—210页。
③ 参见於兴中:《法治与文明秩序》,中国政法大学出版社2006年版,第210页。

从广义上说,依据案例推理就是法官根据既存的司法案例进行判断继而对待决案件作出处理决定,它是在裁判过程中运用案例的法律方法。应该说,借助或依循已决案例进行裁判是人类司法活动共有的内容,从世界范围内看,虽然由于司法传统的差异,不同制度背景下的案例运用实践表现出不同样式的步骤与形式,具有不同的属性,但是从技术层面审视,依据案例推理的司法操作具有基本的共同点,都可以从逻辑上归为根据事例从事推理的模式。当然,在实际的司法裁判中,依据案例推理可被视为一场围绕着既定司法判决的运用程序而展开的,以多种类别的逻辑推导为构成的综合思维过程。对不同法律体系下的案例推理方法进行比较,可以说明和展现司法审判运用案例进行推理的共同情景。

众所周知,"遵循先例"是英美法系法院进行司法的根本原则,司法判例中的判决理由对类似案件的裁判具有法律意义上的强制约束力,法官应当将先例中的判决理由作为审判的法律依据。在此框架下,判例的判决理由是法官运用司法案例进行裁决的核心要素,它也决定了依据案例的法律推理所包括的具体推理形式。[①] 判决理由从先例中抽取出来形成规则,要将其适用到待判案件的事实中去,就必须确证待判案件的事实与先例的事实构成相同或类似,这种判断案件之间是否相同或类似并决定是否适用同一判决理由的推理,属于类比推理。所以,类比推理一般被视作判例法制度下法律适用的主要方法。在大陆法系中,立法者创制的成文法是正式的法律渊源,法院的裁判方法主要是演绎推理,即根据普遍性的成文法规范对案件事实进行法律适用,从法律前提和事实前提中推出判决结论。大陆法系国家也建有判例制

[①] 参见黄泽敏:《判例制度法律推理构成类型研究——兼与案例指导制度比较》,载《甘肃社会科学》2018年第3期,第159页。

度,但判例一般是为弥补制定法局限而确定的适用法律的裁决事例,判例中的规则通常被视作对制定法的解释,在性质上属于对源于法典之规范的具体化。据此,法院一般把判例结合成文法规范适用于待判案件,整体上仍被视为对成文法规范的适用。尽管如此,在判例运用方面,对于待判案件与判例之间是否具有相似性的对比依然是不可缺少的要求和基础性工作,这个对比过程也需要运用类比推理。①

在我国的案例指导制度中,法官被要求在审判时应当参照指导性案例,指导性案例具有法律上的约束力。从性质上看,指导性案例以对制定法的解释和适用为指向,是成文法规范在具体个案裁判场景中的具体化,并完全有别于英美法系的判例制度。② 在法律方法上,参照指导性案例的司法裁判因循了成文法所适用的演绎推理模式,而在推理构造上又添加了指导性案例作为其中的因素,即除了被适用的制定法规范和经认定的案件事实,法官构建法律推理的前提还应囊括相应的指导性案例。在此推理图景中,指导性案例(裁判要点)被作为法官判断待决案件事实是否符合某个制定法规范构成要件的说理依据使用,而这种说理依据的重要性就在于,它使人们认识到与指导性案例事实情况相同或相似的案件也应当被赋予与指导性案例相同的法律效果。由此可见,对待决案件与指导性案例作出是否"同案"的判断以及如何形成"同判"就是整个法律推理的论证重点,而判定两者是否属于相同案件以及如何作出相同判决的方法自然成为这种法律推理的核心方法。③ 在这里,类比推理无疑扮演着最重要的角色。

---

① 参见于同志:《案例指导研究:理论与应用》,法律出版社2018年版,第205页。
② 参见张志铭:《司法判例制度构建的法理基础》,载《清华法学》2013年第6期,第104页。
③ 参见黄泽敏、张继成:《案例指导制度下的法律推理及其规则》,载《法学研究》2013年第2期,第40—44页。

因此,无论是英美法系还是大陆法系的判例制度,包括我国的案例指导制度,依据案例推理的核心模式都是类比推理,这也是所有类型的司法案例运用的基本方法。回归本章主题来说,司法裁判对非指导性案例的运用在法律逻辑上也应主要依靠类比推理的方法。虽然一般生效判决没有被施以"应当参照"的要求,但是,法官基于既定判决的实际影响力与"同案同判"准则的引导力,参考或仿照之前司法案例进行法律适用,确实是成就疑难案件裁判正当性的一种必要路径,毕竟它能够为制定法的解释与适用提供示范事例和明确指引。法官需要既定判决的目的是发现对待判案件处理有助益的法律适用方案,这与上述的指导性案例运用程序相同的是,对待判案件事实的法律认定和有关法律规范的解释,也都需要以确证待判案件事实与既定判决的事实属于"同案"为前提。由于非指导性案例并没有裁判要点上的直接指示,使得司法裁判对非指导性案例的运用更凸显为一种从个案到个案的推理应用,通过类比推理方法的考量将具有更强的支撑作用。

三、类比推理与非指导性案例运用的逻辑条件

按照逻辑学的原理,类比推理是根据两个或者两类事物某些属性的相同或相似,进而推出它们的另一些属性也相同或相似的推理类型,其中两个对象之间的某些相同或相似是推理的前提,确认另一些属性也相同或相似,是通过类比得出的结论。① 作为一种从特殊到特殊的推理形式,类比推理的基础是两事物之间所具有的同等性(相同或相似)。在列维看来,法律推理的基本形式就是通过实例的推理,即从一

---

① 参见陈金钊、熊明辉主编:《法律逻辑学》(第二版),中国人民大学出版社2015年版,第150页。

个案件到另一个案件的推理。① 正是如此,类比推理一直被作为判例法下司法的典型法律方法,也常被一般地当成法官对司法案例予以适用的推理模式。麦考密克也认为,在法官有责任对一个有类似案例可供比照的案件进行审理的情况下,或者在法官有责任根据先前的权威解释来理解某个法律的情况下,类推论辩都具有决定性的意义,其在适用和解释制定法过程中的角色绝不是罕见或者无足轻重的。②

在司法审判中遵照一般生效判决进行裁判,实际上就是法官运用既定司法案例从事法律类比推理的工作,非指导性案例之"指导性"的要义及其逻辑机理也尽在其中。类比推理方法展现了法官借助司法案例而从事裁判的通常观念和程式,③也蕴藏了依据案例的推理过程获得正当性的逻辑要求。越来越多的研究表明,类比推理的成功也不单是一个形式逻辑上的推演,特别是基于对类比推理是一种或然性推理的认识,如何提高类比推理结论的可靠性程度或使类比推理更大程度地实现理性化,也成为司法裁判在接受案例指导方面必须认真对待的问题。所以,从推理合理性的角度提出法官运用司法案例进行裁判的逻辑条件,就成为保障非指导性案例的"指导性"具备有效性和正当性的重要事宜。对此,立足于类比推理的属性与整体结构,以下方面的条件应当得到满足。

---

① See Edward H. Levi, "An Introduction to Legal Reasoning", *The University of Chicago Law Review*, Vol. 15, No. 3, 1948, p. 501.
② 参见[英]尼尔·麦考密克:《法律推理与法律理论》,姜峰译,法律出版社2018年版,第226、233页。
③ 类比推理的过程可以被描述为三个步骤:(1)观察案件之间的相似性;(2)陈述第一个案例所包含的法律规则,即判决理由;(3)把该规则适用到案件中以得到判决。参见[英]沙龙·汉森:《法律方法与法律推理》,李桂林译,武汉大学出版社2010年版,第225页。

1. 事实构成上的"一致性"

类比推理表现为在两个特殊对象之间认识上的过渡,是把一个事物的属性扩展到另一个事物,推理结论的说服力取决于类比对象之间的相似性程度。从形式层面说,增加事物之间据以类比的共有特征的数量并保证质量是提高类比推理可靠性的客观要求。类比推理是对事物在逻辑上拥有一致性的信赖,而类比对象在本质特征方面的相同或相似是事物达到一致性的客观基础,而且这种相同或相似的特征越多,就越能增强类推的结论作为事物之间共有特征的可靠性。把类比方法应用到司法裁判的案例推理中,类比推理的"相似性"或"一致性"要求就体现为必须诉求待判案件与既定案例之间事实构成上的"一致性"。"这是相似情况得到相似对待的一致性。逻辑类比聚焦于案例之间的类似,基于这种类比的论证要求我们基于考虑一个极为相似的案例来作出关于当下案例的一个决定。"[1]对司法审判而言,先例式参照"是已决事件与待决事件之间相关要素的直接比对"[2],而案件事实构成上的"一致性"就是对案件对比的形式要求,是实现案例推理合理性的基本条件。

2. 法律论辩上的"相关性"

虽然事物之间的相似性是进行类比推理的关键,但从实质逻辑上看,类比推理的结果有效性并不必然决定于对事物既有的相似性判断本身。对象间的相似性只是类比推理实现"以例推例"的形式要求,在这种相似性之外,类比对象之间已达成的相似性与要扩展到待判对象中的相似性应当具备实质的逻辑联系,这正是实质逻辑的相关性要求。

---

[1] 武宏志、周建武、唐坚:《非形式逻辑导论》,人民出版社2009年版,第352页。
[2] 冯文生:《审判案例指导中的"参照"问题研究》,载《清华法学》2011年第3期,第91页。

例如有人得到一种野生植物酸刺子,发现这种果实中含有糖、酸和淀粉,由于知道玉米也含有这些成分遂可以酿酒,于是通过类比推理得出了酸刺子也可以酿酒的结论。① 从形式上看,酸刺子也可以酿酒的结论是把玉米与酸刺子含有的成分进行相似性比较得出的,然而,这个结论正确并不是因为对玉米与酸刺子具有成分上的相似性判断,而是因为相似性的内容即"含有糖、酸和淀粉"与"可以酿酒"之间具有根本的实质关联性。类比对象之间的已知相似性与待证的相似性具有实质的相关性,才是促成类比推理结论可靠和有效的根本原因。

由此可见,对于类比推理的分析,应当从"相似性"条件转移到"相关性"条件,相似性要求只是启动类比推理的基础,一个关于"已知相似性与待证相似性之间存在相关性"的一般性条件才是类比推理的核心。② 就实质逻辑来说,相关性对推理和论证更为根本,一个前提要成为接受结论的好的理由首先应当与它所支持的结论相关,一个陈述是接受另一个陈述的一个理由的概念包括了前者与后者相关的理念。③ 类比推理的成立在实质上有赖于从事物已知相似性到未知相似性的相关性推论,④该原理应用到司法裁判中就是,法律论辩的理由主张按照要求与其支持的相应结论之间必须符合相关性条件。

对案例推理而言,要赋予待判案件与既定判决以同样的法律效果,既要论证待判案件与既定判决的事实构成属于同类,更要保证待判案

---

① 参见雍琦:《法律逻辑学》,法律出版社 2004 年版,第 286 页。
② 参见陈景辉:《实践理由与法律推理》,北京大学出版社 2012 年版,第 233 页。
③ 参见武宏志:《批判性思维》,高等教育出版社 2016 年版,第 134 页。
④ 布鲁尔就此提出了类比保证规则的概念,指出类比保证规则在逻辑上规定了事物之间已知的、可共享的那些特征与被推断出的共有特征之间的一般性关系,从而保证了类比推理的有效性。See Scott Brewer, "Exemplary Reasoning: Semantics, Pragmatics, and the Rational Force of Legal Argument by Analogy", *Harvard Law Review*, Vol. 109, No. 5, 1996, pp. 962-978.

件的事实构成与既定判决的法律解释结果、法律适用决定等具有相关性,这样才可以对待判案件也给以与既定判决同样的法律解释,作出相同的裁判结论。在此方面,法律就是提供案件相关性的重要标准:在法律生活中对案件进行比较、类比,对案件类似的判断还是以法律为基础,案件之间的类比需要建立它们之间的联系,这种联系就是涵摄这些案件的一般规范;这里的法律并非规则主义下的法律规则,而是法律秩序思维模式中的法律。[①] 由法律秩序所创生的一般规范满足了从案件相似性到同样处理的相关性要求,它是案例运用及其推理中的类比保证规则,保证了类似案件的类似是"相关的类似性"[②]。

3. 实践理由上的"共通性"

如果没有"相关性"要求作为条件,类比推理就可能会变得十分随意,因为从两个比较对象之间找到几处相似的特征并非难事。"相关性"要求揭示了类比推理其实是根据某种一般标准才能达成的推理,就法律类比推理来说,这种一般标准就是法律中的一般规范。也可以说,在法律类比推理中,相关性条件实际上就是法律这种实践理由,法律领域中的类比推理就是借助法律理由这种实践理由所拥有的正当性,来实现理性化的任务。[③] 实践理由来自实践推理,以实践理由来说明法律类比推理中的一般标准,切合了法律推理作为实践推理的本质。从实践理由上看,法律类比推理之所以能够借助案例之间的相似性来实现对特定推理结果的辩护,最为根本的原因是,无论是作为推理依据的案例还是作为推理对象的案例,它们都处于同一实践理由之下,因而

---

① 参见张骐:《论类似案件的判断》,载《中外法学》2014 年第 2 期,第 526—527 页。
② 张骐:《论类似案件的判断》,载《中外法学》2014 年第 2 期,第 534—535 页。
③ 参见陈景辉:《实践理由与法律推理》,北京大学出版社 2012 年版,第 246 页。

应当用同样的方式对待它们,而不仅仅由于它们在某些方面是类似的。① 所以,法律类比推理的合理性源自参与推理的前后两个案例本来就能够分享一个通用的实践理由。

在通常情形下,法律及其所衍生的一般规范就是司法中类比推理所应当依据的实践理由,法律秩序划定了案例推理所能共享的实践理由的范围。而在处理更多疑难的情况下,需要提出实践理由上的"共通性"要求作为满足"相关性"的递进条件,以进一步补充或限制后者的考察场域。在法律论辩领域,实践理由也必定存在多种类型。为了实现一个在法律上站得住脚的类比推理,有时候需要证明,法律没有规定的特殊性,与存在着规定的特殊性共同拥有那种法律规定所基于之上的要素。② 在另外时候,类推也是两案或两事之间共通政策的比附援引,类似事件有类比的余地也常常是因其相同的政策或结果考量,而对类比推理的妥当性起最终作用的又可能是人们对价值合理性的理解和判断。③ 只有在类比推理中附加实践理由上的"共通性"条件,才能保证在法律之外的实践理由被依赖时,案例运用过程能够被合理地类推。法律类比推理是解决实践问题的推理,实践理由上的"共通性"条件可算是接近其目标的一个要求,它符合实践逻辑的特征。

---

① 参见陈景辉:《实践理由与法律推理》,北京大学出版社2012年版,第246页。
② 参见[德]卡尔·恩吉施:《法律思维导论》(修订版),郑永流译,法律出版社2014年版,第180页。
③ 参见张骐:《再论类似案件的判断与指导性案例的使用》,载《法制与社会发展》2015年第5期,第143—144页。

第三节　非指导性案例运用与案例指导制度的发展

非指导性案例对司法裁判能够产生事实上的影响作用,在审判实践中,既定判决依循法官对"同案同判"的追求会得到广泛的运用,其中,司法案例运用的关键在于通过类比推理方法解决案件之间的有效关联问题。通过对非指导性案例之"指导性"自发实现与自觉遵行等方面的分析,可以为我国案例指导制度的完善与发展获得原理性的反思。在案例指导制度下,非指导性案例的指导意义及其实现过程如果得以被系统地揭示和刻画,就能为案例指导制度的未来发展勾勒出新的认知坐标。

一、非指导性案例运用与案例指导制度的比较

总体来看,案例指导制度是对法院生效判决作用及运用方式的制度性创立,是对司法案例的自动影响意义和被自然运用的机制的规范化与定型化,使符合一定条件的既定判决对后来同类案件审判的指导性具有了确定的形态。应该说,经过专门选拔的指导性案例虽然拥有其他案例无可比拟的地位和作用,但是相对于司法活动需要的大量案例资源仍明显不足。案例指导制度的运行并没有也不可能消解一般生效判决的事实运用情况,非指导性案例的"指导性"依附于司法活动固

有的规律和理性,并以法官在裁判工作中的实际需求为助力,对法院的类型化裁判实践将一如既往地产生重要影响。对比而言,非指导性案例的运用与案例指导制度在以下方面形成了差异,也由此展现了二者之间的亲缘性联系。

其一,非指导性案例的运用发端于影响性判决,而案例指导制度下的指导性案例属于规范性判决。无论是指导性案例还是非指导性案例,它们在司法活动中的初始意义都是法院生效判决。既定判决基于后续司法裁判的选择与遵照运用产生示范作用,成为同类案件审判的司法先例并具有影响性的参考价值。既定判决对后续司法裁判具有影响力,定然构成对同类案件审判的影响性判决。案例指导制度以选拔指导性案例为依托,其着力点也是既定判决对后续裁判的作用力或影响力,即也是以影响性判决为基础。由于影响性判决在被司法自发运用的情况下并不具有规范的形态,也难有确定性和非常强的可靠性,所以,如前所述,案例指导制度所要解决的问题或达成的目标正是将具有一定指导性意义的影响性判决予以制度化,转变为一种规范的形态,亦即把作为既定判决的司法案例由一种影响性判例转化为规范性判例。①

其二,非指导性案例对司法裁判具有事实作用力,而案例指导制度使指导性案例具有权威拘束力。在成为指导性案例之前,一般生效判决获得司法裁判的遵照运用说明了既有案例事实上的作用力,这种作用力仰仗于法官在审判中对案例价值的自主确认,并因既定判决的参借意义具有理由说服性。案例指导制度使指导性案例在我国法律体系中拥有了一种"准法源"的地位,其"应当参照"的效力在性质上属于独

---

① 参见张志铭:《司法判例制度构建的法理基础》,载《清华法学》2013 年第 6 期,第 94 页。

立的制度性效力,①即权威拘束力,甚至在一定意义上分享了来自制定法规范的权威。这就意味着,指导性案例已成为具有规范拘束力的裁判依据,全国各级法院都有义务去遵从指导性案例,而其他案例均非法源,无法作为审判活动的权威依据。②

其三,非指导性案例的援用多得益于法官的惯习性仿照,而指导性案例的适用是一种制度性参照。如前所述,非指导性案例在司法裁判中的指导性在很大程度上在于法官对既定判决的惯习性仿照,这是一种正式制度外的参考援用。指导性案例适用中的参照则属于正式的制度安排,意指法官无正当的理由不参照指导性案例会构成对制度拘束力的不尊重或程序性违法。所以,在存在指导性案例的情况下,如果法官在审理与指导性案例类似的案件时没有参照指导性案例中的裁判要点进行判决,就可能构成当事人上诉的理由,并因此可能导致裁判被上诉法院推翻。这也是案例指导制度的正式拘束力意义之所在。

其四,遵循非指导性案例的强主张立基于把"同案同判"作为司法的构成性准则,而指导性案例的参照要求同时把"同案同判"赋予了审判管理的目标性追求。对一般生效判决指导作用的承认,也是对"同案同判"原则所具有的功能及价值正当性的确认,把"同案同判"作为司法活动构成性准则的主张,更是在最强的意义上成为非指导性案例遵循运用的支持性理由。我国案例指导制度正是贯穿了把"同案同判"作为制度性理念和准则的设计,从法官的角度看,"同案同判"形成了法官在面对指导性案例时所必须履行的司法义务,这就是"应当参

---

① 参见曹志勋:《论指导性案例的"参照"效力及其裁判技术——基于对已公布的42个民事指导性案例的实质分析》,载《比较法研究》2016年第6期,第111页。
② 参见雷磊:《指导性案例法源地位再反思》,载《中国法学》2015年第1期,第287页。

照"要求所致力于达到的效果。另外,"同案同判"不仅作为案例指导制度的目的,同时也是在法院系统落实审判管理的目标性追求。这种制度设置侧重于监督与规范司法权的行使,在决策层面上被视为推进审判管理规范化的重要步骤,承载着鲜明的司法管理功能。①

其五,运用非指导性案例的法律推理需要法官寻求满足类比"相关性"条件的实践理由,而指导性案例中的裁判要点为案例推理提供了确定"相关性"的明确行动根据。如前所论,在案例运用的类比推理中,对待判案件与既定判决相似性的判断必须满足由实践理由所建立的"相关性"条件。在现实的裁判中,法官需要根据案件的性质等从一般法律规范或法律秩序中寻找能够满足类比"相关性"条件的实践理由,并使之成为对待判案件与既定判决同样处理的行动根据。对案例指导制度来说,为彰显指导性案例的指导作用或价值,每个指导性案例都经过了专门的编撰或加工,并制作有明确的裁判要点。② 裁判要点是指导性案例内容的概要表述,在实质上就是对法律条文结合案件事实进行解释和适用而形成的裁判规范,其已然具备了解决有关法律争议的一般性命题的属性。在司法类比过程中,裁判要点实际上能够在一定范围内为法官确定待判案件与指导性案例的相似性和相关性提供实践理由。裁判要点就是从指导性案例中提炼出的同类案件裁判的一般标准。

---

① 参见于同志:《案例指导研究:理论与应用》,法律出版社2018年版,第107页。
② 参见朱芒:《论指导性案例的内容构成》,载《中国社会科学》2017年第4期,第109—112页。

二、非指导性案例运用对案例指导
制度发展的启示

非指导性案例的"指导性"所固有的实现机制与法律方法无不昭示了一般生效判决的影响和作用原理。任何司法判例制度的建立,都应该围绕着司法案例的影响和作用展开:以既定判决的作用为原点,以从制度上构建前后案件之间的相关性联系为要义,注重生效判决对后续裁判发生作用的规律和实践机理,并使之确定化、定型化,塑造司法案例的规范拘束力。可以在非指导性案例的自为指导机制与案例指导制度的完善路径之间搭建起沟通的桥梁,使后者从前者汲取可能的资源支持与经验借鉴。对此,本着反思、改进和完善的目的,案例指导制度理应重视司法判决生发指导作用的一般原理及机制,在认知和实践方面发展出更具合理性的规划。

第一,案例指导制度的发展应当与法院的审级结构体系及其改革相配套。案例指导制度建设的重心在于指导性案例的遴选和发布程序,目前由最高人民法院从全国各级法院上报的生效判决中进行统一筛选、编撰、确认和发布。这是一种由最高审判机关垄断并从事的一体化判例创制方式,在整体上呈现出行政式的运作姿态。[①] 指导性案例的产生绕开了法院的审级结构设置,仅在由最高人民法院发布及其审判委员会讨论决定方面展现了司法的审级意识与司法权能。然而,以

---

① 有关的分析,可参见郑智航:《中国指导性案例生成的行政化逻辑》,载《当代法学》2015年第4期,第125—127页。

法院的审级构造制度为基础,因循不同层级法院之间的职能安排,是司法案例生发判例功能的自然机理,是既定判决发挥影响和指导作用的最为重要的原因。审级结构体系决定了上下级法院在行使司法职权方面的管辖分工与任务差别,要求上级法院的判决对下级法院具有拘束效力,也正是判例制度的基本内容和当然意义。只有基于司法审级构造的法院组织体系才是司法案例得以合理遵循的充足根基和制度主因。司法判决的作用通过呈现司法权威等级与审判职能差别的法院组织体系得到实际发挥,司法案例作用的规范化和制度化也需要以此为基本准据。

按照现代司法的审级结构制度及法院审级体系的一般模式,各国其实存在着比较近似的司法判例制度。[①] 我国法院系统的案例指导制度也应当与相应的法院体系和审级制度相配套,必须依循法院审级结构所铺设的司法监督主义进路,以司法权威等级的程序安排为基础改进指导性案例的遴选和发布方式。离开法院系统内部组织结构上的司法层级序列,指导性案例的运用及其作用故此也只能再去依靠最高法院专门的指令要求,这显然不切合法律适用的规律。在我国目前实行的四级法院两审终审的制度下,案例指导制度应当依傍法定的审级结构体系,让指导性案例的产生与上下级法院之间的上诉管辖关系相联系,与不同层级法院的司法权威和审判职能相衔接,使指导性案例的生成机制内置于裁判运作的制度构成之中,不再游离于法院的审判权能和司法实践之外。诚然,案例指导制度的未来发展与司法制度的改革关系密切,尤其与法院的层级结构改革相互影响。于此,理想前景是建立三审制度,甚至可以说,当我国审级制度转变为四级法院三审制,最

---

① 参见宋晓:《判例生成与案例指导制度》,载《法学研究》2011 年第 4 期,第 61—62 页。

高人民法院的司法权辐射全国时,相对完善的案例指导制度才能真正确立,它能够最大限度地实现法律适用的统一。①

第二,案例指导制度发展需要与司法职业共同体建设相亲近。司法判例制度的发展依赖于法官的职业化乃至司法职业共同体的发达,即使在不承认司法案例具有正式约束力的国家和地区,生效判决的实际影响力也由于司法职业共同体的推动而超出人们的预期,从而使法官对司法案例的运用总是延续着一定的生命力。在职业法官和整个司法职业共同体的作用下,任何类型的司法案例作为案件裁判的先行故事在不断反复的司法实践过程中都会被赋予相应的地位。就中国当代司法来说,从多年间各种形式的案例指导实践尝试,到作为正式制度的指导性案例的创建,无不彰显出审判领域司法职业共同体更多的主体自觉,指导性案例的生成机理体现的也正是司法职业共同体在社会转型期为解决司法供给与社会需求之间紧张关系而作出的制度性回应。② 案例指导制度对司法职业共同体产生重要影响,"案例的使用促进法律人从不同群体画地为牢到法律共同体内部的积极互动"③。反过来看,在司法裁判中对案例运用的重视与实际操作无法离开具有职业共同体意识的司法人员的专业努力,甚至司法职业共同体根本就是案例指导制度的重要构件。法官职业化和专业化是我国司法改革的基本方向,案例指导制度的发展与司法职业共同体建设应该相互亲近和配合,指导性案例不可能是在司法职业共同体之外独自进化起来的物种。

---

① 对此问题的专门论述,参见宋晓:《判例生成与案例指导制度》,载《法学研究》2011年第4期,第64页。
② 参见夏锦文、莫良元:《司法转型中指导性案例的生成机理》,载《法律科学》(西北政法大学学报)2010年第4期,第99页。
③ 张骐:《论中国案例指导制度向司法判例制度转型的必要性与正当性》,载《比较法研究》2017年第5期,第135页。

第三,案例指导制度发展有必要与裁判文书的释法说理制度相衔接。从形式上看,既定判决得到法官的惯习仿照或自觉遵循,法院体系的审级结构给定了相应的程序脉络,案例指导制度的发展应当与之相适应,若想摆脱现实的司法体系和审级制度则定然很难取得好的效果。不仅如此,从实质上看,司法案例之所以能够获得后续裁判的青睐,主要是因为作为先例的生效判决在法律解释与适用方面具有充分的正确性,[①]能够为同类案件的审判供应正当的说服性理由和模仿效应。可以说,既定判决在阐释法律和裁判说理上的适当性与充分性是其具有实际影响力和内在指导力的源泉。即便是已被标识为指导性案例的裁判案例,如若能够产生良好的援引和运用效益,也必定要以判决自身具有正确充分的裁判理由为前提。对指导性案例进行评价,最明显的衡量标准就是被裁判文书直接引述的情况,而指导性案例裁判要旨的清晰表述对于法官来说是一种直接明确的指示,指导性案例应在结构与说理范式上为法院日常裁判提供参照,唯此才能凸显其特殊价值。[②]

所以,司法案例在判决释法说理上的详实充分并具有正确性是其能够作为判例得到遵循的实质条件,也是一般生效判决成为指导性案例并被广泛援用的真正基础。案例指导制度的发展不能疏离裁判文书释法说理的相关制度建设。[③] 在我国司法改革持续推进审判公开的背景下,裁判文书的释法说理必然成为人们对审判质量进行实质考评的

---

① See D. Neil MacCormick, Robert S. Summers (eds.), *Interpreting Precedents: A Comparative Study*, New York: Routledge, 2016, p.483.

② 参见孙光宁:《司法实践需要何种指导性案例——以指导性案例24号为分析对象》,载《法律科学》(西北政法大学学报)2018年第4期,第161—167页。

③ 2018年6月,最高人民法院发布了《关于加强和规范裁判文书释法说理的指导意见》,这是未来一个时期指导我国法院裁判文书改革和释法说理制度建设的重要文件。该文件第16条指出:"各级人民法院应当定期收集、整理和汇编辖区内法院具有指导意义的优秀裁判文书,充分发挥典型案例释法说理的引导、规范和教育功能。"参见《最高人民法院关于加强和规范裁判文书释法说理的指导意见》(法发〔2018〕10号)。

依据。在各级法院均已公开裁判案例的条件下,由大量生效判决所组成的案例市场将对司法活动影响甚远,其中拥有充分正当裁判理由的案例定然能够在竞争中脱颖而出,成为实质上的指导案例。判决书说理的关键是要在案件的关键事实与适用的规范之间建立令人信服的关联,这个论证过程是判决理性化的集中体现。指导性案例应当包含这种说理的样板,而加强裁判文书释法说理的制度建设,并使案例指导制度与之相衔接,可以使更多的法官参与到案例指导制度中来,凝聚司法智慧,为法官模仿优秀判决书或指导性案例提供可能,使更多符合裁判说理要求的判决书成为指导性案例的资源,提高指导性案例的质量。①

第四,案例指导制度发展应该从法律适用的方法论视角改进指导性案例的内容编撰。指导性案例是案例指导制度的物质保障,案例指导制度的发展需要以指导性案例的持续性生成为条件。目前,指导性案例是由最高人民法院对遴选出的生效裁判案例进行编撰而产生的,且不论这种生产指导性案例方式的适当性如何,单就指导性案例的内容编撰来说,其是否能够圆满地承担起对后续案件裁判的指导任务,需要经受司法实践的认真审视。从体例上看,虽然指导性案例的内容构成已涵括了生效司法判决的完整结构,但是,指导性案例是以实际案例为基础编写而成的,其内容中不同的逻辑框架会对此后的同类案件裁判产生不同的规范作用。② 就此而言,从"同案同判"的一般原理特别是法官运用类比推理的正当性条件上看,指导性案例要发挥预期的裁判指导作用就要首先能够从自身体现案例推理方法所必须依据的实质要素。所以,以法律适用的方法论为视域改进指导性案例的内容编撰,

---

① 参见李红海:《案例指导制度的未来与司法治理能力》,载《中外法学》2018 年第 2 期,第 507—508、503 页。

② 参见朱芒:《论指导性案例的内容构成》,载《中国社会科学》2017 年第 4 期,第 109 页。

是案例指导制度实现自我完善和发展的必然要求。

　　案例指导制度的优势在于,它是借助案例的形式来阐发法律条文的适用问题。指导性案例的内容应当实现对法律适用中的事实问题与法律问题解决情况的完满承载,全面展示司法裁判方法运用的内在逻辑,使其在法律推理、法律论证方面同样具有指导意义。例如,如果指导性案例中的裁判理由在内容上不能把案件事实及支持性证据、必要的证明过程、法律适用的论证过程撰写充分,那么不仅会影响根据裁判所理由所进行的比较,也会影响对裁判要点的比较,指导性案例是否和法官待决案件属于相同情形就无从判断,"应当参照"也无从谈起。[①]特别是就运用类比方法确定案件之间相关性所必需的条件来看,裁判理由作为对裁判要点进行解释和证成的实质理由,可能构成类比保证规则的支持理由,我们可以从类比保证规则支持理由的角度思考裁判理由的撰写,因为这会使裁判理由与裁判要点的联系更加紧密,更有利于指导性案例的使用和案例指导制度的发展。[②] 因此,从法律适用的方法论视角改进指导性案例的内容编撰对于案例指导制度(功能)的完善至关重要。

三、指导性案例与非指导性案例的共生发展

　　借助案例运用的方式来实现法律适用的统一,在许多司法传统中都扮演着十分重要的角色。[③] 正式或非正式的约束力都属于司法判决

---

　　① 参见张骐:《论类似案件的判断》,载《中外法学》2014 年第 2 期,第 540 页。
　　② 参见张骐:《论类似案件的判断》,载《中外法学》2014 年第 2 期,第 542 页。
　　③ See Mark Jia, "Chinese Common Law? Guiding Cases and Judicial Reform", *Harvard Law Review*, Vol. 129, No. 8, 2016, p.2234.

的作用或影响力的范畴,还没有发现哪种司法制度去否定裁判案例的作用和影响力。① 可以说,承认既定判决对后续同类案件处理的影响力和作用,并使之成为司法审判的重要因素,是作为裁判实践者的法官们难以舍弃的情怀与愿景。非指导性案例的"指导性"是一般生效判决具有事实影响力和作用的体现,拥有广泛的价值正当性和法律制度基础。把"同案同判"作为司法裁判的构成性准则,更是对非指导性案例的"指导性"给予支持的强主张。案例指导制度是中国特色的司法案例运用制度,它以指导性案例为载体,致力于实现统一法律适用的目的,维护司法公正。指导性案例具有正式制度的身份和指导效力,却并不否认一般生效判决也成为具有指导作用的案例。

从现实看,《最高人民法院司法责任制实施意见(试行)》已创设了"类案与关联案件检索机制",明确要求"法官在审理案件时,均应依托办案平台、档案系统、中国裁判文书网、法信、智审等,对本院已审结或正在审理的类案和关联案件进行全面检索,制作类案与关联案件检索报告"。② 2020年7月,最高人民法院又专门就各级法院类案检索工作发布了《关于统一法律适用加强类案检索的指导意见(试行)》,对类案检索的适用范围、检索主体及平台、检索范围和方法、类案识别和比对、检索报告或说明,以及审判案例数据库建设等作出规定。③ 这实际上已经承认了指导性案例以外的一般司法判决在促进"同案同判"时的指导或参考意义。案例指导制度是对司法案例作用及运用方式的制度化和规范化,使既定判决对同类案件裁判的影响力和指导性具有了确

---

① 参见张志铭:《司法判例制度构建的法理基础》,载《清华法学》2013年第6期,第101页。
② 参见《最高人民法院司法责任制实施意见(试行)》(法发〔2017〕20号)第39条。
③ 参见《最高人民法院关于统一法律适用加强类案检索的指导意见(试行)》,载《人民法院报》2020年7月27日,第3版。

定的形态。非指导性案例在司法裁判中产生指导价值与获得运用的原理,为案例指导制度的进一步改革与完善带来了富有启发的认识。案例指导制度的发展应当与非指导性案例的自为指导机制及其所昭示的制度因素建立起紧密的联系。就此而言,让指导性案例与非指导性案例在统一的司法运作系统中共生影响、相互促进,或许是使我国司法裁判实践走向更加理性化发展的必由之路。

总之,回到本书的主题来说,案例指导制度的未来如何发展,指导性案例适用的效果如何提升,既是与作为生效裁判案例的原审判决品质有关的话题,更是与指导性案例自身的编撰活动密切相关的重要问题。其中不仅涉及案例指导制度创设的初衷及其价值追求,也涉及怎样从全方位的视角针对指导性案例的编撰工作进行体系性优化或制度性配套等问题。案例指导制度以合理发挥既定判决的影响意义与示范价值为起点,以选编符合一定条件的生效裁判作为指导性案例为运作基础,以从制度上构建前后案件法律适用的相关性逻辑联系为贯穿,注重生效裁判对后续案件审理产生指导作用的规律和实现机理,并使这种模式获得确定性和正式性,从而塑造司法案例在裁判过程中的规范约束力。应该意识到,案例指导制度是对司法案例(生效判决)援引适用及其方式的规范化、制度化,使既定裁判对同类案件法律适用的影响力和指导作用具有了确定的体系根据和运作机制。以践行"同案同判"的法理与制度落实为指向,通过重视指导性案例的编撰,以及把与其相关的方法论运用和体制性建构作为举措来不断推进指导性案例的质量提升,将是保障我国案例指导制度在未来发展过程中更加合理化的必要选择。

第八章
附论：把社会主义核心价值观融入指导性案例编撰

为了大力培育和践行社会主义核心价值观，中共中央办公厅、国务院办公厅于2016年底印发的《关于进一步把社会主义核心价值观融入法治建设的指导意见》中提出，"把社会主义核心价值观融入法治国家、法治政府、法治社会建设全过程，融入科学立法、严格执法、公正司法、全民守法各环节"[①]。2018年5月，中共中央又印发了《社会主义核心价值观融入法治建设立法修法规划》，明确强调"坚持社会主义核心价值体系，着力把社会主义核心价值观融入法律法规的立改废释全过程"[②]。在这种背景下，坚持全面依法治国与践行社会主义核心价值观同步开展，成为当下中国法治发展的一个重要特征。把社会主义核心价值观融入法治建设是一项需要全方位实施的系统工程，从制度构成的角度看，其既仰赖于恰当的理念导向和原则指引，也需要在法治建设的每个具体领域予以贯彻落实。

在此背景下，为推动社会主义核心价值观在司法领域的贯彻和落

[①] 《中办国办印发〈关于进一步把社会主义核心价值观融入法治建设的指导意见〉》，载《人民日报》2016年12月26日，第1版。

[②] 《中共中央印发〈社会主义核心价值观融入法治建设立法修法规划〉》，载《人民日报》2018年5月8日，第1版。

实,最高人民法院先是制定了在司法解释中全面贯彻核心价值观的工作规划,①后又发布了深入推进核心价值观融入裁判文书释法说理的指导意见。② 可以说,为了实现以司法公正引领社会公正的目标,"完善司法政策,加强司法解释,强化案例指导"正是推进核心价值观融入法治建设的必要措施。③ 案例指导制度是我国司法改革的重要成果,通过指导性案例宣示裁判标准是统一法律适用的良好方式,而作为具有权威性的判决模板,指导性案例又是呈现司法解释和展出裁判文书释法说理的优越平台。基于此种认识,作为把社会主义核心价值观融入法治建设议题讨论的组成部分,本章聚焦于探索社会主义核心价值观在法院指导性案例编撰中的融入问题,认为把社会主义核心价值观融入指导性案例编撰,使社会主义核心价值观成为指导性案例的价值基准和构成内容,具有重要的理论意义和实践价值。

一、指导性案例编撰与社会主义核心价值观的融入

1. 把社会主义核心价值观融入指导性案例编撰的必要性

我们知道,根据《关于案例指导工作的规定》,法院系统的案例指导制度是由最高人民法院按照一定程序在全国法院生效判决中遴选和

---

① 参见《最高法出台五年工作规划 在司法解释中贯彻社会主义核心价值观》,载《人民日报》2018年9月19日,第11版。
② 参见《关于深入推进社会主义核心价值观融入裁判文书释法说理的指导意见》,载《人民法院报》2021年2月18日,第4版。
③ 参见《中办国办印发〈关于进一步把社会主义核心价值观融入法治建设的指导意见〉》,载《人民日报》2016年12月26日,第1版。

编发具有一定参照价值的案例作为指导性案例,并要求各级法院在今后裁判中"应当参照"的一种制度。指导性案例是立足于法院的法律适用活动而形成的司法判决先例,但是较之普通的法院生效判决,它们已具备了特殊的权威性意义和应当参照的效力。指导性案例是案例指导制度的物质基础,是合理实现案例指导制度功能的现实依托。符合一定条件的各级法院生效判决,在经过最高人民法院专门的选拔、编撰和发布程序之后,就可上升为对全国法院后续裁判具有一定约束力的指导性案例。

指导性案例以对制定法的解释与适用为旨归,聚焦于适用法律的案件裁判场合,在作用机理和效力定位上都表现出较为新颖的制度取向。从性质上看,指导性案例仍然是法院对制定法规范进行解释和适用的结果,作为法院解释和适用法律的"成例",其在明确、细化和弥补法律条文等方面发挥着积极作用。指导性案例包含了对个案裁判具有直接效力并构成个案判决结论之理由的裁判规则,这种裁判规则被提取后能够被一般化为同类案件的裁判根据,因而可以被后来的司法活动所援引和参照。指导性案例能够发生指导作用或产生一定约束力的主要原因就在于,它着眼于构建个案司法之间的一致性、连续性和融贯性,要求后续类似案件的裁判情况应当与其保持一致,以达到规范法官在审判过程中的自由裁量权行使的目的,维护法律适用的统一性。

既然建立和运行案例指导制度的直接目的是消除司法现实中的"同案不同判"现象,指导性案例是法院针对一定案件(争议)事实已经给出的模范判例,那么,其作为一种判决典型对之后出现的类似案件的处理就具有了说服性和制约性。如果说"同案同判"是形式正义原则在司法领域的运作要求和实现方式,案例指导制度的机理其实也就表现为:如果待判案件的案件事实与指导性案例的案件事实具备法律上的"同案"意义,那么法院就应该参照或援引指导性案例的判决尺度和裁判标准,作出与指导性案例相同的判决结论。

把社会主义核心价值观融入指导性案例,就是将社会主义核心价值观贯彻于指导性案例遴选、编撰和发布等各项工作及其过程之中,让社会主义核心价值观成为指导性案例的价值引领和理念支撑,让社会主义核心价值观能够通过指导性案例得以展现,使指导性案例成为培育和弘扬社会主义核心价值观的一种重要载体。① 从不同角度看,把社会主义核心价值观融入指导性案例的遴选、编撰和发布等活动,确实具有必要性和重要意义,其既是深入推进核心价值观融入法治建设的具体举措,也是在司法解释和裁判文书释法说理中全面贯彻核心价值观的实际体现。

首先,指导性案例能够为社会主义核心价值观全面融入法治建设创新司法路径。

法治是现代国家治国理政和社会治理的基本方式,法治建设在维护社会秩序、保护公民权利、调控经济文化事务、促进社会发展等方面都发挥着重大作用。把社会主义核心价值观融入法治建设可以为践行社会主义核心价值观提供法律制度保障,是加强社会主义核心价值观建设的重要途径。法治建设是涵盖法律运行诸环节的综合性活动,需要在立法、司法、执法、守法、法律监督等领域的各层次全面展开。作为法治实践的基本环节,司法是法律实施的关键形式和重要途径,也是法律的本质、内容和价值的实现过程。司法裁判是立法和社会生活的重

---

① 参见杨知文:《把社会主义核心价值观融入指导性案例编撰》,载《光明日报》2018年7月25日,第11版。

要连接点,把社会主义核心价值观融入法治建设,就是要把其融入包括司法活动在内的法治建设全过程。司法裁判是社会主义核心价值观全面融入法治建设的现实载体或具体通道。

司法裁判以公平正义为依归,公正是司法活动永恒的主题和最高的价值追求,司法公正对社会公正具有重要的引领作用。法院通过审查与判决案件以解决社会纠纷,是国家的专职司法机构,担负着维护公平正义的责任,而在裁判过程中积极维护社会核心价值,也是法院应有的社会使命。作为中国特色的司法制度,案例指导制度的主要功能在于借助案例指导来实现"同案同判",以维护司法对公正裁判的价值诉求。指导性案例是从各级法院遴选出来的生效裁决,它们自身代表着国家对某些纠纷所给出的公共和权威回答。把社会主义核心价值观融入指导性案例,不仅可以强化司法裁判的核心价值导向,形成适应社会主义核心价值观要求的司法政策,也可以切实发挥法治的规范和保障作用,推动社会主义核心价值观在司法实践中的落地生根。指导性案例主要集中于社会广泛关注的、法律规定比较原则的、具有典型性的以及疑难复杂或者新类型的司法案例领域。如果把社会主义核心价值观融入指导性案例的遴选、编撰和推广过程,当然就能够在具体操作上为社会主义核心价值观全面融入法治建设创新司法路径。

其次,指导性案例能够为诠释社会主义核心价值观的含义和要求提供案例语境。

案例指导制度致力于统一裁判标准,而相较于既有的司法解释形式,指导性案例的优势和创新之处表现在,它是借助真实的司法案例来阐发有关法律的解释和适用问题,以宣示法律适用的准则和尺度。既定生效裁决是指导性案例的前身,指导性案例是作为司法先例存在的,它是以已被认定的案件事实为场景来阐释法律,其直接指向司法裁判的具体个案情形。这显然是一种具有优越性的制度设计,它不仅表明了指导性案例是在没有脱离个案裁判的具体情况下适用成文法律的结果,也意味着其中的裁判意旨是制定法条文在个案事实场景中的专门实施或现实化产物。不仅如此,指导性案例是经过专门整理和加工而成的裁决先例,为彰显它们的指导价值,每个指导性案例都对裁判要点、基本案情、裁判结果和理由等进行了专门的制作。

由此来看,整个指导性案例就是理解相关法律适用条件、司法解释结论和裁判规范意旨的一种系统,尤其是基本案情中的案件事实陈述部分,它是判断指导性案例与后续待判案件是否具有同样案情的出发点,是人们理解指导性案例中的法律解释、司法基准和裁判要点较为重要的语境材料。有关语境的知识告诉我们,语句所表达的上下文、时间、空间、对象、情景、话语前提等语境要件是人们恰当理解语句含义的依赖因素。[①] 有意地选择与编撰对诠释社会主义核心价值观的含义和要求具有规范意义与参照价值的指导性案例,可以为阐明和宣扬相应的社会主义核心价值观带来积极的指导效用。指导性案例可以为社会主义核心价值观融入司法活动乃至整体法治建设提供良好的案例语境,自然也能够为培育和遵行社会主义核心价值观储备生动活泼的案例图景。

最后,指导性案例能够为司法活动运用和弘扬社会主义核心价值观确立方法指引。

[①] 有研究认为,语境是指一种知识背景,是构成某种事物特质的文化台面(包括社会政治、意识形态、价值观念、时代精神),或是指我们分析事物时所能调动的一切文化资源和复杂材料。参见田成有:《歧义与沟通:法律语境论》,载《法律科学》(西北政法学院学报)2001年第2期,第4页。

法律方法是有关法律解释与适用的思维、方式和技术，它指明了采用何样的手段能够恰当地理解和释明法律，或填补法律漏洞。从法律方法的角度看，作为从各级法院已生效判决中选拔而出的典型案例，指导性案例所追求的目标就是要规范、约束和限制法院在司法裁判过程中运用证据认定事实、解释一般法律规定以及作出司法推理和判决论证等环节的裁量空间或范围。案例指导制度运行对指导性案例的内容构成有着合理和良好品质的期待，这要求指导性案例的内容撰述应恰当地运用法律推理、法律解释、法律论证和法律修辞等多种法律方法。

指导性案例既是认定事实清楚与适用法律正确的判决，也是阐释法律和说理充分、法律效果和社会效果良好的裁判先例，同时还是法院在法律解释、裁判推理和观点论证方面运用法律方法的典范。可以看出，多种法律方法的运用在指导性案例的裁判要点、裁判结果和裁判理由等部分得到了展示。如果指导性案例涉及社会主义核心价值观的贯彻及其释法说理问题，其中的具体裁判方法、解释技术和说理方式就能够为司法活动弘扬和施行核心价值观提供方法论的支援或保障，为司法裁判阐释核心价值观的目标、取向和准则等确立法律方法的指引。从实践上看，在阐释和适用与社会主义核心价值观本质上相同的抽象法律原则（如民法上的诚实信用和公平自愿等）、法律一般条款和不确定法律概念等场合，指导性案例都能够在法律方法运用上给予相应的导引或支持。

2. 选编展现社会主义核心价值观的指导性案例

注重选编能够展现社会主义核心价值观的指导性案例，是把社会主义核心价值观融入指导性案例的基础性工作。把社会主义核心价值观融入法治建设的要求提出,要运用法律法规和公共政策向社会传导正确价值取向,使法律法规和政策具有鲜明的价值导向。① 把社会主义核心价值观融入指导性案例,体现了把法律的实施与社会价值引领相结合的理念,也是把法律与社会核心价值或公共道德融为一体进行建设的反映。"在法治实践中拒绝道德、价值是不可取的,应该在法律运用过程中,对道德、价值等秉承开放的态度,这样才能为社会主义核心价值观融入法治建设提供路径。"② 相较于在法律实施过程中严格排除法外价值和道德的做法,倡导社会主义核心价值观在指导性案例中的融入,实际上强调的就是司法实践要对社会价值和道德呈现出其应有的、一定的开放性姿态。

核心价值观是一个国家的重要稳定器,在当代中国,社会主义核心价值观把涉及国家、社会、公民三个层次的价值要求融为一体,"是当代中国精神的集中体现,凝结着全体人民共同的价值追求"③。把社会主义核心价值观融入指导性案例,可以使法律实施活动也能够承载人们对社会核心价值和公共道德的期许,承载国家和社会在核心价值体系建设方面的诉求,以及法律对具体事例或问题所给予的价值认知和回应。就此来说,注重选编展现社会主义核心价值观的指导性案例,一方面,要把指导性案例的遴选和编撰等活动纳入培育与弘扬社会主义核心价值观的工作过程,使培育与弘扬社会主义核心价值观成为指导性案例选编活动的重要理念目标和价值诉求;另一方面,要有针对性地适时选取体现社会主义核心价值观内容和要求的司法判决,使之上升

---

① 参见《中办国办印发〈关于进一步把社会主义核心价值观融入法治建设的指导意见〉》,载《人民日报》2016 年 12 月 26 日,第 1 版。

② 陈金钊:《"社会主义核心价值观融入法治建设"的方法论诠释》,载《当代世界与社会主义》2017 年第 4 期,第 20 页。

③ 中共中央宣传部编:《习近平新时代中国特色社会主义思想三十讲》,学习出版社 2018 年版,第 196—197 页。

为指导性案例,使这些案例积极发挥培育与弘扬社会主义核心价值观的作用。

当然,注重选编展现社会主义核心价值观的指导性案例,需要结合指导性案例自身的性质要求和目标定位来进行。指导性案例本身是法院在司法裁判活动中生成的判决,是法院解释与适用法律的结果,体现的是通过司法解决法律案件的过程、逻辑和法理。把社会主义核心价值观融入指导性案例,不是说可以用社会主义核心价值观改变法律适用的意义,而是说指导性案例有了来自社会主义核心价值观的贯穿或精神支持。所以,选编培育和弘扬社会主义核心价值观的指导性案例,是要把社会主义核心价值观的内容和要求借助指导性案例得以展现与宣扬,赋予指导性案例昭示社会主义核心价值观的功能,使司法在解决社会纠纷的同时引导人们积极践行社会主义核心价值观。在这里,指导性案例成为兼具规范法律适用与宣示社会公共核心价值的司法案例,社会主义核心价值观的要求通过司法案例的指引作用得以彰显。

由此可以看出,选编展现社会主义核心价值观的指导性案例,应当考虑需要由指导性案例来规范的法律适用具体领域或事项,而这些需要指导性案例予以规范的领域或事项定然是在法律上也应当给以明确化的问题。同时,也正是这些在法律上应当明确的问题可能影响着人们对一定价值观的认识、理解和运用,使得指导性案例需要注重对社会主义核心价值观的贯彻和展现。案例指导制度创设的目的是统一法律适用并维护司法公正。我们知道,按照关于案例指导工作的规定,作为对全国法院的审判、执行工作具有指导作用的生效裁判,指导性案例大多就是符合以下条件的案例:(1)社会广泛关注的;(2)法律规定比较原则的;(3)具有典型性的;(4)疑难复杂或者新类型的;(5)其他具有指导作用的案例。① 就此来看,选编展现社会主义核心价值观的指导性案例,需要重视对符合这些条件的司法案例的遴选与编撰,在坚持法律标准的基础上强化社会主义核心价值观对这些领域法律适用和社会治理的价值引领意义。

在具体做法上,可以遴选并编撰从不同角度遵循社会主义核心价值观的司法判决典型案例,例如反映社会公益、公序良俗、互助勇为、诚信经营、生态环境、疫情防控等方面的判例,注重对这些案例的基本案情、法律依据及弘扬的核心价值等进行概括或撰述,使它们上升为指导性案例,为法律规定的妥当解释、有效适用及社会矛盾的良善化解奠定法律与社会的正当价值基础。② 从已有的做法看,最高人民法院曾精选发布过多起从不同角度或议题弘扬社会主义核心价值观的典型司法案例(并非指导案例),并通过通俗易懂的语言提炼了其中的裁判要义和价值目标,③这就说明通过生效的司法案例来展现社会主义核心价值观的内容及价值要求,具有实践上的可行性。从目前的情况看,最高人民法院发布的第 25 批共四个指导案例被认为是专门以弘扬社会主义核心价值观为主旨的指导性案例。④

在最高人民法院颁布的关于在司法解释中贯彻社会主义核心价值观的一项规划中,也指出了如何在司法解释中弘扬社会主义核心价值观的每个具体价值目标的要求。例如为弘扬爱国、敬业、文明、和谐的

---

① 参见《最高人民法院关于案例指导工作的规定》(法发〔2010〕51号)第2条。
② 最高人民法院专门列举了裁判文书应当强化运用社会主义核心价值观释法说理的案件情形,参见《关于深入推进社会主义核心价值观融入裁判文书释法说理的指导意见》,载《人民法院报》2021年2月18日,第4版。
③ 参见《最高人民法院公布10起弘扬社会主义核心价值观的典型案例》,载《人民法院报》2016年3月10日,第3版。
④ 即指导案例140—143号,参见《最高人民法院关于发布第25批指导性案例的通知》(法〔2020〕253号)。

社会主义核心价值观,规划提出了要修订完善有关名誉权、荣誉权的司法解释,加强对英雄烈士名誉权、荣誉权案件纠纷的指导力度;要修订完善婚姻、家庭纠纷等司法解释,弘扬中华民族传统家庭美德;要修订完善劳动争议案件司法解释,维护劳动者合法权益和促进企业生存发展。① 实际上,这些要求也为选编可以展现和弘扬社会主义核心价值观的相关指导性案例指明了具体方向和领域。作为司法解释更好的存在形式或场域,指导性案例显然能够为在司法解释中贯彻和发扬社会主义核心价值观提供可资依托的平台。

二、社会主义核心价值观融入指导性案例编撰的准则

把社会主义核心价值观融入指导性案例编撰,意味着作为社会主义核心价值观组成部分的具体价值诉求和价值目标等要成为指导性案例的精神要件甚或实质内容,这不得不让我们思考如何确立相关的准则问题。作为社会主义核心价值观融入法治建设的组成部分,把社会主义核心价值观融入指导性案例编撰确实需要设置并遵守一定的准则,以恰当的理念和样式推进社会主义核心价值观在指导性案例中的融入。

第一,坚守现代法治的立场。现代法治是以法律至上与严格依法办事为原则和核心的国家治理方式、社会管理机制与社会秩序状态。法治并不排斥政策、道德和习俗等的重要作用,但是它们都不能与法律

---

① 参见《最高法出台五年工作规划 在司法解释中贯彻社会主义核心价值观》,载《人民日报》2018 年 9 月 19 日,第 11 版。

相抵触,法律在所有的社会规范中具有最高的效力和地位,其要求人们要将法律作为真正的行为准则。① 在当下中国,建成现代法治具有极为重大的意义,全面依法治国已成为国家和社会治理的基本方略与奋斗目标,法治本身也是社会主义核心价值观的重要组成部分。所以,坚守法治的立场,维护法律的权威是把社会主义核心价值观融入法治建设的每个方面或领域都必须恪守的基本准则。把社会主义核心价值观融入法治建设,并不是简单地把已确定的具体核心价值加进法治建设,"而是要把法治思维、法治方式和社会主义核心价值观融为一体,共同营造良好的法治建设环境"②。就此而言,把社会主义核心价值观融入指导性案例编撰也不是要把司法案例转化为运用社会主义核心价值观的道德案例,而是要让指导性案例以社会主义核心价值观为思想基础,更好地展现法律的权威及其适用情况,以坚持法治原则为前提来追求法律效果与社会效果的统一。

第二,正确处理法律与道德的关系。法律与道德都是调整人们行为和社会生活关系的规范,它们之间既有区别,也有十分密切的联系。自古以来,法律与道德都是相互作用、相互渗透和相互保障的,甚至"道德规范和法律制度在本质上表达了自我统一性要求"③。作为人们的共同价值诉求,社会主义核心价值观在一定意义上也是社会公德的存在形式。把社会主义核心价值观融入指导性案例也需要正确处理法律与道德的关系,既不能把道德践行与法律适用混为一谈,消解法律与道德各自调整社会生活关系的范围和界限,也不能完全否定法律与道

---

① 参见张文显主编:《法理学》(第五版),高等教育出版社2018年版,第366—367页。
② 陈金钊:《"社会主义核心价值观融入法治建设"的方法论诠释》,载《当代世界与社会主义》2017年第4期,第21页。
③ [法]埃米尔·涂尔干:《社会分工论》,渠东译,生活·读书·新知三联书店2000年版,第17页。

德的相互支持和保障作用,阻碍司法活动对公共价值的德性需求。在此方面,推动社会主义核心价值观在指导性案例中的融入,并非要把核心价值或所体现的公共道德直接设定为指导性案例中法律适用的要旨,也并非用社会核心价值替代法律的价值,其毋宁是要将指导性案例所展示的司法过程和裁判规范与社会的核心价值融会贯通,使之获得来自核心价值的正当性支持。与此同时,社会主义核心价值观在指导性案例编撰中的融入也意味着,社会的核心价值理念和全民的道德模式通过司法裁判的程序得到了确认、引导和保障。

第三,遵从司法的特性和规律。指导性案例是法律适用的结果,展现了司法解决社会纠纷的特性和规律。作为具体运用法律处理案件的专门活动,司法工作有其不同于其他公共活动的固有特征,且遵循着诸如被动性、中立性、公开性、公正性、终局性等一系列相应的客观规律。"司法活动具有特殊的性质和规律,司法权是对案件事实和法律的判断权和裁决权。"① 指导性案例是以认定的案件事实和对相关法律规范的解释、适用为基础而形成的判决实例。把社会主义核心价值观融入指导性案例编撰,实际上是承认并有意地将价值等法外的因素纳入司法裁判的要素或环节之中,这很容易造成法律解释的随意性和流变性,在一定程度上给法律适用的确定性和稳定性带来负面影响。这就要求把社会主义核心价值观融入指导性案例编撰时也必须遵从司法的特性和规律,即必须符合司法活动对道德、价值等法外因素合理援用的法理,在秉持依法裁判的原则和框架内保持对社会的适度开放性,以法治思维考量社会主义核心价值观的融入对法律解释与适用的恰当意义。因此,把社会主义核心价值观融入指导性案例编撰,不是说可以用社会

---

① 中共中央文献研究室编:《习近平关于全面依法治国论述摘编》,中央文献出版社 2015 年版,第 102 页。

价值等直接改变依法司法的意义,而是说社会主义核心价值观与法律在司法裁判中获得了互相促进和融合。

第四,符合司法判例运作和案例指导的机理。虽然我国的指导性案例不是判例法,但是其承接了司法判例的部分作用和功能。这种司法判例运作的机理在于借助判决先例的示范宣示和完善法律,为后续裁判提供解释和适用制定法规范的尺度与标准,案例指导意义的实现也有赖于此。指导性案例立足于司法裁判实践,案例指导的目标也是为了规制现实的审判行为,通过弥补制定法的局限规范法官的自由裁量权,增强司法判决的确定性和可预测性。把社会主义核心价值观融入指导性案例,是为了发挥核心价值的理念引领作用,增强案例指导的价值基础,也可以让与法律原则和法的价值有共同内涵和意蕴的核心价值起到诠释或填补法律缺漏的作用。所以,社会主义核心价值观在指导性案例中的融入,必须符合司法判例运作和案例指导的机理,有助于推动案例指导目标的落实,而不能减损或降低指导性案例规范司法裁判的作用和意义。相反,"如果法律对行为人施加了难以企及或难以考量的美德义务,有可能导致法律的泛道德化,最终让法律规则失去可执行性和权威性"[1]。把社会主义核心价值观融入指导性案例,是以司法方式宣扬和践行社会主义核心价值观的重要手段,而这种手段的应用需要与案例指导运作的机理相互融贯。

总之,虽然社会主义核心价值观融入法治建设具有重大的意义,但是也要避免不讲准则地把社会主义核心价值观随意融入法治活动的各个环节,而应按照法律程序,以法治思维和法治方式予以推进。[2] 毕

---

[1] 陈融:《社会主义核心价值观入法的理论基础、现实需求及实现路径》,载《毛泽东邓小平理论研究》2018年第10期,第55页。

[2] 参见刘风景:《社会主义核心价值观入法的理据和方式》,载《当代世界与社会主义》2017年第4期,第36页。

竟,法治实践有其必须遵循的固有规律,把社会主义核心价值观融入法治建设需要因循相应的准则或原理。融入不是简单地加入,也不是借助一定的权力直接介入,"融入"就是要用符合法治要求的方式、方法,把社会主义核心价值观融进立法、司法和执法各个环节。① 据此,把社会主义核心价值观融入指导性案例编撰,并非把社会主义核心价值观的要求直接编入指导性案例的体例和要素之中,而是要让社会主义核心价值观成为指导性案例编撰的指导思想和价值基础,使社会主义核心价值观与指导案例的内容能够融会贯通。

三、社会主义核心价值观融入指导性案例编撰的方式

考虑到指导性案例自身的性质和内容构成,把社会主义核心价值观融入指导性案例编撰最主要的任务,就是解决如何把社会主义核心价值观的要义与指导性案例彰显的裁判规范相融合的问题。就此可以说,在遵循法律精神和原则的基础上,通过指导性案例展现切合社会主义核心价值观的司法规准,是社会主义核心价值观在指导性案例中融入的基本要求,也是使社会主义核心价值观融入指导性案例编撰的实际方式。从具体场合看,其可以在多层角色的效应中成为全面推进社会主义核心价值观融入司法解释和裁判文书释法说理的方法期待。

1. 辅助对制定法规则的解释

在我国的成文法体制下,指导性案例具有非正式法律渊源的地位,

---

① 参见陈金钊:《"社会主义核心价值观融入法治建设"的方法论诠释》,载《当代世界与社会主义》2017 年第 4 期,第 21 页。

能够为司法活动提供裁判规则。通过指导性案例所阐发的裁判规则是法院对需要细化的制定法条文意思的理解和说明。裁判规则是指导性案例中的创新性要素,是司法判决创造性地适用制定法的体现,其主要是对制定法条文的解释。作为法律解释的一种形式,裁判规则将制定法条文中所内含的抽象法律规范具体化为可用来处理个案的司法准则。这种裁判规则通过指导性案例被记录下来,就成了统一类似案件法律适用的标准,对今后法官的司法裁判行为产生拘束作用。例如,最高人民法院发布的第一个刑事指导性案例"潘玉梅、陈宁受贿案"认为,"国家工作人员利用职务上的便利为请托人谋取利益,并与请托人以'合办'公司的名义获取'利润',没有实际出资和参与经营管理的,以受贿论处"[①],这是对《刑法》第三百八十五条第一款所规定的受贿罪进行的具体解释,它形成了有关受贿罪法条适用的一个实质性规则。

指导性案例就是要把制定法规范中的法律意旨展示出来。在指导性案例中,裁判要点就是对制定法规则进行解释的结论,而裁判理由部分则是对相关解释的具体阐述。把社会主义核心价值观融入指导性案例编撰,尤其是在裁判理由中运用社会主义核心价值观的理念取向和目标准则等来阐述对相关法律条文含义的理解,就可以辅助对制定法规则的解释。从良法善治的角度看,通过指导性案例展现切合社会主义核心价值观的司法规准,就是要保障以案释法的内容具有价值上的良善基础和正当性追求,使指导性案例作为司法判例对制定法的解释符合人们公共的价值标准和道德理性。"良法应当反映人民的意志和利益,反映公平、正义等价值追求,符合社会发展规律,同时,应当反映

---

① 最高人民法院编:《最高人民法院指导性案例(第一批—第十六批)》,人民法院出版社2017年版,第8—12页。

国情、社情、民情,具备科学、合理的体系。"① 良法善治要求法律的制定和解释要以正当性价值理念为基础,即法律能够遵循公平正义、保护公民自由、符合道德和程序公正等理念,并通过现实的法律制定和法律实践活动加以贯彻落实。②

不仅如此,审判实践是具体运用法律和解释法律的过程,在很多时候,法官通过审判实践在适用法律时,也按自己对立法精神和法律公正性的理解进行逻辑推理,提出法律没有规定或规定不明确的解决办法。③ 指导性案例是审判实践的产物,其本身也是司法活动的一种形式,它对法律的解释及论述不仅需要来自法律自身的演绎,也当然需要基于法理和社会价值的衡量。为更好地让指导性案例中的法律解释符合良法要求,使对有关制定法意思的阐释在现实社会生活中获得人们的认同和尊崇,除了在解释技术的运用方面注重提高质量之外,借助社会主义核心价值观的要义和相关准则来进行合理性证明或正当性评价实属必要。

2. 诠释法律原则和法律的一般条款

指导性案例为法律适用确立可供参照的司法规准,不仅表现为对法律规则进行解释并使之具体化,还表现为对法律原则和法律的一般条款予以诠释。法律原则也是法律的构成要素,与法律规则相比,法律原则具有较高的普遍性和抽象性,可比较广泛地适用于法律的某个领域。例如刑法上的罪刑法定原则,民法上的平等自愿原则、诚实信用原则和公序良俗原则等,都是重要的法律原则。法律的一般条款是制定

---

① 王利明:《法治:良法与善治》,载《中国人民大学学报》2015 年第 2 期,第 114 页。
② 参见蒋传光:《关于推动社会主义核心价值观入法入规的思考》,载《学习与探索》2017 年第 8 期,第 82 页。
③ 参见蒋传光:《良法、执法与释法》,载《东方法学》2011 年第 3 期,第 148 页。

法中用来概括规定某一类法律关系共同属性的法律条文,类似于对某一类社会现象作出的集中原则性规定。法律的一般条款也是具有较高抽象性的法律规定,虽然其在本质上属于法律规则,但是与规定某一个别问题的法律规则相比,它是对某一类法律问题的概括性规定,是对某一类问题共同性要素的提炼。① 例如,《侵权责任法》中"从事高度危险作业造成他人损害的,应当承担侵权责任"的规定就是一般条款,它概括性地规定了从事高度危险作业这一类现象的责任承担问题,可适用于各种高度危险责任的情形。

法律原则构成一部法律的综合性理念或出发点,法律的一般条款对法律的理解和适用也具有整体的指导意义,它们常常成为阐释一系列法律规则的价值基础或实质根据。由于司法判例在解释和适用抽象法律条文方面具有天然的目标导向,即致力于实现制定法规范在具体个案裁判场景中的具体化,因而借助案例诠释法律原则和法律一般条款的具体含义及适用标准,不仅是指导性案例的重要任务,而且已成为指导性案例的一种优势。从实践上看,在阐释和适用抽象法律原则、法律一般条款或不确定法律概念等场合,指导性案例都容易发展出可依赖的法律论述规则和操作技术。如果把社会主义核心价值观融入指导性案例,就能够为指导性案例发挥其优势提供特定的价值基础和论证资源。

在一定意义上看,许多法律原则和法律的一般条款与社会主义核心价值观具有本质上相同的内容,很多法律原则其实也就是一种"制度道德"②,它们在部分共享的领域或层面上一起体现了对某种社会生活关系调整的特定理念和精神。这样,在必要时诉诸社会主义核心价

---

① 参见王利明:《法学方法论》,中国人民大学出版社2012年版,第474页。
② 例如制度法学就把法律原则视为已在法律制度中被内化的"制度道德"。参见[英]尼尔·麦考密克、[奥]奥塔·魏因贝格尔:《制度法论》,周叶谦译,中国政法大学出版社2004年版,第209页及以下。

值观的要求和准则,就可以为法律原则或法律一般条款的解释及其具体裁判规则的建构提供相应的坐标或参照。同时,法律原则和法律一般条款的存在反映了制定法对社会生活的开放性和适应性,司法活动在个案裁判中运用法律原则或法律一般条款形成具体的裁判规则,也确实需要考量法律与价值、道德、文化等语境因素的关系,在法律与其他社会规范的互动中确定法律的实际含义。在进行这种综合判断的过程中,有时就需要探求"社会上通常合理的人的共同价值确信"以作为判断的基础。① 在此方面,把社会主义核心价值观融入指导性案例编撰,显然有助于寻求社会的共同价值确信,更好地诠释法律原则和法律的一般条款。

3. 弥补法律规则的空缺

把指导性案例最基本的价值功能定位于解释与适用法律,并宣示相关的法律要旨和裁判规范,实际上也暗含了指导性案例在细化和延伸制定法规定方面具有规则创制的价值。指导性案例具有指导性的主要缘由在于,它聚焦于疑难案件中的法律适用争议,能够有针对性地提出相应的处理方式,并把其中具有法律意义的处断规则提炼为裁判要点。从已发布的多批指导性案例来看,每个指导性案例在裁判要点和裁判理由方面均表明了对相关法条解释和适用的具体情况,其中都清晰地展示了对相关法条意思的阐释或延伸,生成了更为明确的有关某种情形的司法规则。指导性案例的这种功能定位及规则创制作用,使其对存在法律漏洞的案件裁判具有更大的指导意义。

简单地说,在案件事实已经查明却找不到可适用的法律规则的情况下,法官就只能根据法律原则和法律精神等对法律漏洞进行补充和

---

① 参见王利明:《法学方法论》,中国人民大学出版社2012年版,第476页。

完善,这种案例被确定为指导性案例后,可以给其他同样案件的处理提供一个可遵循的先例,从而消减因缺乏成文法而给法官带来的不便和困惑。① 指导性案例对法律漏洞的填补主要表现为对法律规则空缺的弥补。诚然,指导性案例弥补法律规则的空缺只能遵循法律上补充法律漏洞的方法,从法律的正式渊源或非正式渊源中获取可以使用的相关依据。在这方面,从法律渊源的角度看,通过直接的形式意义上的法律渊源对法律规则空缺进行弥补具有较强的制度正当性。然而,司法判例对法律规则空缺的弥补不仅是对形式上的法律载体的运用,而且要注重对促成法律的实质资源性要素的考察。就后者来说,一定社会的道德、正义观念、政策、习俗习惯、乡规民约、先前的法律、宗教规范、法理学说、科技标准等都可能成为法律所选取、吸纳、接受和提炼的资源。②

由此来看,作为一个国家或社会的实存共同价值在主观精神与思想文化领域的表现,核心价值观能够成为弥补法律规则空缺的实质资源性要素。核心价值观是核心价值体系的观念形态,而核心价值是处于主导地位和起支配作用的公共价值,③正是核心价值的这种公共价值属性使得核心价值观在一定场合具有弥补法律规则空缺的功能。社会主义核心价值观是对我国社会主义核心价值体系的概括与凝练,明确了国家发展目标,彰显了社会核心理念,确立了公民价值准则。④ 把社会主义核心价值观融入指导性案例编撰,显然能够更好地发挥指导

---

① 参见苏泽林主编:《中国案例指导制度的构建和应用》,法律出版社 2012 年版,第 198 页。
② 参见苏晓宏:《法理学通论》,法律出版社 2009 年版,第 92 页。
③ 参见胡敏中:《价值·公共价值·核心价值:社会主义核心价值观视点》,山西人民出版社 2016 年版,第 95 页。
④ 参见蒋传光:《关于推动社会主义核心价值观入法入规的思考》,载《学习与探索》2017 年第 8 期,第 82 页。

性案例弥补法律规则空缺的作用。当然,这并非要把社会主义核心价值观直接作为"无法司法"的标准或依据,而是运用社会主义核心价值观对本应由法律调整而又缺乏相应法律规定的行为进行指引、评价、定向和规范,为个案裁判弥补法律规则的空缺确立良好的价值秩序、准则源泉和司法尺度。

4. 补强司法的价值判断及其说理

法学家庞德认为,"在法律史的各个经典时期,无论在古代和近代世界里,对价值准则的论证、批判或合乎逻辑的适用,都曾是法学家们的主要活动"①。在司法裁判中,无论是对法律规范的解释还是对裁判结论的证明,价值判断及其说理的作用也都不可或缺。拉伦茨指出,在法律运用需填补的评价标准来描绘构成要件或法效果时,特别需要运用"价值导向的"思考方式,诸如"诚实信用"、"重大事由"、给付与对待给付之间的"适当关系"、"适当的期间"或"合理的裁量"等等,都是此种标准的适例。② 尽管裁判规则和案件事实构成了司法推理的基本框架,但是围绕案件事实认定与裁判规则构建的过程充满了有关价值的判断和论证,司法活动的每个环节也无不借助基于价值的说理来进行。司法判例正是记载法律适用情况及其价值判断的重要载体,成为指导性案例的司法判例也自然为相关司法规准的形成确立或提供了价值说理的指引。

在指导性案例中,基于一定价值准则的判断和说理对司法裁判规范的形成起到价值证成与价值说服的作用。这也说明,价值因素不仅

---

① [美]罗斯科·庞德:《通过法律的社会控制》,沈宗灵译,商务印书馆2010年版,第62页。
② 参见[德]卡尔·拉伦茨:《法学方法论》,陈爱娥译,商务印书馆2003年版,第102页。

是贯穿于指导性案例之中的理念基础或精神引领,而且能够成为指导性案例裁判理由中独立的论证根据和说理要素。价值衡量的有关原理也告诉我们,当法律权利发生现实冲突时,由于权利冲突本质上关涉的是价值之间的冲突,司法通常需要运用价值衡量的方法来选择需要保护的权利及其类型。对此,裁判者既要发现立法者的价值取向,也要通过发现正确的公共价值取向来协调各种利益冲突,基于价值的论述和说理在此过程中不可避免。指导性案例中的价值判断及其说理蕴含着法院对案件必要事实及其所体现的法律关系、案件背后的诉讼目的、判案理由、当时的社会环境、判决社会效果等方面的综合考虑,法律的基本精神、法律目的及其预设价值也都内在其中,[①]它们构成了确定和理解相关司法规准的重要理据。

指导性案例中的价值判断及其说理来自多渠道的资源,除却法律自身的价值,社会公共价值也可提供较为宽阔的背景或场域。任何社会的司法裁判都与主流的公共价值观有密切关联,而社会主义核心价值观无疑是当下中国社会最富有成效的公共价值共识,在任何司法裁判要为法律的解释与适用寻求基于公共价值的说理方面,其皆有自然而然的事实上的地位和作用。把社会主义核心价值观融入指导性案例编撰,在很多领域可以补强司法的价值判断及其说理。社会主义核心价值观是新时代我国全体国民价值观的"最大公约数",用社会主义核心价值观作为司法活动开展价值判断及其说理的依据,是指导性案例构建裁判规则的关键价值支撑。在指导性案例中融入社会主义核心价值观,可以为个案的法律适用指明价值方向,为司法规准的论证提供更多有分量的说服性理由。另外,在指导性案例中借由社会主义核心价

[①] 参见于同志:《案例指导研究:理论与应用》,法律出版社2018年版,第7页。

值观补强司法的价值判断及其说理,需要增强指导性案例编撰对法律方法的运用,特别注意裁判过程对社会主义核心价值观的价值目标和价值准则的运用尺度,为司法活动宣扬和运用社会主义核心价值观确立必要的法律方法之维。

从实质上看,把社会主义核心价值观融入法治建设关涉的是如何恰当处理公共价值或道德与法律有效运行的关系问题。把社会主义核心价值观融入法治建设,一方面体现了社会主义核心价值观能够为法治建设提供必要的价值引领和精神贯穿,更好地促进良法善治的实现;另一方面表明了法律的运行能够为培育与践行社会主义核心价值观发挥重要的导向作用和保障功能。案例指导制度是中国当代司法制度改革的一项重要成果,指导性案例拓展了中国法院以制定法为主要依据来对案件纠纷进行裁判的实践模式,对提高审判质量、维护司法公正业已产生了积极影响。在社会主义核心价值观融入法治建设的背景下,以落实"把社会主义核心价值观融入法律法规的立改废释全过程"为任务,把社会主义核心价值观融入指导性案例编撰已成为弘扬社会主义核心价值观和发展案例指导制度的必然要求。指导性案例不仅为社会主义核心价值观融入法治建设准备了新的司法载体,而且能够为社会主义核心价值观的培育和遵行呈现出相应的指向性准则。在遵循法治原则和法律精神的前提下,通过指导性案例展现切合社会主义核心价值观要求的法律适用规准和裁判尺度,也自然能够为法律的恰当解释、适用以及社会纠纷的合理解决寻求良好的价值支撑。

参考文献

一、中文著作类

陈景辉:《实践理由与法律推理》,北京大学出版社 2012 年版。

陈金钊、熊明辉主编:《法律逻辑学》(第二版),中国人民大学出版社 2015 年版。

陈林林:《法律方法比较研究:以法律解释为基点的考察》,浙江大学出版社 2014 年版。

陈兴良主编:《中国案例指导制度研究》,北京大学出版社 2014 年版。

邓矜婷:《指导性案例的比较与实证》,中国人民大学出版社 2015 年版。

傅郁林:《民事司法制度的功能与结构》,北京大学出版社 2006 年版。

谷春德、史彤彪主编:《西方法律思想史》(第三版),中国人民大学出版社 2009 年版。

何家弘、刘品新主编:《法治国家建设中的司法判例制度研究》,经济科学出版社 2017 年版。

胡敏中:《价值·公共价值·核心价值:社会主义核心价值观视点》,山西人民出版社 2016 年版。

黄茂荣:《法学方法与现代民法》(第五版),法律出版社 2007 年版。

季卫东:《法治秩序的建构》(增补版),商务印书馆 2019 年版。

江伟主编:《民事诉讼法》,高等教育出版社 2004 年版。

焦宝乾等:《法律修辞学:理论与应用研究》,法律出版社 2015 年版。

雷磊:《法理学》,中国政法大学出版社 2019 年版。

李学尧:《法律职业主义》,中国政法大学出版社 2007 年版。
李振江主编:《法律逻辑学》,郑州大学出版社 2018 年版。
梁慧星:《民法解释学》,中国政法大学出版社 1995 年版。
刘士国:《科学的自然法观与民法解释》,复旦大学出版社 2011 年版。
刘树德:《无理不成"书":裁判文书说理 23 讲》,中国检察出版社 2020 年版。
马长山主编:《法理学导论》,北京大学出版社 2014 年版。
任彦君:《刑事疑案适用法律方法研究》,中国人民大学出版社 2016 年版。
沈德咏主编:《中国特色社会主义司法制度论纲》,人民法院出版社 2009 年版。
沈宗灵:《比较法研究》,北京大学出版社 2004 年版。
时显群:《社会学法律解释方法研究》,知识产权出版社 2019 年版。
舒国滢、王夏昊等:《法学方法论》,中国政法大学出版社 2018 年版。
舒国滢主编:《法理学导论》,北京大学出版社 2006 年版。
苏晓宏:《法理学通论》,法律出版社 2009 年版。
苏泽林主编:《中国案例指导制度的构建和应用》,法律出版社 2012 年版。
孙海波:《疑难案件与司法推理》,北京大学出版社 2020 年版。
孙海波:《裁判对法律的背离与回归:疑难案件的裁判方法新论》,中国法制出版社 2019 年版。
汪世荣:《判例与法律发展:中国司法改革研究》,法律出版社 2006 年版。
王彬:《案例指导与法律方法》,人民出版社 2018 年版。
王海明:《伦理学方法》,商务印书馆 2003 年版。
王利明:《法学方法论》,中国人民大学出版社 2012 年版。
王利明:《法律解释学导论:以民法为视角》,法律出版社 2009 年版。
王利明:《法律解释学》(第二版),中国人民大学出版社 2016 年版。
王利明:《司法改革研究》(修订本),法律出版社 2001 年版。
王泽鉴:《民法思维:请求权基础理论体系》,北京大学出版社 2009 年版。
韦玉成、田杜国主编:《法律逻辑学》,中国社会科学出版社 2018 年版。
武宏志:《批判性思维》,高等教育出版社 2016 年版。

武宏志、周建武等:《非形式逻辑导论》,人民出版社2009年版。
徐爱国、李桂林:《西方法律思想史》(第三版),北京大学出版社2014年版。
杨建军:《法律事实的解释》,山东人民出版社2007年版。
杨仁寿:《法学方法论》(第二版),中国政法大学出版社2013年版。
雍琦:《法律逻辑学》,法律出版社2004年版。
于同志:《案例指导研究:理论与应用》,法律出版社2018年版。
於兴中:《法治与文明秩序》,中国政法大学出版社2006年版。
张骐、孙海波等:《司法案例的使用方法研究》,北京大学出版社2020年版。
张骐、胡兴东等:《中国司法先例与案例指导制度研究》,北京大学出版社2016年版。
张文显主编:《法理学》(第五版),高等教育出版社2018年版。
张晓光主编:《法律专业逻辑学教程》,复旦大学出版社2007年版。
张志铭:《法律解释学》,中国人民大学出版社2015年版。
张志铭:《法律解释操作分析》,中国政法大学出版社1998年版。
张志铭:《法理思考的印迹》,中国政法大学出版社2003年版。
郑永流:《法律方法阶梯》(第三版),北京大学出版社2015年版。

二、中文论文类

白建军:《同案同判的宪政意义及其实证研究》,载《中国法学》2003年第3期。
蔡琳:《修辞论证的方法——以两份判决书为例》,载《政法论坛》2006年第5期。
蔡琳:《案例指导制度之"指导"三论》,载《南京大学学报》(哲学·人文科学·社会科学)2012年第4期。
曹志勋:《论指导性案例的"参照"效力及其裁判技术——基于对已公布的42个民事指导性案例的实质分析》,载《比较法研究》2016年第6期。
常鹏翱:《法律事实的意义辨析》,载《法学研究》2013年第5期。

陈灿平:《案例指导制度中操作性难点问题探讨》,载《法学杂志》2006年第3期。
陈金钊:《法律人思维中的规范隐退》,载《中国法学》2012年第1期。
陈金钊:《论审判规范》,载《比较法研究》1999年第3、4期。
陈金钊:《文义解释:法律方法的优位选择》,载《文史哲》2005年第6期。
陈金钊:《案例指导制度下的法律解释及其意义》,载《苏州大学学报》(哲学社会科学版)2011年第4期。
陈金钊:《"社会主义核心价值观融入法治建设"的方法论诠释》,载《当代世界与社会主义》2017年第4期。
陈景辉:《同案同判:法律义务还是道德要求》,载《中国法学》2013年第3期。
陈融:《社会主义核心价值观入法的理论基础、现实需求及实现路径》,载《毛泽东邓小平理论研究》2018年第10期。
陈曦:《何种法律逻辑———一种实践论视角的解释》,载《中国政法大学学报》2014年第5期。
陈兴良:《刑法指导案例裁判要点功能研究》,载《环球法律评论》2018年第3期。
陈兴良:《案例指导制度的法理考察》,载《法制与社会发展》2012年第3期。
陈兴良:《我国案例指导制度功能之考察》,载《法商研究》2012年第2期。
陈兴良:《案例指导制度的规范考察》,载《法学评论》2012年第3期。
董皞、贺晓翊:《指导性案例在统一法律适用中的技术探讨》,载《法学》2008年第11期。
冯文生:《审判案例指导中的"参照"问题研究》,载《清华法学》2011年第3期。
傅郁林:《建立判例制度的两个基础性问题——以民事司法的技术为视角》,载《华东政法大学学报》2009年第1期。
干朝端:《建立以判例为主要形式的司法解释体制》,载《法学评论》2001年第3期。
高鸿钧:《英国法的主要特征(上)——与大陆法相比较》,载《比较法研究》

2012 年第 3 期。

高尚:《德国判例使用情况分析——以〈德国刑法典〉第 266 条"背信罪"为对象》,载《环球法律评论》2017 年第 6 期。

郜永昌、刘克毅:《论案例指导制度的法律定位》,载《法律科学》(西北政法大学学报)2008 年第 4 期。

顾培东:《判例自发性运用现象的生成与效应》,载《法学研究》2018 年第 2 期。

何家弘:《完善司法判例制度是法治国家建设的需要》,载《法制与社会发展》2015 年第 1 期。

何然:《司法判例制度论要》,载《中外法学》2014 年第 1 期。

侯学勇:《法律解释方法的证立功能与司法能动主义》,载《华东政法大学学报》2010 年第 1 期。

胡学军:《在"生活事实"与"法律要件"之间:证明责任分配对象的误识与回归》,载《中国法学》2019 年第 2 期。

胡云腾、于同志:《案例指导制度若干重大疑难争议问题研究》,载《法学研究》2008 年第 6 期。

胡云腾:《一个大法官与案例的 38 年情缘》,载《民主与法制》2017 年第 20 期。

黄泽敏:《案件事实的归属论证》,载《法学研究》2017 年第 5 期。

黄泽敏:《判例制度法律推理构成类型研究——兼与案例指导制度比较》,载《甘肃社会科学》2018 年第 3 期。

黄泽敏、张继成:《案例指导制度下的法律推理及其规则》,载《法学研究》2013 年第 2 期。

黄泽敏、张继成:《指导性案例援引方式之规范研究——以将裁判要点作为排他性判决理由为核心》,载《法商研究》2014 年第 4 期。

蒋传光:《关于推动社会主义核心价值观入法入规的思考》,载《学习与探索》2017 年第 8 期。

蒋传光:《良法、执法与释法》,载《东方法学》2011 年第 3 期。

蒋惠岭:《建立案例指导制度的几个具体问题》,载《法律适用》2004年第5期。

孔祥俊:《论法律事实与客观事实》,载《政法论坛》2002年第5期。

郎贵梅:《中国案例指导制度的若干基本理论问题研究》,载《上海交通大学学报》(哲学社会科学版)2009年第2期。

雷槟硕:《指导性案例适用的阿基米德支点——事实要点相似性判断研究》,载《法制与社会发展》2018年第2期。

雷磊:《法律论证中的权威与正确性——兼论我国指导性案例的效力》,载《法律科学》(西北政法大学学报)2014年第2期。

雷磊:《从"看得见的正义"到"说得出的正义"——基于最高人民法院〈关于加强和规范裁判文书释法说理的指导意见〉的解读与反思》,载《法学》2019年第1期。

雷磊:《指导性案例法源地位再反思》,载《中国法学》2015年第1期。

雷磊:《法律逻辑研究什么?》,载《清华法学》2017年第4期。

雷磊:《法教义学与法治:法教义学的治理意义》,载《法学研究》2018年第5期。

李红海:《案例指导制度的未来与司法治理能力》,载《中外法学》2018年第2期。

李仕春:《案例指导制度的另一条思路——司法能动主义在中国的有限适用》,载《法学》2009年第6期。

李友根:《论指导性案例的约束力范围》,载《苏州大学学报》(哲学社会科学版)2011年第4期。

刘风景:《社会主义核心价值观入法的理据和方式》,载《当代世界与社会主义》2017年第4期。

刘树德:《刑事司法语境下的"同案同判"》,载《中国法学》2011年第1期。

刘昕杰、杨晓蓉:《民国学者对民初大理院判例制度的研究》,载《东方法学》2011年第5期。

刘作翔:《案例指导制度的定位及相关问题》,载《苏州大学学报》(哲学社会科学版)2011年第4期。

刘作翔、徐景和:《案例指导制度的理论基础》,载《法学研究》2006年第3期。

毛立新:《论我国案例指导制度的建立》,载《北京人民警察学院学报》2009年第5期。

牟绿叶:《论指导性案例的效力》,载《当代法学》2014年第1期。

泮伟江:《超越"依法裁判"理论》,载《中国法律评论》2020年第2期。

泮伟江:《论指导性案例的效力》,载《清华法学》2016年第1期。

彭中礼:《司法判决中的指导性案例》,载《中国法学》2017年第6期。

瞿灵敏:《指导性案例类型化基础上的"参照"解读——以最高人民法院指导性案例为分析对象》,载《交大法学》2015年第3期。

沈健州:《民法解释选择问题的分析框架:以或有期间概念为分析范例》,载《中外法学》2019年第4期。

舒国滢:《从方法论看抽象法学理论的发展》,载《浙江社会科学》2004年第5期。

苏泽林、李轩:《论司法统一与案例指导制度的完善》,载《中国司法》2009年第12期。

宋晓:《裁判摘要的性质追问》,载《法学》2010年第2期。

宋晓:《判例生成与中国案例指导制度》,载《法学研究》2011年第4期。

孙光宁:《法律解释方法在指导性案例中的运用及其完善》,载《中国法学》2018年第1期。

孙光宁:《社会学解释方法在指导性案例中的适用及其改进》,载《上海政法学院学报》(法治论丛)2020年第3期。

孙光宁:《指导性案例裁判要旨概括方式之反思》,载《法商研究》2016年第4期。

孙光宁:《司法实践需要何种指导性案例——以指导性案例24号为分析对象》,载《法律科学》(西北政法大学学报)2018年第4期。

孙光宁:《指导性案例的文本论证策略》,载《湖北社会科学》2015年第11期。

孙光宁:《指导性案例的技术性缺陷及其改进》,载《法治研究》2014年第

7 期。

孙海波:《"同案同判"与司法的本质——为依法裁判立场再辩护》,载《中国法律评论》2020 年第 2 期。

孙海波:《类似案件应类似审判吗?》,载《法制与社会发展》2019 年第 3 期。

孙海波:《"同案同判":并非虚构的法治神话》,载《法学家》2019 年第 5 期。

孙笑侠:《司法权的本质是判断权》,载《法学》1998 年第 8 期。

汤文平:《论指导性案例之文本剪辑——尤以指导案例 1 号为例》,载《法制与社会发展》2013 年第 2 期。

汤文平:《判例纂辑方法研究》,载《法商研究》2013 年第 1 期。

田成有:《歧义与沟通:法律语境论》,载《法律科学》(西北政法学院学报)2001 年第 2 期。

汪世荣:《补强效力与补充规则:中国案例制度的目标定位》,载《华东政法学院学报》2007 年第 2 期。

汪世荣、刘全娥:《陕甘宁边区高等法院编制判例的实践与经验》,载《法律科学》(西北政法学院学报)2007 年第 4 期。

王彬:《案例指导制度下的法律论证》,载《法制与社会发展》2017 年第 3 期。

王晨光:《制度构建与技术创新——我国案例指导制度面临的挑战》,载《国家检察官学院学报》2012 年第 1 期。

王国龙:《自由裁量及裁量正义的实现》,载《上海政法学院学报》(法治论丛)2020 年第 4 期。

王洪:《逻辑能解法律论证之困吗?》,载《政法论坛》2019 年第 5 期。

王婧:《1873 年英国司法改革与上议院司法权的变迁》,载《上海师范大学学报》(哲学社会科学版)2018 年第 3 期。

王利明:《我国案例指导制度若干问题研究》,载《法学》2012 年第 1 期。

王利明:《法治:良法与善治》,载《中国人民大学学报》2015 年第 2 期。

王申:《司法责任伦理是法官存在的必要条件》,载《江海学刊》2016 年第 4 期。

王申:《司法职业与法官德性伦理的建构》,载《法学》2016 年第 10 期。

王云清:《制定法解释中的想象性重构》,载《法律科学》(西北政法大学学报)2017年第3期。

魏东:《刑法解释学的功能主义范式与学科定位》,载《现代法学》2021年第5期。

吴建斌:《指导性案例裁判要点不能背离原案事实——对最高人民法院指导案例67号的评论与展望》,载《政治与法律》2017年第10期。

吴英姿:《谨防案例指导制度可能的"瓶颈"》,载《法学》2011年第9期。

吴英姿:《司法的限度:在司法能动与司法克制之间》,载《法学研究》2009年第5期。

吴英姿:《判决效力相对性及其对外效力》,载《学海》2000年第4期。

吴越:《中国"例制"构建中的法院角色和法官作用》,载《法学论坛》2012年第5期。

武宏志:《美国语境中的"法律人思维"》,载《法学家》2009年第3期。

夏锦文、莫良元:《司法转型中指导性案例的生成机理》,载《法律科学》(西北政法大学学报)2010年第4期。

夏引业:《论指导性案例发布权的合法性困境与出路》,载《法商研究》2015年第6期。

肖建华:《论判决效力主观范围的扩张》,载《比较法研究》2002年第1期。

熊明辉、杜文静:《在证据与事实之间:一种证据博弈观》,载《浙江社会科学》2019年第6期。

徐昕:《迈向司法统一的案例指导制度》,载《学习与探索》2009年第5期。

杨贝:《论案件事实的层次与建构》,载《法制与社会发展》2019年第3期。

杨丽英:《英国判例法主义的形成、发展及评价》,载《比较法研究》1991年第4期。

杨力:《中国案例指导运作研究》,载《法律科学》(西北政法大学学报)2008年第6期。

杨知文:《社会学解释方法的司法运用及其限度》,载《法商研究》2017年第3期。

杨知文:《现代司法的审级构造和我国法院层级结构改革》,载《华东政法大学学报》2012年第5期。

杨知文:《法院组织管理与中国审判管理体制的建构》,载《河北法学》2014年第10期。

杨知文:《基于后果评价的法律适用方法》,载《现代法学》2014年第4期。

姚辉:《民事指导性案例的方法论功能》,载《国家检察官学院学报》2012年第1期。

于同志:《论指导性案例的参照适用》,载《人民司法》2013年第7期。

于同志:《"案例指导"何以发生》,载《法律适用》2017年第10期。

张保生:《法律推理中的法律理由和正当理由》,载《法学研究》2006年第6期。

张超:《论"同案同判"的证立及其限度》,载《法律科学》(西北政法大学学报)2015年第1期。

张弘:《行政判例制作中的法律解释》,载《北方法学》2011年第3期。

张继成:《可能生活的证成与接受——司法判决可接受性的规范研究》,载《法学研究》2008年第5期。

张继成:《从案件事实之"是"到当事人之"应当"——法律推理机制及其正当理由的逻辑研究》,载《法学研究》2003年第1期。

张骐:《论裁判规则的规范性》,载《比较法研究》2020年第4期。

张骐:《论类似案件应当类似审判》,载《环球法律评论》2014年第3期。

张骐:《论寻找指导性案例的方法:以审判经验为基础》,载《中外法学》2009年第3期。

张骐:《论类似案件的判断》,载《中外法学》2014年第2期。

张骐:《试论指导性案例的"指导性"》,载《法制与社会发展》2007年第6期。

张骐:《指导性案例中具有指导性部分的确定和适用》,载《法学》2008年第10期。

张骐:《再论类似案件的判断与指导性案例的使用》,载《法制与社会发展》2015年第5期。

张骐:《判例法的比较研究——兼论中国建立判例法的意义、制度基础与操作》,载《比较法研究》2002年第4期。

张骐:《论中国案例指导制度向司法判例制度转型的必要性与正当性》,载《比较法研究》2017年第5期。

张双根:《指导案例制度的功能及其限度》,载《清华法学》2017年第3期。

张炜达、李瑰华:《我国案例指导制度的发展和完善——基于判例概念的启示》,载《河北法学》2011年第6期。

张志铭:《中国法院案例指导制度价值功能之认知》,载《学习与探索》2012年第3期。

张志铭:《司法判例制度构建的法理基础》,载《清华法学》2013年第6期。

赵磊:《商事指导性案例的规范意义》,载《政法论坛》2018年第2期。

郑永流:《法律判断形成的模式》,载《法学研究》2004年第1期。

郑智航:《中国指导性案例生成的行政化逻辑》,载《当代法学》2015年第4期。

周道鸾:《中国案例指导制度若干问题研究》,载《中国法律:中英文版》2010年第1期。

周少华:《同案同判:一个虚构的法治神话》,载《法学》2015年第11期。

周佑勇:《作为过渡措施的案例指导制度——以"行政[2005]004号案例"为观察对象》,载《法学评论》2006年第3期。

朱芒:《论指导性案例的内容构成》,载《中国社会科学》2017年第4期。

资琳:《指导性案例同质化处理的困境及突破》,载《法学》2017年第1期。

三、译作类

[奥]凯尔森:《法与国家的一般理论》,沈宗灵译,中国大百科全书出版社1995年版。

[比]佩雷尔曼:《什么是法律逻辑?》,熊明辉译,载熊明辉、谢耘主编:《法律论证与修辞》,法律出版社2014年版。

［德］阿图尔·考夫曼、温弗里德·哈斯默尔主编：《当代法哲学和法律理论导论》，郑永流译，法律出版社2002年版。

［德］茨威格特、克茨：《比较法总论》（上），潘汉典、米健等译，中国法制出版社2017年版。

［德］葛斯塔·舒维普：《古希腊罗马神话与传奇》，叶青译，广西师范大学出版社2003年版。

［德］卡尔·恩吉施：《法律思维导论》（修订版），郑永流译，法律出版社2014年版。

［德］卡尔·拉伦茨：《法学方法论》，陈爱娥译，商务印书馆2003年版。

［德］卢卡斯·贝克：《方法论视角下的制定法解释》，钱炜江译，载陈金钊、谢晖主编：《法律方法》（第29卷），研究出版社2020年版。

［德］罗伯特·阿列克西：《法律论证理论——作为法律证立理论的理性论辩理论》，舒国滢译，中国法制出版社2002年版。

［德］魏德士：《法理学》，丁晓春、吴越译，法律出版社2005年版。

［法］埃米尔·涂尔干：《社会分工论》，渠东译，生活·读书·新知三联书店2000年版。

［法］埃米尔·涂尔干：《职业伦理与公民道德》，渠敬东译，商务印书馆2015年版。

［法］保罗·利科尔：《解释学与人文科学》，陶远华、袁耀东等译，河北人民出版社1987年版。

［法］皮埃尔·布迪厄：《实践感》，蒋梓骅译，译林出版社2012年版。

［法］雅克·盖斯旦、吉勒·古博：《法国民法总论》，陈鹏、张丽娟等译，法律出版社2004年版。

［韩］李德桓：《法官的SNS使用和职务伦理——以韩国与美国的论点为中心》，吴日焕译，载许身健主编：《法律职业伦理论丛》（第二卷），知识产权出版社2015年版。

［荷］雅普·哈赫：《法律逻辑研究》，谢耘译，中国政法大学出版社2015年版。

［荷］伊芙琳·T.菲特丽丝:《法律论证原理——司法裁决之证立理论概览》,张其山、焦宝乾等译,商务印书馆 2005 年版。

［美］艾德华·H.列维:《法律推理引论》,庄重译,中国政法大学出版社 2002 年版。

［美］戴维·斯沃茨:《文化与权力:布尔迪厄的社会学》,陶东风译,上海译文出版社 2006 年版。

［美］罗斯科·庞德:《通过法律的社会控制》,沈宗灵译,商务印书馆 2010 年版。

［日］森际康友编:《司法伦理》,于晓琪、沈军译,商务印书馆 2010 年版。

［以］约瑟夫·霍尔维茨:《法律与逻辑:法律论证的批判性说明》,陈锐译,中国政法大学出版社 2015 年版。

［英］赖特勋爵:《判例》(上),张志铭译,载《比较法研究》1991 年第 4 期。

［英］尼尔·麦考密克、［奥］奥塔·魏因贝格尔:《制度法论》,周叶谦译,中国政法大学出版社 2004 年版。

［英］尼尔·麦考密克:《法律推理与法律理论》,姜峰译,法律出版社 2018 年版。

［英］尼尔·麦考密克:《修辞与法治:一种法律推理理论》,程朝阳、孙光宁译,北京大学出版社 2014 年版。

［英］沙龙·汉森:《法律方法与法律推理》,李桂林译,武汉大学出版社 2010 年版。

四、报纸文章类

陈灿平:《从司法方法性管理视角发展案例指导制度》,载《人民法院报》2006 年 11 月 9 日,第 5 版。

陈景辉:《案例指导制度与同案同判》,载《光明日报》2014 年 1 月 29 日,第 16 版。

陈兴良:《从规则体系视角考察中国案例指导制度》,载《检察日报》2012 年 4 月 19 日,第 3 版。

傅郁林:《在案例中探寻裁判的逻辑》,载《人民法院报》2012年2月1日,第8版。

胡云腾、吴光侠:《指导性案例的体例与编写》,载《人民法院报》2012年4月11日,第8版。

孙笑侠:《生活逻辑与法律思维的差异》,载《北京日报》2013年8月5日,第17版。

杨知文:《把社会主义核心价值观融入指导性案例编撰》,载《光明日报》2018年7月25日,第11版。

张志铭:《对"同案同判"的法理分析》,载《法制日报》2012年3月7日,第11版。

张志铭:《我国法院案例指导制度的全新定位》,载《光明日报》2011年6月29日,第14版。

周强:《推进严格司法》,载《人民法院报》2014年11月14日,第6版。

五、外文类

Brian Bix, *Law, Language and Legal Determinacy*, New York: Oxford University Press, 1993.

Carleton K. Allen, *Law in the Making* (7th ed.), Oxford: Clarendon Press, 1964.

Edward H. Levi, "An Introduction to Legal Reasoning", *The University of Chicago Law Review*, Vol. 15, No. 3, 1948, pp. 501-574.

Elder Witt (ed.), *Congressional Quarterly's Guide to the U. S. Supreme Court* (2nd ed.), Washington, D. C.: Congressional Quarterly Inc., 1990.

Hans Kelsen, "Will the Judgment in the Nuremberg Trial Constitute a Precedent in International Law?", *The International Law Quarterly*, Vol. 1, No. 2, Summer 1947, pp. 153-171.

Irving Younger, "The Facts of A Case", *University of Arkansas at Little Rock*

Law Journal, Vol. 3, No. 2, 1980, pp. 345-360.

Jabez Fox, "Law and Fact", Harvard Law Review, Vol. 12, No. 8, 1898-1899, pp. 545-552.

Lon L. Fuller, "The Forms and Limits of Adjudication", Harvard Law Review, Vol. 92, No. 2, 1978, pp. 353-409.

Marisa Iglesias Vila, Facing Judicial Discretion: Legal Knowledge and Right Answers Revisited, Dordrecht: Springer, 2001.

Mark Jia, "Chinese Common Law? Guiding Cases and Judicial Reform", Harvard Law Review, Vol. 129, No. 8, 2016, pp. 2213-2234.

Neil MacCormick, Robert S. Summers (eds.), Interpreting Precedents: A Comparative Study, New York: Routledge, 2016.

Owen M. Fiss, "Objectivity and Interpretation", Stanford Law Review, Vol. 34, 1981-1982, pp. 739-763.

Richard A. Wasserstrom, The Judicial Decision: Toward A Theory of Legal Justification, Stanford: Stanford University Press, 1961.

Scott Brewer, "Exemplary Reasoning: Semantics, Pragmatics, and the Rational Force of Legal Argument by Analogy", Harvard Law Review, Vol. 109, No. 5, 1996, pp. 923-1028.

Stephen E. Toulmin, The Uses of Argument (updated edition), Cambridge: Cambridge University Press, 2003.

六、其他类

《关于深入推进社会主义核心价值观融入裁判文书释法说理的指导意见》，载《人民法院报》2021年2月18日，第4版。

《人民法院第二个五年改革纲要(2004—2008)》(法发〔2005〕18号)。

《中办国办印发〈关于进一步把社会主义核心价值观融入法治建设的指导意见〉》，载《人民日报》2016年12月26日，第1版。

《中共中央关于全面推进依法治国若干重大问题的决定》(中国共产党第十八届中央委员会第四次全体会议通过,2014年10月23日)。

中共中央文献研究室编:《习近平关于全面依法治国论述摘编》,中央文献出版社2015年版。

中共中央宣传部编:《习近平新时代中国特色社会主义思想三十讲》,学习出版社2018年版。

《中共中央印发〈社会主义核心价值观融入法治建设立法修法规划〉》,载《人民日报》2018年5月8日,第1版。

《中共中央印发〈法治中国建设规划(2020—2025年)〉》,载《光明日报》2021年1月11日,第2版。

中国社会科学院语言研究所词典编辑室:《现代汉语词典》(第7版),商务印书馆2016年版。

《最高法出台五年工作规划 在司法解释中贯彻社会主义核心价值观》,载《人民日报》2018年9月19日,第11版。

最高人民法院编:《最高人民法院指导性案例(第一批—第十六批)》,人民法院出版社2017年版。

《最高人民法院公布10起弘扬社会主义核心价值观的典型案例》,载《人民法院报》2016年3月10日,第3版。

《最高人民法院关于案例指导工作的规定》(法发〔2010〕51号)。

《〈最高人民法院关于案例指导工作的规定〉实施细则》(法发〔2015〕130号)。

《最高人民法院关于发布第25批指导性案例的通知》(法发〔2020〕253号)。

《最高人民法院关于发布第一批指导性案例的通知》(法发〔2011〕354号)。

《最高人民法院关于加强和规范裁判文书释法说理的指导意见》(法发〔2018〕10号)。

《最高人民法院关于司法解释工作的规定》(法发〔2007〕12号)。

《最高人民法院关于统一法律适用加强类案检索的指导意见(试行)》,载《人民法院报》2020年7月27日,第3版。

《最高人民法院关于修改〈最高人民法院关于司法解释工作的规定〉的决定》(法发〔2021〕20号)。
《最高人民法院关于印发〈最高人民法院统一法律适用工作实施办法〉的通知》(法〔2021〕289号)。
《最高人民法院司法责任制实施意见(试行)》(法发〔2017〕20号)。

后　记

本书原稿是我所主持的 2016 年度国家社会科学基金青年项目"法律适用视角下的指导性案例编撰方法研究"的最终成果，该成果在项目结题时有幸被鉴定为优秀等级，后又有幸被华东政法大学科研处遴选为"华政建校 70 周年"学术图书而获得资助出版。虽然研习司法理论并关注法院指导性案例问题已有许多年了，但就此正式出版一本专门研究该领域的著作，我并没有足够的信心，以至于如何把这部书稿修改得更好些让我感到了切实的压力。在此特别感谢多年来在我学习和研究方面一直给予启发、教导、支持和建议的各位师友，正是大家的热情关照与帮助让我能够不断努力。

感谢张志铭教授，他在我读博期间及毕业后曾多次就指导性案例、案例指导、司法判例制度等一些问题给我启发，就是在这种影响下我将指导性案例编撰的法理与方法作为自己的一个研究领域，尤其是张老师的相关论文也成了我在思考指导性案例问题时常读常新的重要参考文献。感谢刘作翔教授、陈景辉教授、雷磊教授、方乐教授、泮伟江教授、孙光宁教授、彭中礼教授、孙海波教授等多位研究案例指导问题的师友，他们不仅给了我诸多工作上的激励，而且他们的多篇成果也是我认真学习的文献，特别是在很多场合来自他们的建议让我一直受益。感谢张继成教授，他不仅经常指导我思考，耐心地与我讨论具体的学术问题，而且总会操心、支持和督促我工作与生活中的很多事情，让我一直感到有很多的动力。同时也感谢一直以来在多种场景中给我教诲与指点的其他各位学界前辈或师长，感谢虽不常见面但总能通过各种方式多多交流和支持的众多同辈好友。

感谢华东政法大学的陈金钊教授、王申教授、郝铁川教授、刘风景教授、马长山教授、胡玉鸿教授、李桂林教授、余素青教授、李翔教授、杨凯教授、马金芳教授等各位长辈老师，他们对我的工作与生活各方面都给予了温暖的关怀、教导和照顾。感谢华政科研处的屈文生教授、陆宇峰教授、练育强教授、陈蓉老师、俞岚老师、陈叶老师、王海波老师，他们对我的研究工作、课题申报与结项等提供了较多的帮助和支持，特别是宇峰教授经常慷慨而认真地与我们一起讨论问题或组织活动，对我个人更是多有促进和帮助。感谢曾在华政科研院工作的黄涛、王海军、王涛、王婧、金梦、杨陈、吕玉赞、戴津伟、蒋太珂、张文龙、程衍、郑菲、黄炎、吕晨等诸位朝夕相伴的同事，大家的情谊及无私帮助让我总能享受到集体的温馨与工作的顺心。

本书多数章节的内容都曾以论文的形式发表在不同的法学学术刊物上，因此，也特别感谢多年来为我的研究成果提供刊载平台的各位期刊编辑和审稿老师，是他（她）们的严格要求与不吝指教让我获得了诸多新的启发，对我不断修改和完善成果带来了帮助。也要感谢商务印书馆的各位老师为出版事宜付出的工作，感谢罗晓榕、承丽娟老师的辛苦编校。

最后需要指出的是，由于作者水平有限，本书只是探讨了研究主题的一些基本问题，学术观点也难免存在些许错误或不当之处，敬请业界同仁们批评指正！

杨知文

2022年农历新春于上海

图书在版编目(CIP)数据

指导性案例编撰的法理与方法研究/杨知文著. —北京：商务印书馆，2022
（华政70周年校庆丛书）
ISBN 978-7-100-21230-4

Ⅰ.①指… Ⅱ.①杨… Ⅲ.①案例—编写—研究 Ⅳ.①D910.5

中国版本图书馆CIP数据核字（2022）第090660号

权利保留，侵权必究。

华政70周年校庆丛书
指导性案例编撰的法理与方法研究
杨知文　著

商　务　印　书　馆　出　版
（北京王府井大街36号　邮政编码100710）
商　务　印　书　馆　发　行
南京新洲印刷有限公司印刷
ISBN 978-7-100-21230-4

2022年6月第1版　　开本 880×1240 1/32
2022年6月第1次印刷　印张 10 3/8
定价：68.00元